La ruta de Severo Sarduy

La ruta de Severo Sarduy

Roberto González Echevarría

ALMENARA

Consejo Editorial

Luisa Campuzano
Adriana Churampi
Stephanie Decante
Gabriel Giorgi
Gustavo Guerrero
Francisco Morán

Waldo Pérez Cino
Juan Carlos Quintero Herencia
José Ramón Ruisánchez
Julio Ramos
Enrico Mario Santí
Nanne Timmer

Primera edición, 1987 (Hanover: Ediciones del Norte)

© Roberto González Echevarría, 2017
© Almenara, 2017

www.almenarapress.com
info@almenarapress.com

Leiden, The Netherlands

ISBN 978-94-92260-15-4

Imagen de cubierta: Thangka tibetano, *circa* 1860
Wellcome Library, London

All rights reserved. Without limiting the rights under copyright reserved above, no part of this book may be reproduced, stored in or introduced into a retrieval system, or transmitted, in any form or by any means (electronic, mechanical, photocopying, recording or otherwise) without the written permission of both the copyright owner and the author of the book.

Prólogo a esta edición 11
Prólogo. 21
De dónde serán 27
Son de la loma 77
Y cantan en llano 139
Los veo tan galantes 199
Alegoría e historia en *De donde son los cantantes* 237
Bibliografía. 259
Índice onomástico 275

A la memoria de Dolores Hidalgo, abuela y madrina

A Linda y Willy, por la amistad y el sosiego de Villa Esperanza

Sería preciso meditar en conjunto la posibilidad de la ruta y de la diferencia como escritura, la historia de la escritura y la historia de la ruta, de la ruptura, de la *via rupta*, de la vía rota, franqueada, *fracta*, del espacio de reversibilidad y de repetición trazado por la apertura, la separación y el espaciamiento violento de la naturaleza, de la selva natural, virgen, salvaje. La *silva* es salvaje, la *via rupta* se escribe, se discierne, se inscribe violentamente como diferencia, como forma impuesta en la *hylé*, en la foresta, en la madera como materia.

Jacques Derrida (1969: 141)

Prólogo a esta edición

Gran placer me da que salga una nueva edición de *La ruta de Severo Sarduy*, porque de esa manera contribuyo a que se siga leyendo y pensando en mi querido amigo, el más fiel que he tenido en mi vida. Puedo, además, hacer un balance de su obra, ahora lamentablemente completa. La ruta de Severo ha alcanzado su fin, pero no la de sus novelas, ensayos y poesía, que seguirán presentes en la historia de la literatura cubana y latinoamericana, marcando hitos en ambas. Me sobrecoge pensar que en este año de 2017 Severo tendría ochenta años. No me lo puedo imaginar de esa edad. Tenía un espíritu juvenil, animoso, divertido, que es difícil asociar con la senectud. Prefiero evocarlo como lo vi, que por suerte no fue durante sus últimos momentos, en que debe haberse deteriorado como sus personajes de *Pájaros de la playa*, esa profunda y conmovedora despedida que nos dejó.

Lo valioso y perdurable de la obra de Severo es lo literario, no lo teórico: los argumentos, los personajes, el estilo y tono, su reciclaje de ideas y figuras latinoamericanas y más específicamente cubanas; el mundo ficticio que crea adquiere una coherencia interna reconocible, que él mismo asume como propio y repite de manera premeditada y refleja –Auxilio y Socorro, personajes de *De donde son los cantantes*, reaparecen en *Pájaros de la playa*. Encontramos matronas melancólicas o desesperadas por el deterioro o imperfección de sus cuerpos que apelan al masoquismo para remediarlo; personajes con dobles correlativos que sólo existen en función de ellos; machos bien dotados que otros adoran; tipos o tipas pintarrajeados, con atuendos ridículos, y un ambiente deliberadamente artificial en que nunca aparece lo natural en ningún sentido. Y hay, llamativamente, travestís, cuyo sexo de origen o modelo no se sabe a ciencia cierta; lo que los define es el exagerado simulacro de su sexualidad aparente. Abunda en Severo la sensación de que el ensamblaje entero que crea lo sostiene la simulación, la falsedad, lo teatral, lo postizo, lo reciente, y amenaza con venirse abajo en cualquier momento. El barroco que asume como suyo reside en la impresión de fugacidad absoluta que da ese mundo, inclusive del narrador o narradores, que hablan desde el interior del texto con acento rebuscado, alambicado, que se sabe ser tal y hacen alarde de ello. Todo esto es la firma de Severo y lo que lo hace autor. Es tan reconocible como una página de Proust o Lezama. Severo mismo fue derivando hacia el convencimiento de que eso era lo valioso de su escritura, lo que iba a perdurar.

Aquello, creo, que Severo pudo haber contribuido a la teoría de su momento, de la que hizo una parodia crítica rescatable, no ha quedado ni tuvo las repercusiones que sin duda él esperó tuviera. Por ejemplo, *Barroco* es de 1974, sin embargo, Octavio Paz no menciona ni una vez a Severo en su *Sor Juana Inés de la Cruz o las trampas de la fe*, que es de 1982. Sor Juana fue el último gran poeta barroco y el libro incluye una amplia bibliografía, en que hasta figuro yo. Paz publicó a Severo muchas veces en sus revistas y se consideraban amigos, cómplices. En América Latina Severo pertenece al canon, pero por sus obras literarias y las características de su escritura mencionadas arriba. Su emblema es el travestí, su asunto definidor el homosexualismo, lo cual no es del todo correcto, en particular en lo referente a lo que se ha convertido en el movimiento gay, que a Severo no le interesaba porque lo que él valoraba era lo transgresivo de su sexualidad, no que ésta fuese aceptada como inocua alternativa de comportamiento erótico. Su obsesión eran las variantes estructuradas, correlativas y sistemáticas, de la actuación (valga la palabra) sexual motivadas por el deseo, cuya última razón de ser es el miedo a la muerte, el terror del vacío, que es lo que aparece en sus novelas y ensayos –un tema universal e intemporal. De otra manera Severo sería un ingenuo más del tema gay y sus lugares comunes.

Nos conocimos en Nueva York, en 1969, gracias a su amistad con Enrique Pupo-Walker, profesor entonces en Yale y por lo tanto mío, que había sido condiscípulo de Severo en la escuela de medicina de la Universidad de la Habana –ambos eran, además de médicos en ciernes, pintores. Severo regresaba de Buenos Aires, donde había sido jurado del premio Primera Plana. Él tenía 32 años y yo 26. Yo hacía el doctorado en lenguas románicas en Yale, con tesis doctoral sobre *La vida es sueño*, valiéndome del estructuralismo del primer momento, Lévi-Strauss y Barthes. Severo ya había publicado dos novelas, su libro de ensayos *Escrito sobre un cuerpo* estaba próximo a salir, y brillaba tanto en *Tel Quel* como en *Mundo Nuevo*, revista que dirigía en París Emir Rodríguez Monegal y de la que yo era lector asiduo desde New Haven. Severo estaba en el candelero, como decimos en Cuba, yo era un doctorando deslumbrado por la *nouvelle critique*, aunque algo ingenuo y escéptico por mi formación filológica.

Nuestra amistad fue inmediata: nos unían Cuba, el barroco, el francés, el estructuralismo, el exilio, La Habana de los cincuenta compartida y recordada, su discurso en la radio y televisión, el español cubano familiar y hasta vulgar. Duró los 24 años que le quedaron de vida; hasta 1993 cuando murió. Él tenía 56 y yo 50. Nos vimos mucho en París, y llegué a convivir con él y François Wahl en Saint Léonard y Chantilly, donde pasé una vez dos semanas deliciosas con mi mujer y tres hijos. En París hicimos radio, dos entrevistas en video, fuimos al teatro, nos reunimos con otros escritores, y conversamos sin tregua. También estuvimos juntos en Estérel, Canadá (1971) en la Rencontre Québecoise Internationale des Ecrivains (yo era el único crítico), y también en Boulder, Colorado (en octubre de 1992), donde lo vi por última vez (me enteré luego que, al regresar a París, recibió la terrible noticia de su contagio). Yo había arreglado lo de su invitación a Boulder y la de François, porque Severo no viajaba solo. Antes yo había organizado un congreso sobre el Neobarroco en Yale, del que Severo sería la estrella y François le hablaría al Departamento de Francés, pero a última hora no vino porque, me juraba sollozando por teléfono, le había subido la presión arterial y el médico no lo dejaba viajar.

La vida de un exilado cubano en el París de los sesenta a los noventa no era fácil, en una Francia cuya intelectualidad apoyaba casi unánimemente al régimen de Fidel Castro, del que Severo había escapado. Recordemos el espaldarazo que Sartre le dio a la Revolución. Los escritores latinoamericanos que se radicaron en la capital francesa, o pasaban por allí, en especial Cortázar, García Márquez, y al principio Fuentes y Vargas Llosa eran todos fidelistas. No olvidemos, Severo también vivió el París de 1968. Él había visto con despego a aquellos jóvenes franceses que jugaban a la revolución mientras él venía de un país destruido por una revolución. Pero, cuidado, había que sobrevivir y hasta medrar y brillar en aquel medio, porque regresar a Cuba era imposible en la época de las Unidades Militares de Ayuda a la Producción (los campos de concentración para homosexuales). Severo no practicó la política anticastrista en parte por vivir en el medio que acabo de describir, pero también porque su familia seguía en Cuba y podía ser víctima de represalias por parte del gobierno, sobre todo su hermana Mercedes, sicóloga infantil, que llegó hasta a tener un programa en la televisión.

Severo fue amigo de todo el mundo, y García Márquez, Gabo para sus amigos, le gestionó que su familia –hermana y padres– lo fuera a visitar a París por cuarenta días, y hasta lo ayudó a adquirir un automóvil para ellos en La Habana. En París él se veía con los funcionarios del régimen de paso, como Miguel Barnet y Pablo Armando Fernández, pero también con los exilados como Guillermo Cabrera Infante y Reinaldo Arenas (a quien hizo publicar en francés, pero con quien no se llevó bien). Fue colaborador, como dije, de *Mundo Nuevo* y amigo de Rodríguez Monegal, y cuando éste y la revista cayeron en desgracia política, fue víctima de insultos por parte de comisarios.

Severo realmente descubrió a Lezama desde París. Cuando *Paradiso* apareció él ya estaba en Francia hacía años. No había llegado a publicar en *Orígenes*, pero si en la rival y disidente *Ciclón*, que dirigió José Rodríguez Feo, que se había enemistado con el autor de *Paradiso* en una de las más sonadas broncas de la historia de la literatura cubana. Con Lezama tuvo alguna correspondencia (véase la carta comentada en *El Cristo de la Rue Jacob*), y su hallazgo del valor de su obra fue fundamental para él. Le publicó *Paradiso* en Editions du Seuil, en traducción que él promovió y supervisó (aun así es demasiado cartesiana la novela en francés, lo cual tal vez era inevitable). En Lezama Severo encontró una obra que era como el contrapeso de todo lo que se estaba haciendo a su alrededor en París. Se dio cuenta de que la extravagante, original, desdeñosa de toda moda, monumental *Paradiso* era más importante que Lacan, Derrida, Foucault y todos los otros, lo cual, pienso, le hizo cambiar de rumbo después de *Cobra*. Contra toda la teoría parisina se erguía la densa, descuidada, pre-adámica, profunda prosa de Lezama. Severo me decía que su propia obra iba a ser, en el mejor de los casos, una nota al pie de la de Lezama. Cuando Vitier hizo la edición para la colección Archivos de *Paradiso*, que es una vergüenza para la crítica cubana y latinoamericana por su radical falta de rigor filológico, tuvo a bien invitar a Severo a colaborar con un ensayo. Severo lo hizo con uno de sus más importantes trabajos de crítica, que quiso intitular «El heredero», pero que Vitier cambió a «Un heredero».

Severo hizo muchos comentarios críticos sobre Carpentier, pero no por motivos políticos (Carpentier tenía un puesto diplomático —menor por cierto— en la legación cubana en París), sino por la postura de éste ante el barroco[1]. Había coincidencias entre los dos —largos períodos en Francia, radio y periodismo en París, interés por la pin-

---

[1] Fue consejero cultural, nunca embajador como lo fueron Neruda, Paz y Fuentes, ni siquiera agregado cultural.

tura y por el barroco, barroquismo estilístico– pero también diferencias fundamentales. La de clase indiscutible. Carpentier había tenido una niñez y primera juventud privilegiadas en La Habana, donde asistió a los mejores colegios privados, se crió hablando francés en su casa e hizo dilatados viajes por Europa con su familia. Su padre había sido un arquitecto francés importante pero que un buen día desapareció inopinadamente, dejando al adolescente Alejo a cargo de su madre y sin medio de subsistencia. Severo era un mulato claro chino de clase proletaria y del interior; su padre había sido empleado ferroviario. Carpentier fue un individuo elegante, con presencia de gran señor, hablaba el francés como un francés, amante de varias mujeres y casado tres veces, mientras que Severo se dejó arrastrar por el ambiente homosexual habanero de Rodríguez Feo, y luego hizo una vida gay en París, sin mayores tapujos, como era ya posible en su época.

Severo le achacaba a Alejo ser seguidor de Eugenio d'Ors en su aproximación al barroco; esencialmente, creyente en que el barroco imitaba la naturaleza proliferante, una idea romántica, si se quiere. Esto era un infundio y yo se lo repetía a Severo sin convencerlo. Yo, francamente, creo que Severo había leído muy poco de la obra literaria de Carpentier, que tiene, por cierto, mucho más en común con la suya propia y hasta la de Lezama de lo que él creía o aceptaba. Yo me conozco al dedillo la obra de Carpentier, que admiro sin reservas, excepto la última novela, *La consagración de la primavera*, que fue un fracaso. Pienso que el rechazo de Severo era atávico y de origen edípico. Fue un debate que nunca pudimos resolver.

También fue crítico de los escritores del *boom*, que Severo en alguna carta a mí llama el «Bluff». Escribió páginas agudas sobre el priapismo de los Buendía, y tuvo, como ya he mencionado, una amable relación con el Gabo, a pesar de las discrepancias políticas. Parece que también se llevó bastante bien con Fuentes, que incluye personajes de Severo en su exorbitante *Terra Nostra*. Mario Vargas

Llosa nunca ha aceptado a Severo. Es él quien, en mi prólogo a este libro me pregunta ¿todo un libro? cuando le dije que escribía uno sobre Severo. Cortázar, que jamás colaboró en *Mundo Nuevo* y le fue fiel al aparato cultural de la tiranía cubana, nunca tuvo mucho que ver con Severo. Como he sugerido en *La ruta* la literatura de Severo se puede ver como escrita en contraste con la del *boom* que, a pesar de su aparente experimentalismo, seguía atado a un pacto mimético-realista que Severo había rechazado y una totalización imposible en el autor de *De donde son los cantantes*. Vista desde *Cobra* una novela como *Rayuela* es prácticamente galdosiana.

Ya para fines de los ochenta la tonada telqueliana de Severo ha cambiado, con una inflexión mucho más abiertamente autobiográfica, algo que le ocurre a no pocos escritores a medida que maduran (Cervantes, por ejemplo), como si se dieran cuenta de que, a pesar de que uno mismo es un misterio insondable, de todos modos es lo que más promete aproximarnos a una verdad —aunque esto sea falaz, como sabemos desde Freud, pero desde mucho antes por la literatura misma, y pensadores como San Agustín y Rousseau. Esta tendencia a reflexionar sobre su vida se nota en libros de ensayos como *La simulación* y *El Cristo de la Rue Jacob*. Es, por supuesto, también un giro hacia lo cubano y hasta lo provinciano de su origen. Se nota sobre todo en una novela como *Cocuyo*, donde aparecen objetos típicamente camagüeyanos, como los célebres tinajones. Pero aflora muy en especial, en su cultivo de la décima, el poema cubano, guajiro, por excelencia, y a la vez una de las estrofas más exigentes de la versificación castellana, practicada por los poetas barrocos, como Calderón, que incluyó algunas memorables en *La vida es sueño*. En el campo cubano los decimistas improvisan, y entablan controversias en que se desafían con afectación teatral, cantando sus poemas en voces algo fañosas, siempre afectadas y retóricas. En la modernidad hay pocos poetas cultos que se atrevan a componer décimas, creo que por su dificultad, pero en Cuba también por su estigma rural (Lezama incluyó dos impenetrables en *Paradiso*), aunque son en realidad barrocas, y llamadas «espinelas» porque se dice que su inventor fue Vicente Espinel (1550-1624). Severo tiene que haber retenido en la memoria acústica de su niñez y juventud cubanas, el complicado ritmo de los acentos y las rimas de las décimas para poder componerlas tantos años después, y a pesar de la interferencia del francés. Severo fue un gran decimista, el mejor de la literatura cubana (también fue buen sonetista).

El rumbo cubano es también aparente en las obras mayores. En *Pájaros de la playa*, por ejemplo, las islas Canarias del trasfondo representan a Cuba, por razones históricas —hay numerosos descendientes de canarios en la isla—, geográficas —se trata, después de todo, de islas con clima parecido al del Caribe— y por paranomasia: los canarios son también los pájaros de ese nombre. Ante la muerte inminente, Severo ofrece en esta última novela una intensa meditación sobre lo cubano. La clave de este regreso figurado al país natal fue Lezama, como se ve en el ensayo «El heredero», que he mencionado antes.

Firmado en «Saint Léonard-1988», el texto pretende interpretar y apropiarse de Lezama mediante una hermenéutica que se vale de esquemas lacanianos, pero que va más allá, y hace que lo lezamiano absorba las ideas del psicoanalista, que funcionan apenas como un pretexto, un andamio suplementario y a mi ver superfluo. Porque lo que Severo propone es que Lezama hace posible una inteligencia de lo cubano implícita en sus textos literarios. En breve, el primer barroco, que deriva de la estrategia de convencer a toda costa promulgada por el Concilio de Trento, que consiste en un incremento del proceso de representación que está en el origen de las ideas de Lezama según Severo, da paso, en el presente al Neo-barroco, que es su irrisión: elaborar simultáneamente la verdad y su doble burlesco. Este sería el discurso de *Paradiso* y de Lezama en general que Severo hereda. La exageración más allá del primer barroco la constituyen las «eras imaginarias» de Lezama, construcciones ficticias que saltan por encima de la historia y la geografía para establecer relaciones significativas entre elementos distantes y dispares. Esto sería lo cubano, según Severo, una fusión de la hipérbole y el choteo, que vendría a ser la firma de Lezama y la definición no ya de lo cubano sino hasta de lo americano, que se distancia del barroco europeo.

Lezama es capaz de lograr semejante síntesis por su pasión, añade Severo, que quiere decir la consagración total a su proyecto literario, y el sufrimiento al ser sometido como resultado a la indiferencia y hasta la sorna. Severo sería su heredero al ofrecer una interpretación cabal de ese sistema y someterse a la misma pasión y concomitante burla, de las que él fue víctima por parte de cierto comisario. El epígrafe que abre el ensayo, sacado de Heidegger, menciona a Hölderlin como poeta del sufrimiento, y hay otro de Benjamin que no es más que un eco del conocido ensayo de Freud sobre lo inédito, para fundamentar la idea de que lo original es un regreso de lo conocido, y que el precursor se instala en un futuro que el heredero hace presente mediante su actividad hermenéutica –interpretación que habría que entender en el sentido musical de tocar una pieza. Pero el balance de todo esto es que lo cubano es una síntesis de la hipérbole y el choteo, con lo cual se instala Severo en la tradición de Jorge Mañach, y así define su propia obra, que ha regresado tras un dilatado rodeo, al tema de la identidad propia y nacional.

Mi última visita a Severo fue a su tumba, el 28 de junio de 1994, en el Cimetière Parisien de Thiais, Avenue de Fontainebleau, a las afueras de la capital francesa. La tumba se encuentra en la división 51. Es escueta, de granito. La lápida dice: «Severo Sarduy, Camagüey, 1937-París, 1993». Encima hay dos pequeñas tarjas de piedra, reclinadas como sobre soportes para libros. La de la izquierda dice solamente «Severo Sarduy». La de la derecha: «Nunca te olvidaremos, tu mamá y tu hermana». Para alguien a quien tanto le fascinó la muerte, y cuyo homenaje a la mulata Dolores Rondón parte de una décima inscripta en el panteón de ésta, la tumba es demasiado sencilla. Él, que escribió tantos agudos y sabrosos epitafios merece uno sobre su tumba –uno propio.

Compré unas flores en una florería frente al cementerio; le puse unas hortensias azules a Severo. También quité del sepulcro algunas hojas secas. Alguno ha dejado sobre la losa una maruga de plástico. El cementerio es muy francés, muy cartesiano, nada barroco, con sus hileras de árboles nítidamente podados en forma de grandes cubos verdes. Hay una lista de celebridades enterradas allí –Paul Celan, un rey de Abisinia– en la que Severo no figura todavía. Tuve un momento de emoción intensa, casi convulsiva: lágrimas y retortijones.

No sé quién habrá sido el donador de la maruga de plástico, el autor de aquel regalo póstumo. Pero se me ocurrió que nada más apropiado podría habérsele ofrendado a mi amigo muerto. Igual que los molinos de plegaria girando sobre la olvidadiza nieve al final de *Cobra*, signos en rotación contra el blanco unánime e infinito, aquel juguete mínimo, con el enternecedor chas chas de sus semillas, ritmo elemental, plegaria a dioses indiferentes, es como el lenguaje del final de los tiempos que Severo, con inocencia de niño, concibió.

R. G. E.
Northford, Connecticut
Noviembre del 2016

Prólogo

«¿Todo un libro?» replicó el connotado novelista latinoamericano, cuando le dije que escribía uno sobre Sarduy. La pregunta no me sorprendió, viniendo de uno de los escritores más importantes del *boom*, cuya obra en gran medida la de Sarduy implícitamente amenaza con la caducidad. Y, en efecto, ha resultado ser todo un libro, motivado en parte por el deseo de comprender el proceso que la pregunta del novelista desplegaba ante mí. La obra de Sarduy se propone ser radicalmente nueva —no niego que ésta pueda ser una de sus debilidades—, estar en la frontera última de lo aceptable por el público lector. Y al hacerlo suscita una serie de cuestiones sobre la literatura misma cuyas bases parece remover. Pero, hay más. ¿Qué importancia puede tener una obra como la de Sarduy? ¿Logra redefinir la función de la literatura? ¿Qué nos enseña la literatura de Sarduy con respecto a lo que se produce actualmente, cuando el *boom* ya es historia?

La obra de Sarduy se cierne sobre la literatura hispanoamericana como una interrogante, porque en ella se pone en jaque no ya la ideología literaria tradicional, esa contra la cual toda obra moderna inevitablemente arremete, sino los puntos de apoyo desde los cuales las obras modernas atacan esa tradición. Para la obra de Sarduy, lo moderno es ya la tradición, el conjunto de creencias acríticas que componen una ideología. La crítica de Sarduy va enfilada hacia ese tropo central de la literatura postromántica, la ironía, y adopta una postura desde la cual se cuestiona la actitud irónica como un valor indiscutible del saber recibido. La obra de Sarduy —a diferencia de la de Borges, de la de Carpentier o Cortázar, de la de Paz— no es irónica. La ironía supone la presencia de un yo posesor de un saber superior, anterior o posterior al saber recibido, que lo desvirtúa, entronizando así al fantasma del autor ausente. En ese autor ausente y fantasmático se aloja la tradición moderna, que avala las creencias centrales de la cultura hispánica: machismo, patriarcalismo, la genealogía como hilo organizador de la historia. El autor se ridiculiza en su simulacro, el dictador, al pretender ejercer control nada menos que sobre la imaginación hispanoamericana. Sarduy revela esa estrategia, esa pugna por los predios de lo imaginario donde no hay intercambio carnavalesco, sino agresión y violencia.

Aparte de estas cuestiones, mi interés en este libro tiene un sesgo aún más teórico. La obra madura de Sarduy indaga sobre el proceso mismo en que la literatura se relaciona con los códigos de una cultura. En mi opinión, este proceso de crítica obedece a dos fenómenos de enorme importancia para la literatura hispanoamericana contemporánea, cuya coetaneidad se ha visto más en términos de oposición que de concurrencia: la Revolución cubana y la eclosión de especulaciones sobre la literatura y la crítica.

Mi propósito ha sido no leer a Sarduy a base de sus propios postulados teóricos, algo que la crítica periodística ha hecho con insistencia. Hay muy poca crítica de Sarduy que escape esta condena tautológica (Barrenechea, Santí, Pellón y Prieto son las excepciones más notables), que tiende a hacerla excesivamente abstracta y desprovista de sentido. La crítica francesa, por razones evidentes, es la más culpable al respecto. Ignorante de los referentes culturales, históricos y lingüísticos de Sarduy, convierte su obra en modelo de literatura cuyo único tema es la literatura misma. Yo pienso que el tema de la literatura es importante en Sarduy, pero que esto no hace su obra abstracta ni «arreferencial». Encuentro, por el contrario, que Sarduy refleja fielmente –casi con minuciosidad noticiosa y documental– los temas y realidades sociales e ideológicos de su época. Esto es cierto tanto al nivel más evidentemente descriptivo y anecdótico –drogas, travestismo–, como en el más profundo, relativo al conocimiento en la era postmoderna, la relación de la lengua con los demás códigos de la cultura, el estado actual de las sociedades marginales. Sarduy logra explorar esta temática a la vez que se somete al más riguroso autoanálisis, lo que incluye una profunda investigación de la cultura cubana y latinoamericana contemporáneas, todo ello a la vez que denuncia a cada paso las fórmulas del lenguaje de todas las ideologías vigentes que pretenden, con tan herrumbroso instrumento, penetrar en estas cuestiones.

Ya no resulta verosímil pensar que los latinoamericanos hablamos el lenguaje depurado o folklórico de la novela tradicional, y que el narrador en ficción debe dirigirse a nosotros en el español estándar que nos enseñaron en la escuela. Tengo un amigo —distinguido científico social, por cierto— cuya «filosofía» personal se expresa siempre en versos de boleros hechos famosos por Olguita Guillot. Y un día, en Miami, una señorona cubana venida a menos en el exilio, contestó así a mi pregunta de si ella ahora trabajaba: «Ay, sí, mi hijo, y trabajar es la muerte vestida de verde jade». El español estándar o folklórico de la novela es más artificial, si por ello entendemos que lo usa muy poca gente, que el de las novelas de Sarduy. En *Maitreya* un grupo de homosexuales militantes de Nueva York —las «gasolinas», de *gasoline gals*— adopta la terminología del marxismo-leninismo. En Cuba yo he conocido muchachos que hablan todavía hoy a base de los eslogan de la publicidad de antes de la Revolución. «¿Tiene Ud. el gusto joven?»

Los modelos para leer a Sarduy no faltan; él mismo nos los propone en su obra ensayística y crítica. He preferido no utilizar ninguno de ellos, en parte porque creo que hay discrepancias y contradicciones fructíferas entre la obra teórica de Sarduy y su ficción, que tal método persistiría en reprimir. He utilizado, por lo tanto, un método de mi propia cosecha, derivado de mi lectura de la ficción de Sarduy. El modelo se apoya en una base narrativa, en una fábula de origen traducida a una especie de sicodrama: la escritura tiene como punto de partida una expulsión, provocada por un cataclismo. Al nivel más elemental ese cataclismo es el nacimiento, la separación del cuerpo materno. El escritor escribe para recuperar, para penetrar de nuevo, aunque ya siempre de forma simbólica, el cuerpo de la madre. Esta fábula está en la base de la relación del escritor con su lengua materna, con la tradición literaria a la que pertenece, con la cultura en que surge, y también en la manera en que se enfrenta a su propia obra pasada. Al nivel histórico, el cataclismo es para Sarduy la Revolución, y el cuerpo al que se retorna, Cuba; al nivel literario el cuerpo es el texto de Lezama. A nadie se le podrá escapar el trasfondo freudiano del patrón que utilizo, pero ese patrón, que Freud logró aislar y desmenuzar, tenía ya una larga tradición que se remonta a los griegos, y que más recientemente forma parte de la dialéctica de la modernidad, del proceso de desarraigo y pulverización de sistemas de creencias tradicionales. El freudianismo tal vez sea un episodio más de la reconstrucción de las teogonías, una mitología más en busca de sacralización en un mundo sin dioses. Esta es, por cierto, la temática más obsesiva en Sarduy, que incluye a Freud, sometiéndolo a este tipo de historicidad. De ahí que nuestro modelo corra inevitablemente el peligro de ser, en vez de un análisis, una versión más de la ruta de Sarduy.

He querido ser claro, lo cual no dudo quiera decir en algunos casos reductivo (espero que reductivo quiera decir aquí también *reductere*, regreso al inicio, al origen). Prefiero ese peligro a repetir las dificultades reales o putativas de Sarduy. Por eso me he valido con no poca frecuencia de métodos bastante convencionales de exposición, tales como el recuento de una trama, la descripción detallada del contexto de alguna obra, o la explicitación demasiado insistente tal vez de este o aquel detalle. Con el mismo propósito he puesto todo en español. Las traducciones son, salvo indicación contraria, mías.

Ser claro no quiere decir ser exhaustivo. Algo que de veras lamento es que mi análisis de cada obra es extremadamente somero, dado el hecho, además, de que la obra de Sarduy es una en que la textura es de una riqueza desconcertante, precisamente porque le hace a uno perder la «razón» del texto, la sensación de su unidad. Me consuela esto: por muy puntillistas que sean las obras de Sarduy, por mucho que minen la posibilidad de interpretación más allá de los fragmentos y detalles, de todos modos se presentan ante nosotros como novelas, que reclaman, entre otros, el tipo de análisis al que se someten aquí. Si ayudo al lector a entender a Sarduy, y si lo hago pensar que su obra merece un libro, me doy por satisfecho.

R. G. E.
Hamden, Connecticut

DE DÓNDE SERÁN

La primera historia importante que le sucedió fue la Revolución, y todavía espera que sea la última: «El desembarco de Fidel en el *Granma* significó mi entrada en el mundo».

Eloy Martínez (1968: 46)

Podríamos decir que en el texto pudiera haber un regreso a algo que sería parecido al sentido. Lo cual no implica en lo más mínimo que yo esté hablando de una recuperación del sentido: no es eso. Pero...

Severo Sarduy[1]

I.

En Sarduy la literatura es un acto de recuperación, o mejor, una serie de actos de recuperación. Y, ¿qué es lo que se recupera? Lo que se recupera es el sentido, en la acepción más amplia de la palabra, inclusive la más familiar: recobrar el sentido, volver en sí. La obra de Sarduy todavía forma parte del vasto movimiento que empezó en el Romanticismo, cuya temática central es la búsqueda del sentido en los diversos sistemas de expresión que el hombre erige en sociedad. La misma idea de la expresión forma parte del vocabulario de ese movimiento, que es difícil estudiar a distancia porque aún hablamos su lenguaje. Como parte de ese movimiento, los textos de Sarduy, ya

---

[1] Declarado a Arturo Carrera en «Regreso del Oriente», *La Opinión Cultural*, 26 de noviembre de 1978: 4.

sea independientemente o vistos en su conjunto, sufren de la nostalgia del origen; ansiedad de regreso a una plenitud asolada, a un conocimiento perdido que se recupera al cobrar el tino. Aunque, según se verá, el impulso principal en la obra de Sarduy será superar esa añoranza, vencer esa sensación de carencia y distancia, la nostalgia del origen informa toda la empresa artística e intelectual suya. Es decir, le da forma. Como esa forma, la obra de Sarduy es múltiple en el tiempo, y son precisamente la multiplicidad y el tiempo los que determinan la necesidad de recuperación. No hay escritor hispanoamericano contemporáneo que se haya planteado más radicalmente que Sarduy estos dilemas.

La recuperación es múltiple y se despliega en Sarduy a varios niveles. En Proust la escritura de su voluminosa novela es un acto de recuperación del tiempo perdido. *Recherche* tiene en Proust un significado parecido al que recuperación tiene en Sarduy, aunque las diferencias sean evidentemente enormes. En Proust el tiempo perdido es un tiempo continuo aunque no lineal, como un líquido que al desparramarse va ocupando varios espacios simultáneos sin perder su cohesión molecular, como si se estirara dentro de una membrana flexible e inconsútil. La búsqueda de ese tiempo perdido en Proust –la novela– adquiere esa misma calidad conectiva de lo que persigue. La escritura de la novela se convierte así en una vasta, minuciosa e ininterrumpida actividad que sustituye la vida; es decir que suplanta el tiempo. En Sarduy hay una recuperación del tiempo perdido similar a la de Proust en su gesto inicial. El presente, como en Proust, es resultado de un tiempo pasado que le confiere sustancia y sentido. Las cosas, acontecimientos, personajes que habitan el presente son fantasmas. sombras de un momento anterior en que significaban algo, en que constituían un conjunto significativo. Pero la diferencia entre Proust y Sarduy es radical en cuanto al acto de recuperación. En Sarduy no hay continuo; la fuente está más allá del instante de separación en el tiempo en una violencia anterior a su duración que fragmentó, al parecer irremediablemente, el mundo y sus códigos. En Proust lo recuperable y el acto de recuperación forman un tejido amplio, ondulado, espeso y sin rupturas. En Sarduy hay rotos y girones. El mundo literario de Sarduy está marcado por una catástrofe que hace necesaria la recuperación. Esta catástrofe tiene su reflejo temático en la teoría cosmológica del *Big Bang*; el origen del universo como explosión. Pero veremos que el *Big Bang* como teoría en Sarduy es otra variante del gesto de recuperación, una explicación autoconsciente de la propia estructura profunda de sus textos. La catástrofe como inicio de una dispersión de las cosas, del sentido, de la duración, puede remitirse al principio de la carrera de Sarduy. Cada etapa de su obra es un nuevo acto, una nueva postura frente a esa catástrofe; cada etapa es una nueva forma de recuperación, de recobro.

Al nivel de la biografía narrada, que en este ensayo pretende sentar las bases para una hermenéutica de los textos, esa catástrofe toma siempre la forma de un viaje, de una separación: es el exilio, ex-ilio, la salida de la isla. Esa separación, desde luego, no es sólo la salida de Cuba, sino antes ya, la salida de Camagüey, de la provincia, o lo que en Cuba se llama *el interior*, hacia La Habana (¿*el exterior*?). A nivel histórico esa ruptura es la Revolución Cuba na, que hace trizas el mundo en que vivía Sarduy. A nivel literario es la ruptura con el grupo de la revista *Orígenes*. No se renuncia nunca en Sarduy a esos momentos, sino que se regresa a ellos; la ruptura y recuperación del grupo Orígenes, específicamente de la obra de Lezama, es el doble movimiento más importante para entender la obra de Sarduy.

Sarduy intenta recobrar el tiempo y el sentido perdidos a todos esos niveles, pero lo hace desde la conciencia manifiesta de la pérdida. La ausencia, la separación, la carencia marcan su obra, tanto como el deseo de una plenitud recuperada. Por eso los actos de recuperación son tan complejos y ricos, y la recuperación misma se equipara al acto de la escritura como actividad siempre mediata y secundaria; por eso lo visible de los procesos de substitución, en los que el sentido u objeto perdido se reemplaza por otro u otros que evidentemente no pueden ser el anterior. De esa manera la India puede substituir a América, remitiendo el gesto al error «original» de Colón. La recuperación en Sarduy no es un acto iluso o quimérico en que el pasado se recupera en bruto, sino que se rehace a través de las mediaciones. En *Cobra* las mediaciones como re*cobro* se hacen parte manifiesta del proceso de recuperación: cobra, recobro. *Cobra* es la obra de Sarduy que más conscientemente formula una teoría de la recuperación, y en el esquema global de su obra la más importante como toma de conciencia del proceso. Llamamos a ese proceso ruta no sólo en el sentido convencional del término aplicado a una carrera literaria –evolución de una obra en la historia y sentido de la misma. Precisamente por su carácter recuperativo, el diseño de esa ruta habría de ser, de considerarlo como derrotero, muy sinuoso y zigzagueante, demasiado repetitivo para quedarse dentro de esa acepción común de ruta. No. Queremos dar a ruta, queremos restituir a ruta, un significado que poseía en el español habanero de los años cincuenta, en que también quería decir locura, obsesión, desenfreno. Decir que alguien tenía una ruta significaba que tenía una postura especial ante el tiempo, ante la vida; actividad excéntrica. En ese sentido ruta tenía tal vez más que ver con la «rutina» de un cómico o un artista de cabaret que con un itinerario. Ruta es también «camino», en el sentido afrocubano; las metamorfosis de una deidad, y su enigmático destino. Es itinerario excéntrico y repetitivo; no una trayectoria simplemente, sino también una actuación, una función, en el significado teatral de la palabra. Ése es el sentido que tendrá en este ensayo el trazado de la ruta de Sarduy: por un lado la recuperación de un itinerario, por el otro un interrogatorio de la obra de Sarduy para extraer de ella su versión, su ruta o rutina. El texto de este ensayo será así el mapa de ese itinerario, a la vez que una especie de transcripción psicoanalítica de la locura, de la excentricidad de la obra de Sarduy. Doble proceso de recuperación que se inscribe en el mismo texto de este ensayo para revelar –esperamos su lado inteligible, aun si al hacerlo se practica también una suerte de reducción. La recuperación es necesariamente reductiva.

Los textos de Sarduy se presentan como radicalmente modernos. Su lectura es difícil, aun para un público acostumbrado a obras poco convencionales como, pongamos por caso, *Rayuela* o *Cambio de piel*. La dificultad de la obra de Sarduy, que nunca pretenderíamos soslayar, no es, sin embargo, comparable a la de Cortázar, Fuentes o Vargas Llosa, o aun a la de escritores más jóvenes como Reinaldo Arenas. No es que Sarduy sea más difícil que estos escritores, sino que es difícil de una manera diferente. No podemos llegar a «entender» a Sarduy preparándonos antes con la lectura de Cortázar o Fuentes. *Cobra* no vendría a ser así el curso superior para recibir el diploma de lector de novelas difíciles. La dificultad de Sarduy se encuentra en el proceso de recuperación y en las variaciones de éste de obra a obra. Novelas como las de Fuentes o Cortázar están centradas en un concepto mimético del arte, y sobre todo en la creencia en un sentido superior, asequible tanto al escritor como al lector a través del lenguaje, que vendría a ser la llave de los demás códigos de la cultura. Sarduy ha «dialogado» más con poetas como Paz y Lezama y los pintores Lam, Botero y Rothko, porque su mundo textual no reposa ni en la mimesis ni en el lenguaje concebido como vehículo dócil de los valores de una cultura. Los textos de Sarduy tienen más en común con los de los poetas y con los de filósofos como Nietzsche, Heidegger, Bataille o Derrida, porque cuestionan radicalmente la capacidad mediadora del lenguaje, la enfrentan a la heterogeneidad y dispersión del mundo presente, y rehúsan suponer que el lenguaje sea una vía de acceso directo que nos remita a una fuente impoluta de significado. La historia del lenguaje en su configuración retórica desenmascara la ideología. de las figuras y tropos, sobre todo de los mayores: unidad del lenguaje, sentido de la cultura como depósito de valores que posibilita la comunicación. Cómo se incrustan esos valores en el lenguaje, cómo ese proceso tiene su «duración», cómo remite espasmódicamente a una catástrofe irremediable; ése es el argumento de las obras de Sarduy. Dentro de ese argumento, en que se pierde y recupera el sentido, buscan su centro y equilibrio el yo como núcleo de cohesión, de conocimiento, y la cultura como código tácito y colectivo de comunicación ocaso de un yo que esté en posesión absoluta de un conocimiento aunque éste sea negativo. Señorean, en vez de esas hipóstasis del conocimiento y el poder (yo-cultura), los productos del mundo postindustrial: los medios masivos de comunicación y sus imágenes acústicas o visuales, lo plástico, lo cosmético, lo artificial en todo sentido, que substituyen en el acto de recuperación al individuo la cultura el idioma, la literatura, es decir todas las instituciones (vistas como construcciones) que cimentan y cementan la sociedad contemporánea. Es por ello que no se puede leer a Sarduy como leemos otros textos difíciles, cuya comprensión es a la postre posible bajo la égida de alguna de esas instituciones horadadas. No hay comprensión, legibilidad, si tenemos que incurrir en la ilusión de la comunicación in-mediata. La deconstrucción –la deslectura– de Sarduy es tan rigurosa que no podemos pensarla sin acudir a paralelos como «Un coup de dés», *El ser y el tiempo* o algunos textos de Nietzsche. Pero Sarduy va un paso más allá al asaltar las gradaciones y jerarquías de la cultura con la cultura popular, y al desmantelar la cultura hispánica hasta borrar las diferencias sexuales, y reconstruirlas en toda su arbitrariedad y artificialidad. En *Rayuela* buscamos en La Maga el «eterno femenino». En Fuentes, salvo en *Terra Nostra*, los personajes se definen ontológicamente a partir de su sexo. En *De donde son los cantantes, Cobra, Maitreya* y *Colibrí* se postula hasta la artificialidad de los roles sexuales. En la gramática cultural sarduyana, como en el lenguaje, los géneros son funcionales, no naturales.

La distancia que Sarduy establece con la literatura hispanoamericana más moderna se da a ese nivel. Sarduy pone de manifiesto lo dado por sentado en la constitución de esa literatura, y convierte el proceso mismo de hacerlo en parte del argumento de su propia literatura –los textos de Sarduy dan el envés de la literatura hispanoamericana, aun de la más radical. Ese proceso tiene, a su vez, un despliegue en el tiempo, que es observable en los textos de Sarduy, tanto en su relación de unos con otros como en su relación con la obra de sus maestros y contemporáneos, muy especialmente los cubanos. Las fisuras entre los textos de Sarduy y los de esos otros autores son también manifestaciones de la catástrofe inicial mencionada, de la serie de catástrofes que remiten a una inicial. Sarduy restituye mediante la recuperación la obra de sus maestros y contemporáneos, a tal extremo que sus con temporáneos y maestros en algunas ocasiones se ven forzados a reformular sus propias obras para reinscribir la versión de ellos dada por Sarduy. *Oppiano Licario* de José Lezama Lima, *Concierto barroco* de Alejo Carpentier, maestros ambos de Sarduy, son obras en más de un sentido post-sarduyanas. Lo mismo ocurre con *Reivindicación del Conde don Julián* de Juan Goytisolo y con *Terra Nostra* de Carlos Fuentes, además de algunas de las obras más recientes de José Donoso y Mario Vargas Llosa. Si bien es cierto que varios de estos escritores llegaron a constituir el grupo selecto del *boom*, no menos cierto resulta que el período que pudiéramos llamar del post-*boom* de sus obras está marcado por la de Sarduy. La relación de Sarduy con la obra de todos estos escritores, así como también con la de poetas-ensayistas como Cintio Vitier y Octavio Paz es «formadora», pero no en el sentido de acumulación o superposición, sino mediante un proceso de restas, divisiones, síntesis y reintegraciones. Los textos de Sarduy no son la suma de todas esas obras, ni siquiera la depuración y selección de las mismas, sino el resultado parcial y contingente de catástrofes y recuperaciones según hemos esbozado más arriba. La constitución de una obra no puede describirse a base de metáforas educativas: una obra se forma generalmente deformándose, y no avanza necesariamente hacia una anagnórisis. Una obra consiste en la sustitución de mediaciones, en la confrontación de elementos contradictorios. Podemos, por ello, incorporar a los procesos de catástrofe y recuperación las varias maneras en que Sarduy se enfrenta a la obra de sus contemporáneos y maestros, y también cómo ésta reacciona ante la de Sarduy. Las figuras más importantes a este nivel son Lezama, Carpentier, Vitier, Paz, entre las de lengua española, y Roland Barthes y Philippe Sollers entre los de lengua francesa. La obra de Sarduy tiene contactos con la de escritores de lengua inglesa como Burroughs y Ashbery, y afinidades con la de Haroldo de Campos en portugués. Pero sólo con los franceses, por razones evidentes, sostiene una relación comparable en importancia a la que sostiene con los de lengua española.

La crítica superficial, que se nutre del oprobio barato, ha querido ver en Sarduy un escritor francés. Únicamente el rencor y la ignorancia pueden permitir una afirmación tan disparatada. Habría que preguntarse, para empezar, si ser escritor francés, sin haber nacido en Francia, es intrínsecamente reprobable. Ni Apollinaire ni Camus parecen haber sufrido por ello, como tampoco Lautréamont. Nadie le reprocha a Picasso haber pasado casi toda su vida en Francia, y pocos le recordaron a Cortázar su larga estancia en París y su nacimiento belga, para no hablar de su notorio acento francés cuando hablaba español. Sólo Carpentier y Sarduy –siempre por razones políticas– son «acusados» de ser franceses. La obra de Sarduy, como la de Carpentier, se hace en el contexto de la literatura hispanoamericana, y hasta muy particularmente de la cubana. Además, los «nacionalistas» olvidan que la literatura francesa es parte, y viceversa, de la literatura hispanoamericana. En su célebre libro sobre Darío Pedro Salinas subrayaba, con su acostumbrado tino, que Francia y la literatura francesa representaban para el gran poeta modernista la cima de la latinidad la restitución en términos modernos de una especie de Romania cuya sede habría de ser París (Salinas 1975: 38-39). Los nombres de los artistas hispanoamericanos que, admítanlo o no, han practicado el arte o la literatura hispanoamericana desde París, son demasiado conocidos y numerosos para ser citados aquí. No hay deshonra ni renuncia en ello; ni mucho menos traición. Lo que sí hay, en el caso de Sarduy muy especialmente, es un cuestionamiento implacable del vínculo entre el idioma, la cultura y la identidad nacional, tal y como la idología literaria hispanoamericana la ha venido suponiendo, en contra de la propia crítica implícita de ese vínculo en la literatura hispanoamericana. Sarduy hace explícito ese cuestionamiento, de la misma forma que en un proceso de cura psicoanalítica el analista hace salir la superficie en su diálogo con el paciente, la agresividad suprimida de éste contra la autoridad, pongamos por caso. No es difícil pensar que sea por ello precisamente —dejando a un lado rencores, resentimientos y envidias— que Sarduy haya sido objeto a veces de críticas tan mal intencionadas.

Pero lo importante es la relación de la obra de Sarduy con los escritores franceses mencionados. Al igual que en el caso de los de lengua española, esa relación se inscribe dentro del proceso de catástrofe, crisis y recuperación visto. Al igual que frente a la obra de sus maestros hispanoamericanos, la obra de Sarduy deja su marca en la de los franceses. *Le plaisir du texte*, de Barthes, es un libro post-sarduyano. *Maitreya*, a su vez, viene a ser la superación del momento «nouvelle critique» de Sarduy, una recuperación renovada de lo cubano, de la tradición cubana, después del estructuralismo. Esta novela no sólo regresa a Cuba como escenario, sino que presenta explícitamente una temática cubana (que por cierto no había desaparecido nunca —si bien estaba más soterrada— de obras anteriores como *Cobra*).

Sarduy declaró en una entrevista que su vida ha sido como una especie de viaje, viaje que lo ha llevado de su nativa Camagüey a La Habana, y por último a París, con muchas escalas intermedias. El viaje, evidentemente, no es sólo físico sino histórico: La Habana de 1956 a la que llega Sarduy no es la misma de 1959 cuando parte para Europa, y el París de efervescencia revolucionaria de 1968 no es el mismo de hoy. Esta ruta visible, además, no se acopla fácilmente con la ruta textual más sinuosa, repetitiva y escarpada que tratamos de trazar aquí. La metáfora del viaje sigue siendo válida a este nivel porque la ruta de la que hablamos tiene mucho que ver con la relación entre la escritura y el lugar de y en que surge. Desde el principio la obra de Sarduy está marcada por la temática de la motivación de los códigos; es decir, con aquello que le confiere significación al lenguaje y otras formas de expresión cultural. Esto quiere decir que su obra, en términos muy amplios, se centra obsesivamente en un tema preferido del grupo Orígenes, al que podemos dar el nombre del libro que lo expone: *Lo cubano en la poesía* (Vitier 1970). Esa temática, cuya base metafórica es geográfica, se despliega en el tiempo y espacio textuales mediante rupturas y recuperaciones. La ruta visible –viajes, mudadas, cataclismos históricos–, y la textual empalman al nivel metafórico en que esos desplazamientos físicos o históricos coinciden, aunque sea de forma compleja, a veces incompleta, con las rupturas y recuperaciones en la obra[2]. De ser esto aceptable, podemos entonces postular tres grandes paradas en la ruta de Sarduy: 1) una que abarca hasta la publicación de *Gestos* (1963) y que incluye toda la obra juvenil. A

---

[2] Las mejores fuentes de información sobre la vida temprana de Sarduy son las dos entrevistas con Emir Rodríguez Monegal, una con el autor de este ensayo (véase la bibliografía), y la «Cronología» preparada por el propio Sarduy para el volumen colectivo *Severo Sarduy*, editado por Julián Ríos (véase Ríos 1976). También de interés es la carta que figura en las páginas 5-7 de dicho volumen, donde la madre del escritor habla de la familia y su posición social. He consultado, además de las diversas fuentes periodísticas indicadas en las notas y en la bibliografía, dos versiones del curriculum vitae de Sarduy (una francesa y otra española) preparadas por él mismo, así como los archivos personales suyos. En estos archivos he consultado varios scrapbooks de los que he extraído diversos datos, a veces de recortes de prensa sin fecha ni procedencia indicadas. También he tenido acceso al servicio de prensa de Editions du Seuil, donde he leído notas críticas sobre la obra de Sarduy. Por último, el escritor mismo me ha suministrado detalles y aclarado dudas, información que he cotejado siempre que me ha sido posible con fuentes documentales.

esta escala corresponde la adhesión de Sarduy a grupos como los de *Ciclón* y *Lunes de Revolución*, que son disidentes del grupo Orígenes de Lezama, pero también constituye una ruptura con la narrativa cubana de tono más realista, y con cierta temática histórico-política promovida por la obra de Carpentier; 2) la segunda parada abarca hasta la publicación de *De donde son los cantantes* (1967). Aquí hay una relectura minuciosa de la tradición de Orígenes, y una crítica sistemática de la misma. El mundo regido por el padre, el mundo patriarcal de la provincia, cede. Se desmotiva lo cubano, que se convierte en interrogante, no en afirmación. Este cuestionamiento es paralelo al llevado a cabo en Cuba por la Revolución pero es más radical porque la incluye; 3) la tercera parada abarca el período hasta la publicación de *Colibrí* (1984) y puede dividirse a su vez en dos momentos: el momento estructuralista de asociación con *Tel Quel* y *Mundo Nuevo* que produce *Cobra* (1972), y el momento postestructuralista, del que salen *Maitreya* (1978) y *Colibrí* (1984), que está presidido por la figura de Lezama. Pero no es una recuperación del mundo patriarcal, provinciano, telúrico de *Orígenes*, sino una transposición de lo cubano, de lo hispanoamericano, a lo indio, para dar una lectura del envés de los textos lezamianos. Tres muertes cierran ese período: las de Lezama, Barthes y Carpentier.

Este ensayo marcará sus divisiones sobre el contorno temporal de cada una de esas paradas. Pero antes pasemos a la narración de la biografía de Sarduy, narración que pretende enmarcar la ruta que vamos a trazar en un contexto —es decir en un universo de textos— que nos permita una comprensión más cabal de las obras de Sarduy, y de la obra de Sarduy. Como la vida del escritor se piensa o se narra sólo después que sus textos le han conferido importancia, no pretendemos explicar la obra desde la vida, sino al revés, la vida desde la obra. Ambas constituyen estructuras narrativas cuya simbiosis textual aspiramos a realizar en este ensayo, aunque conscientes de la imposibilidad de tal empresa.

Como en los relatos tradicionales, empecemos por el nacimiento del escritor.

2.

Sarduy nació en Camagüey, capital de la entonces provincia del mismo nombre, Cuba, el 25 de febrero de 1937. Difícil hubiera sido encontrar ciudad más provinciana y más tradicional para lugar de nacimiento de un escritor tan agresivamente moderno como Sarduy. Situada en la parte este de Cuba, pero no en el extremo oriental de la isla, Camagüey ofrece un carácter único como región: no es área cañera, está a medio camino entre los polos contrastantes de la llanura alrededor de La Habana y la zona montañosa de Oriente. Región agropecuaria, Camagüey es menos «caribeña» que otras partes de Cuba dominadas por el azúcar. Posiblemente más similar a otras áreas ganaderas hispanoamericanas en que predominan los llanos, Camagüey conserva un carácter más español, más tradicional que otras regiones cubanas, sobre todo más que La Habana. Tal vez por ese carácter provinciano de cimonónico que la caracterizó hasta hace muy poco, Camagüey pudo ser un ambiente propicio para la creación literaria. Si nos remontamos a la época más remota de la colonia, encontramos que el primer poema culto cubano fue escrito en Puerto Príncipe, antiguo nombre de Camagüey, por Silvestre de Balboa. *Espejo de paciencia* (1608), épica renacentista con personajes criollos, no fue la obra de un poeta aislado, sino que surge en medio de una pléyade provinciana que contribuyó con una serie de sonetos laudatorios para el volumen de Balboa. En el siglo XIX nace en Camagüey la importante poetisa Gertrudis Gómez de Avellaneda, y en el presente nada menos que Rolando Escardó, Emilio Ballagas y

Nicolás Guillén. La evocación que Guillén hace de Camagüey capta algo del ambiente en que, años más tarde, iba Sarduy a comenzar sus actividades literarias:

> Por esos años [1918-1920], me reunía con un grupo de poetas en la puerta de la administración de correos en Camagüey, un edificio grande situado entonces donde está todavía, es decir, frente a la iglesia de las Mercedes. Allí discutíamos las últimas noticias literarias y esperábamos las diez de la noche, en que nos dispersábamos por los cuatro vientos de la ciudad. Entre esos poetas y escritores recuerdo a Arturo Doreste –hoy académico de la Española–, mucho mayor que yo –todos lo eran–, César Luis León, cuyo verdadero nombre era Eugenio Sánchez Pérez, Julio Milla Chapellí, que se ahorcó, Vicente Menéndez Roque, que se hizo médico y era a mi juicio el más fino de todos, pero abandonó la poesía. Murió hace unos años. Había un español que era algo así como animador del grupo: se llamaba Medardo Lafuente, y su voz era obligatoria en cuanto acto cultural había en Camagüey, y desde luego en los entierros de importancia.[3]

Para fines de los cuarenta, cuando Sarduy se inicia en la literatura, el grupo habrá cambiado por completo de nómina, pero no de lugar de reunión ni de actividades. Más de tres siglos de literatos camagüeyanos, cientos de poetas cuyos nombres no registra la historia, dan espesor al pasado literario de Sarduy.

A diferencia de Guillén, sin embargo, que nace en una familia de la burguesía mestiza pueblerina, Sarduy es de origen proletario. Hay sangre negra en la familia, y un ancestro chino llamado Macao. Nadie recuerda el origen catalán del apellido. El padre del Sarduy escritor es obrero ferroviario, jefe de una pequeña estación –un paradero– por la que pasaba un tren al día. Hay parientes «decimistas» (poetas populares que en Cuba improvisan en barrocas espinelas), pero no hay biblioteca paterna, como en el caso de Carpentier, ni periódico

---

[3] Véase «Conversación con Nicolás Guillén» (AA.VV. 1972: 125). Toda esta entrevista, realizada por varias personas, es de singular interés para conocer la vida artística camagüeyana.

familiar, como en el de Guillén. Al igual que Guillermo Cabrera Infante y Carlos Franqui, Sarduy surge de las clases populares del interior. Pero su familia no fue tan pobre como la de éstos. En el mundo obrero de la Cuba posterior a la caída de Machado (1933), los obreros ferroviarios, con empleo fijo durante todo el año, en contraste con los azucareros y su tiempo muerto, además de una legislación obrera progresista, estaban muy por encima de otros sectores del proletariado. Sarduy asiste a la escuela primaria pública, y en 1955 termina su bachillerato en el Instituto de Segunda Enseñanza de Camagüey, con primer expediente en ciencias y letras. Para hijo de obrero, Sarduy había conquistado todo cuanto había que conquistar en la provincia. El viaje a La Habana se imponía.

La vocación literaria de Sarduy fue temprana y, según confiesa, «motivo general de risa» (Ríos 1976: 9). A pesar de la tradición literaria camagüeyana, en el ambiente patriarcal de la Cuba provinciana de los cuarenta, las inclinaciones artísticas eran una desviación peligrosa. A estas dificultades se sumaba el aislamiento relativo de la provincia, el atraso que las erráticas comunicaciones con el interior imponían, y sobre todo lo que Sarduy habría de nombrar unos años más tarde con la retórica encrespada de la Revolución, «el latifundismo de la cultura» ejercido por la capital. Dirá Sarduy en el mismo artículo, ya desde La Habana: «Los que hemos llegado de las provincias –que somos la mayoría– conocemos bien las limitaciones del ambiente «espeso y municipal»; la ignorancia, que por falta de medios y materiales básicos, y no de talento, se cierne sobre el ambiente intelectual del interior [...] Nada llega a las provincias, y cuando llega, ya está completamente trasnochado. Con las revistas literarias, por ejemplo, ocurría que un número de *Orígenes*, y luego de *Ciclón*, era para nosotros –en Camagüey– en pleno 1955, digamos, una verdadera joya bibliográfica» (Sarduy 1959i: 2). Sarduy venció todos esos primeros obstáculos de la provincia. De improvisar décimas como sus parientes, pasó a escribir poesía, que una poetisa local, Clara Niggemann, le ayuda a publicar en *El Camagüeyano*, el periódico del pueblo. En 1953, a los dieciséis años, llegó a sacar un cuaderno con un poema intitulado «3» de corte surrealista. En 1957, Samuel Feijóo, escritor y folklorista de la Universidad Central de Las Villas, publicaría una selección con los poemas del grupo que había sustituido al de Guillén en la puerta de la Administración de Correos y luego en el bar aledaño, y en la cual aparecen poemas de Sarduy: *Colección de poetas de la ciudad de Camagüey*. Para 1955, cuando apenas cuenta con dieciocho años, Sarduy ha sido iniciado a las corrientes poéticas del momento, no sólo por Niggemann, sino por miembros del recién disperso grupo *Orígenes*, revista que habían dirigido entre 1944 y 1955 José Rodríguez Feo y José Lezama Lima. Es el poeta camagüeyano, lector de *Orígenes*, Rolando Escardó, quien le facilita a Sarduy números de la revista. Poco después, en ese mismo año, Sarduy recibe el número 4 de *Ciclón* con uno de sus propios poemas: «había entrado en el mundo de las letras!» (Ríos 1976: 9). *Ciclón*, dirigida por Rodríguez Feo entre 1956 y 1958, había sustituido a *Orígenes*, luego de la sonada ruptura entre sus directores.

El mundo de las letras, sobre todo el de La Habana, era un mundo exótico, heterodoxo y hasta disidente con respecto al de la provincia. La aparición del primer poema de Sarduy en una revista literaria de La Habana casi coincide con el abandono físico definitivo de Camagüey. En 1956 Sarduy se traslada a la capital y se matricula en la Facultad de Medicina de la Universidad. Los hijos de obreros, aún con primeros expedientes, tienen que ganarse la vida desempeñando oficios que poco o nada tenían que ver con sus vocaciones. La Habana de 1956, que gozaba del alza económica del país en general, ofrecía posibilidades en negocios vinculados al flujo de capital norteamericano. Sarduy pronto consigue trabajo en una agencia publicitaria –Técnica Publicitaria Panamericana. El humorista Fresquito Fresquet es designado director artístico de la empresa, Alberto Beltrán se ocupa del departamento de diseños, y Severo Sarduy entra al departamento de redacción y nuevas ideas[4]. Entre otros *jingles* olvidables que produce Sarduy en esta época, hay uno que tuvo mucha circulación, anunciando la marca de zapatos *California*, que decía, con la música del himno de los U.S. Marines: «California, California, California a los pies de usted...». Muchos escritores y artistas cubanos se ganaron la vida en la radio y la televisión, y en la publicidad, porque Cuba, de los países hispanoamericanos, fue el primero en recibir el impacto directo de la expansión norteamericana en esas industrias. Por estas fechas, en Caracas, Alejo Carpentier hacía fortuna en Publicidad Ars y en la televisión haciendo la propaganda del *Ron Pampero* y la *Cerveza Polar*, al paso que Manuel Moreno Fraginals hacía éslogans para anunciar los *Helados F*. Estas actividades y la agitación política desatada contra la dictadura de Batista, que cierra la Universidad con frecuencia, sólo le permiten a Sarduy hacer un año de medicina en tres de estudio.

El éxito de la publicación de un poema en la revista de Rodríguez Feo se repite con otras publicaciones en prosa y verso entre 1955 y 1956. *Ciclón* era por esa fecha la mejor revista literaria cubana; la única, sin duda, con circulación en el extranjero. Ser incluido en ella, sin contar todavía con veinte años, era un triunfo extraordinario para el joven camagüeyano. En 1957 Sarduy logra otro éxito editorial: el joven redactor literario de *Carteles*, Guillermo Cabrera Infante, le publica un cuento. *Carteles*, cuyo primer redactor en los años veinte había sido nada menos que Alejo Carpentier, y revista en la que el autor de *El siglo de las luces* colaboró asiduamente en la década de los treinta, era con *Bohemia* el semanario ilustrado de más amplia circulación nacional. El cuento de Sarduy se intitulaba «El seguro», y parecía ajustarse muy bien al título de la sección en que aparece:

---

[4] Tengo a la vista un recorte con una fotografía de cuyo pie recojo la información que aquí doy. Me ha sido imposible averiguar la fecha o el periódico de donde procede el recorte.

«Cuentistas cubanos» (véase Sarduy 1957a). Es un cuento de temática campesina que más recuerda, en principio, la obra de un Luis Felipe Rodríguez, Enrique Serpa, Carlos Montenegro o Félix Pita Rodríguez, que un relato escrito por alguien que ha tenido contactos con el grupo Orígenes y publica en la revista *Ciclón*. Pero, aparte de lo demás que puede decirse sobre el cuento, éste revela una toma de conciencia política por parte de Sarduy. «El seguro» es un cuento de protesta social, que en La Habana del batistato podía haber constituido un peligro para su autor. El cuento, sin embargo, no convirtió a Sarduy en figura conocida ni para el público en general, ni por suerte para las autoridades. En 1957, poquísimos escritores eran conocidos o reconocidos en Cuba. Pero el cuento es testimonio claro de las ambiciones literarias del joven estudiante. La nota de presentación escrita por Cabrera Infante (la primera crítica sobre Sarduy) nos da un retrato del artista (casi) adolescente que merece citarse:

> SEVERO SARDUY es muy joven: nació en 1937. Lo que nos hace afiliarlo a la última de las generaciones literarias cubanas –a la misma, del malogrado Leslie Fajardo, por ejemplo. Actualmente, alterna sus estudios de medicina, con la composición de una novela, *El hombre que amaba su reloj*, que Sarduy ha calificado, momentáneamente, de surrealista. "Aunque no es exactamente surrealista pues esta palabra puede o:i inar un malentendido anacrónico", explica Sarduy, rapido. Es probable que su novela tenga muchas de las virtudes de «El seguro» y alguno de sus defectos (verbigracia: la influencia tardía de Kafka, cierta complejidad gratuita y la aparente falta de necesidad del lector). Pero esto, a los 20 años de Sarduy, no son defectos: son excesos».

«El seguro» y la nunca concluida *El hombre que amaba su reloj* revelan que el poeta provinciano tiene aspiraciones de narrador también.

Sarduy no sólo se abre paso en revistas literarias y semanarios ilustrados para el gran público, ni se limita a la creación, ya sea en prosa o verso, sino que además comienza por estos años su carrera de crítico, nada menos que con una nota sobre *Tratados en La Habana*, la colección de ensayos publicada por Lezama en 1958. La reseña, que apareció el domingo 10 de agosto de 1958 en un diario habanero es, desde luego, positiva, pero está escrita en el tono condescendiente del joven que se jacta de que ha superado ya la temática de sus mayores[5]. Sarduy opina que Eliseo Diego es «el poeta más interesante del grupo [Orígenes]», y se refiere a Lezama como el «discutido autor cubano». No hay que olvidar que por esas fechas Sarduy milita en el grupo *Ciclón*, patrocinado por Rodríguez Feo, quien se había convertido en enemigo de Lezama a partir de la sonada dispersión del grupo Orígenes. El grupo *Ciclón*, más joven, intentaba ponerse al corriente de la literatura hispanoamericana y europea del momento, despreciando el misticismo católico y nacionalista en la superficie de Orígenes. En *Ciclón* publican escritores tan sistemáticamente irreverentes como Julio Cortázar, desconocido entonces, y Jorge Luis Borges. Además de Rodríguez Feo, Virgilio Piñera capitanea el grupo de jóvenes poetas. Sarduy no podía sustraerse a la irreverencia del grupo, a la postura de compromiso político en oposición al elitismo de Orígenes, y su reseña de *Tratados en La Habana* deja entrever esas actitudes. De la admiración a distancia, desde Camagüey, Sarduy ha pasado a la distancia en proximidad con respecto a Lezama y su grupo. En cierta forma ya está completa aquí la dialéctica, presente en toda su obra, de rechazo y recuperación de la obra del maestro. Claro, con el pasar del tiempo esa dialéctica se enriquecerá considerablemente.

A estas primicias en literatura y crítica literaria hay que añadir los primeros esfuerzos de Sarduy en crítica de arte. Quedan tres programas de exposiciones para los que Sarduy redactó el texto de presentación. Todos revelan una seguridad y un conocimiento sorprendentes de la pintura moderna. También dejan entrever que Sarduy ha seguido muy de cerca las actividades pictóricas del grupo

---

[5] El recorte que manejo no tiene indicado el nombre del periódico de donde procede.

Orígenes (que fue tanto un movimiento plástico como literario), y lo que éste pensó sobre el asunto. La red que teje Lezama desde su casa de Trocadero 162 en La Habana vieja es mucho más envolvente de lo que el joven miembro del grupo Ciclón podía imaginarse. El primer texto de Sarduy es para el programa de *Matilla Expone*, muestra presentada del 21 al 28 de abril de 1957 en el Museo Ignacio Agramonte de Camagüey. En la presentación Sarduy hace una defensa del arte abstracto, en términos de su relación con el paisaje cubano, que refleja, por lo menos, una temática muy de Orígenes:

> Olvidemos, pues, ante esta entrega [de Matilla], todas las comparaciones con la supuesta realidad. La aventura, la fascinación de los colores nos invita. Los verdes profundamente vegetales, los bloques rojos espaciados de estallidos oro, lo azul que se descubre en la entraña del mar, lejos del temblor litoral de las islas, la luz cegadora del paisaje cubano en su textura casi sin dimensión, todo nos abisma, nos abandona, frente a un espacio de renovados y ardientes nacimientos, donde la luz, liviana como si emergiera del rompimiento de increíbles vitrales, de intactas, secretas fuentes de la memoria se invoca y sustenta a sí misma, se deleita en un juego de iridiscencias, cercando, limitando un prisma de inalcanzables iluminaciones: la magia desconocida de la belleza.

El entusiasmo juvenil de Sarduy no oculta un dominio firme de cierta terminología, una visión certera de la pintura abstracta, y un interés muy serio en la plástica cubana que lo rodea. Pero lo más notable de ese párrafo olvidado es la concepción del paisaje cubano como una explosión de luces, como una serie de comienzos brillantes, cada uno inédito. Es ésta quizás la primera vez que se manifiesta en Sarduy una interpretación de la realidad como producto de explosiones, concepto que se hará autoconsciente años más tarde en obras como *Big Bang* y *Barroco*. Es notable además por supuesto, que se trate del paisaje cubano; es decir, su visión no es del todo abstracta, sino que emerge de una supuesta comunión telúrica. Hay en ese párrafo sobre Matilla un anticipo fugaz y brillante de temas que formarán el núcleo de la obra de Sarduy.

El mismo entusiasmo por la pintura abstracta lo manifiesta Sarduy en el segundo programa, *Loló: 1953-1957*, para una exposición de la pintora cubana Dolores Soldevilla que se celebró en Caracas. Escribe allí Sarduy que Loló: «ha trascendido el laberinto onírico del surrealismo para conseguir una concepción ontológica, más allá del mimetismo de todas las cábalas, próxima a la captación inmediata del universo indescubierto [sic] de las intuiciones» (Sarduy 1957c). Concluye Sarduy: «La plástica nueva, a la que esta pintora ha incorporado el misterioso álgebra [sic] de la luz y el tiempo, se adentra —como al palacio del recuerdo por redescubrimientos sucesivos— en el espacio inescrito que contiene las claves para lo absoluto» (1957c). Pero lo absoluto no ha despojado a Sarduy de su interés por lo cubano, por lo nacional. En el tercero de los programas, *20 Obras para una colección*, exposición celebrada en La Habana a partir del 27 de diciembre de 1958 y con cuadros y esculturas de venezolanos, panameños, dominicanos, haitianos, ingleses y cubanos, Sarduy afirma:

> Lo nacional, en cada país, ¿es sólo un conjunto de trajes ridículos, palabras mal dichas, cantos y banderas? ¿Cantan en verdad los mexicanos corridos o los cubanos décimas? En Cuba ¿se baila rumba? ¿Es lo nacional de un país lo más frecuente, lo externo? Lo cubano, por ejemplo, tan discutido, ¿es un murciélago de la Bacardí o una guayabera? La obra de Jorge Luis Borges, que no tiene tangos y pebetas ¿no es más argentina, o la de Virgilio Piñera, donde no aparecen el gallego y el negrito, más cubana? (Sarduy 1957d)

A estas preguntas responde Sarduy afirmando que ninguno de los pintores en la exposición se entrega a lo nacional en el sentido periférico que él describe, y termina: «De los cubanos ¿hay alguno nacional? Comenzaré por los cubanos en las palabras de apertura...» (1959d). No sabemos qué habrá dicho Sarduy en la Galería Habana la tarde del 27 de diciembre de 1958, ni cuánto habrá durado la exposición, ya que cuatro días más tarde caía el gobierno de Batista y la capital se llenaba de «barbudos» recién bajados de la Sierra. Pero es preciso tomar nota de lo escrito en ese programa por el joven literato y estudiante de medicina. La alusión a Borges es sin duda sugestiva, aunque lo más probable es que el conocimiento que Sarduy tenía entonces del maestro argentino procediese de Virgilio Piñera, que había pasado algún tiempo en la Argentina en los años cincuenta, y José Rodríguez Feo, que había ido por esos años al Río de la Plata a conseguir colaboraciones para *Ciclón*. Borges, en efecto, había colaborado en la revista ya para 1958 (véase González Echevarría 1977a). Pero lo más significativo de este último párrafo es que Sarduy se refiera a «lo cubano» como «tan discutido». En enero de 1957, José Lezama Lima había pronunciado en el Centro de Altos Estudios del Instituto Nacional de Cultura las cinco conferencias que habrían de publicarse en octubre del mismo año bajo el título *La expresión americana*. De octubre a diciembre, también de 1957, Cintio Vitier pronunciaba en el Lyceum de La Habana las diecisiete lecciones que saldrían publicadas al año siguiente como *Lo cubano en la poesía*. No cabe duda de que el «tan discutido» de Sarduy alude a esas conferencias y a esos dos libros de los dos maestros de Orígenes, sobre todo si recordamos que había utilizado el mismo adjetivo para referirse a Lezama en su reseña de *Tratados en La Habana*.

Desde luego, la versión de «lo cubano» que ofrecían Lezama y Vitier no era nada superficial, y la obsesión de Sarduy con la injerencia de lo nacional en la creación artística, en la relación entre paisaje y obra que esgrime en la nota sobre Matilla, es el tema central de *Lo cubano en la poesía*, y de gran parte de la ensayística lezamiana como había consignado Sarduy en su reseña de *Tratados en La Habana*: «Un conocimiento amplio de las cuestiones cubanas y de la Poesía como vínculo entre el poeta y el paisaje que lo rodea, son el resultado de su [de Lezama] dedicación a la Literatura». Inmerso en el espíritu cosmopolita de La Habana y de *Ciclón*, en el umbral mismo de la Revolución, Sarduy está más preocupado por las rupturas que por las recuperaciones; a pesar de que la temática que va perfilándose como central en su obra está dentro de la órbita de Orígenes, su impulso es hacia lo nuevo. Más adelante en su carrera, Sarduy habrá de regresar a los libros de Vitier y Lezama para recuperar toda su riqueza y densidad. El libro de Vitier tenía el propósito expreso de reservar lo cubano en un momento en que se veía asediado por lo extranjero, sobre todo lo norteamericano, a través de los medios de comunicación masiva. Para Sarduy y otros jóvenes el momento era más propicio para las demoliciones que para la preservación.

Han transcurrido tres años desde la llegada a La Habana del joven camagüeyano y el saldo es muy considerable. De la carrera de medicina sólo ha podido terminar un año a causa de los frecuentes paros universitarios. Ha colaborado en *Carteles* y *Ciclón*, y además se ha dado a conocer en el mundo de la plástica y tiene empleo. Estos éxitos han elevado a Sarduy al plano de los jóvenes prometedores del momento, todos mayores que él: Guillermo Cabrera Infante, Lisandro Otero (que vive en París con una beca del gobierno), Roberto Fernández Retamar, quien tras la publicación de su tesis doctoral ha pasado una temporada en Inglaterra y otra en Estados Unidos. Heberto Padilla, Pablo Armando Fernández y Edmundo Desnoes andan también por los Estados Unidos. Sarduy es bastante más joven que ellos, pero al inicio de la Revolución los triunfos de fines de la década del cincuenta le deparan aún triunfos mayores. De enero a diciembre de 1959 Sarduy se convierte en uno de los jóvenes intelectuales más relevantes de la Revolución. Muchos de los temas –sobre plástica y literatura– que ha esbozado en la temporada del 56 al 58 los desarrollará con mayor amplitud durante ese año, y con mucho mayor impacto. Es poco probable que, como ocurriera con «El seguro», el público cubano prestara mucha atención a las palabras pronunciadas por Sarduy en la Galería Habana la tarde del 27 de diciembre de 1958; mucha mayor atención prestarían entonces a la decisiva batalla de Santa Clara, donde Ernesto «Che» Guevara, que había marchado desde Oriente, a través de Camagüey, daba el golpe de gracia al ejército de Batista. Pero a partir del mes próximo –apenas a las dos semanas, aunque parezca el milenio–, con la toma del poder por la Revolución, Sarduy iba a ser leído y escuchado con creciente atención. Los jóvenes tomaban el poder, sorprendiendo a sus mayores de Orígenes, que sólo vislumbraban en términos poéticos el cataclismo y renuevo.

Además de su ambigua relación con el grupo Orígenes, cuya temática, no obstante, lo domina, de sus contactos con el grupo *Ciclón*, cuya irreverencia y culto a lo nuevo presiden sus actividades, Sarduy deriva de su período en La Habana de los cincuenta otros elementos que reaparecerán en su obra. Uno es, sin duda, la publicidad, que ya aparece en «El seguro», pero que servirá de base a una visión siempre escéptica de los códigos encaminados a la persuasión, y a la vez de ejemplo de la proliferación y heterogeneidad de los códigos en el presente. La publicidad es la heredera de la retórica y los debates en torno a ésta. Queda de esos años también el eco de un personaje del mundillo estudiantil: el «repasador» Isidro[6]. Obeso, en pantuflas, con verba encrespada, este personaje –estudiante nunca graduado de la facultad de Medicina– «preparaba» a estudiantes mas jóvenes para los exámenes. En su casa mostraba diapositivas, recitando una y otra vez las partes el cuerpo, y vendía cursos mimeografiados a los aspirantes a médico. Irritado, imperioso, Isidro era una autoridad autodesignada que daba acceso –con la anuencia de la Facultad– a una de las carreras más ansiadas por los jóvenes de la Cuba republi-

---

[6] «1959. Estudios de Medicina, recuerdo sobre todo a Isidro, un profesor particular de anatomía, bulímico y sudoroso, cuyas prerrogativas, en la época republicana habían ido tan lejos que tenía en su casa cadáveres para la disección –o al menos eso decían los "antiguos alumnos"– que infectaban aquella calle de San Miguel, paupérrima, que me recordaba a Calcutta...» (Ríos 1976: 9). Uno de esos antiguos alumnos, Enrique Pupo-Walker –actualmente distinguido crítico y profesor de Vanderbilt University– me ha suministrado alguna información más sobre Isidro.

cana. Su figura, presidiendo sobre los arcanos de la anatomía y de su imagen en la oscuridad de las sesiones de diapositivas, era la irrisión de la autoridad. No poca es la importancia de este personaje en la ficción posterior de Sarduy, donde aparecerá bajo diferentes disfraces. Ahora bien, mas allá de estos elementos de variable importancia, la sacudida de la Revolución, su vínculo con cierto providencialismo del grupo Orígenes y otros sectores de la política cubana, dejarán una huella indeleble en los textos de Sarduy, sobre todo los narrativos.

El 13 de enero de 1959 Sarduy publica dos décimas «revolucionarias» en el periódico *Revolución*, órgano del Movimiento 26 de Julio, dirigido por Carlos Franqui, que apenas acababa de convertirse de periódico clandestino en órgano oficial de gran tiraje. Cinco días antes Fidel Castro y los «barbudos» de la Sierra habían entrado en La Habana y se vivía una euforia colectiva a nivel nacional. Prácticamente todo el pueblo, desde los gerentes de bancos americanos hasta las muchachas del servicio doméstico, recibió con entusiasmo a la tropa de jóvenes desarrapados que habían forzado a Batista —«el hombre»— a huir. Entre ese 13 de enero y el 16 de febrero Sarduy colabora siete veces en la página literaria de *Revolución*. La página se llamó, con entusiasmo juvenil, «Nueva Generación», y en ella colaboraron repetidas veces otros jóvenes escritores como José Álvarez Baragaño, Roberto Branly, César Leante y Sergio A. Rigol. Frente a los demás periódicos del momento, el conservador *Diario de la Marina*, tanto como *Hoy*, órgano del Partido Comunista, *Revolución* era el periódico de los jóvenes que habían luchado contra la dictadura; como el ejército guerrillero que representaba quería ser iconoclasta, irreverente, imprevisible. Guillermo Cabrera Infante se ocupó de cultura y, como en *Carteles*, volvió a dar cabida a Sarduy. *Revolución* se convirtió del día a la mañana en el periódico de más circulación en Cuba. Se leía a los jóvenes[7].

---

[7] Es imprescindible la evocación de esos años en *Retrato de familia con Fidel* (Franqui 1981).

En marzo de 1959 se crea *Lunes de Revolución*, el discutido semanario de arte y literatura, cuyo primer número sale el día 23 de ese mes. En «Una posición», nota editorial que abre el primer número, se lee:

> La Revolución ha roto todas las barreras y le ha permitido al intelectual, al artista, al escritor integrarse a la vida nacional, de la que estaban alienados. Creemos –y queremos– que este papel sea el vehículo –o más bien el camino– de esa deseada vuelta a nosotros. [...] Nosotros no formamos un grupo, ni literario ni artístico, sino que simplemente somos amigos y gente de la misma edad más o menos. No tenemos una decidida filosofía política, aunque no rechazamos ciertos sistemas de acercamiento a la realidad –y cuando hablamos de sistema nos referimos, por ejemplo, a la dialéctica materialista o al psicoanálisis o al existencialismo. Sin embargo, creemos que la literatura –y el arte– por supuesto deben acercarse más a la vida y acecarse más a la vida es, para nosotros, acercarse mas a los fenómenos políticos, sociales y económicos.

La apertura y heterodoxia de *Lunes* serán efímeras, pero en el tiempo que duró fue una de las manifestaciones más representativas y brillantes de la alegría de los jóvenes en el poder. El director del semanario fue Guillermo Cabrera Infante, con Pablo Armando Fernández de subdirector. Sarduy es designado «crítico de artes plásticas» por esa fecha; sus colaboraciones, que sumarán ocho, duran hasta el 19 de septiembre de 1960. Sarduy ya estaba para ese entonces en París, alejado del equipo redactor, pero su participación y colaboración en *Lunes* son decisivas, tan decisivas como sus vínculos con el grupo Ciclón.

Hasta *Lunes* la literatura y el arte en Cuba habían sido cuestión de grupos bastante reducidos. La tertulia de Domingo del Monte (1835-1848), a mediados del siglo pasado, no sumaba más de una docena de individuos. El grupo Orígenes podía sentarse todo alrededor de una mesa a disfrutar de un banquete. Lezama llevaba él mismo bajo el brazo los números de *Orígenes* a varias librerías habaneras. *Ciclón* circulaba muy poco, a pesar de contar con el apoyo de la fortuna de

Rodríguez Feo. El único antecedente de *Lunes* fue la página artística y literaria que publicó en los años veinte el conservador y españolizante *Diario de la Marina*, que bien pudo haber sido la publicación de vanguardia más importante de Cuba; más aún que la famosa *Revista de Avance*. También merece mencionarse la lujosa *Social*, que combinaba el vanguardismo con el chic que ansiaban las clases pudientes, impulsadas por el alza en la economía durante la época de Machado.

Con *Lunes* los escritores de pronto se vieron leídos y discutidos por un público numeroso. La apertura fue inesperada y fulgurante como la Revolución misma. La Habana secreta de *Ciclón* y de las pequeñas galerías de arte se convierte en La Habana pública de *Lunes*[8]. «Nueva Generación» anuncia el 2 de mayo que Sarduy participará, con otros literatos jóvenes, en un programa de radio. Más adelante también figurará en una mesa redonda sobre arte y literatura en televisión. Los jóvenes de *Lunes* ocupan muchas tribunas. Sarduy también da un recital de poemas en el Palacio de Bellas Artes, auspiciado por el «Grupo Arquipiélago» (leen también R. Branly, M. Díaz Martínez, R. Fernández Bonilla y Frank Rivera; se exhiben óleos de Sabá Cabrera, Julio Matilla y José Manuel Villa). El mismo «Grupo Arquipiélago» celebra otro acto en el «Festival de Arte Nacional» patrocinado por el «Movimiento 26 de Julio», y realizado en el Teatro Nacional de los Trabajadores[9].

---

[8] Conviene tener en cuenta aquí lo que ha escrito Guillermo Cabrera Infante sobre los años de *Lunes* en «Bites from the Bearded Crocodile» (Cabrera Infante 1981; 1984). Desde luego, el sesgo de este artículo es muy personal y no faltan en él algunas inexactitudes y parcialidades. Hay detalles útiles también en el artículo –no menos parcial– dedicado a *Lunes* en el *Diccionario de la literatura cubana* (A.A.V.V. 1980: 525-526). Este diccionario, por cierto, omite tanto a Cabrera Infante como a Sarduy. Es decir, ambos brillan por su ausencia en medio de tantas páginas desperdiciadas en burócratas de la literatura.

[9] Tengo a la vista las invitaciones a estas actividades, con la información incluida en el texto. Muchos de los detalles que allí doy son tomados de *Lunes de Revolución*, cuya colección casi completa está en microfilm en la Sterling Memory

La Habana vibra con tanta actividad artística. Sarduy, por su parte, no se limita a los programas de estos grupos ni circunscribe sus publicaciones a *Lunes*. Dirige una página literaria del *Diario Libre*, colabora en la *Nueva Revista Cubana*, que edita Cintio Vitier, y en *Artes Plásticas*, lujosa revista que publica la Dirección de Cultura del Ministerio de Educación, dirigida por Vicentina Antuña y con Alejo Carpentier de subdirector (en el número 2 de 1961 salen un artículo de Sarduy y la «Introducción a los Vasos Orficos» de Lezama). Continúan, además, sus actividades políticas: el 7 de marzo Sarduy firma, en número especial de *Lunes*, un «Nuevo Manifiesto de los escritores y artistas al pueblo de Cuba», protestando la voladura del barco belga *Le Coubre*, cargado de municiones, en el puerto de La Habana, y el 2 de noviembre firma un «Llamamiento a los escritores, artistas e intelectuales del mundo», protestando las agresiones aéreas contra Cuba llevadas a cabo desde los Estados Unidos (firman, entre otros, Lezama, Carpentier, Fernández Retamar, Lam, y Padilla). Así como varias generaciones se dan cita en *Lunes* y demás actividades culturales de 1959, el arte y la política conviven en ese momento de unidad nacional. La visita de Jean Paul Sartre y otros intelectuales extranjeros da aún más alcance a lo que hacen los jóvenes artistas e intelectuales cubanos: éstos no sólo han llegado al poder, sino que, con la Revolución, se han subido al escenario internacional y se mueven a empellones hacia el centro.

Lejos queda Camagüey. Superada está La Habana de agencias publicitarias, del mundillo estudiantil de jóvenes provincianos que aspiran a ser médicos. Los meses vuelan, los cambios son cada vez más vertiginosos. A fines del otoño de 1959, Sarduy recibe una beca de la Dirección de Cultura para estudiar crítica de arte en Europa.

Library de Yale. *Nueva Revista Cubana* está en la misma biblioteca, y el número 1 de *Artes Plásticas* está en la Biblioteca del Congreso, Washington D.C. El número 2 de esta revista lo encontré en los archivos de Sarduy. No me ha sido posible localizar el *Diario Libre*.

En Cuba, para los años cincuenta, ir a estudiar al extranjero quería decir irse «al Norte»: estudiar en Europa era en cierto modo un anacronismo, un resabio tal vez de la provincia, donde los vestigios del modernismo con su nostalgia parisina no habían desaparecido del todo, y donde el nombre de Rubén Darío era reverenciado por todo el mundo, desde la joven maestra particular hasta el médico adicto a la rima. Aún después de la Revolución –a principios únicamente, por supuesto– siguieron las becas para ir a estudiar a los Estados Unidos. Para diciembre de 1959, Sarduy está ya paseándose por los bulevares de París con algunos de los 30 becados que, como él, se hospedan en la *Maison de Cuba*. El 27 de diciembre de 1958, Sarduy está en la Galería Habana; un año más tarde, después de menos de once meses de frenesí revolucionario, en la École du Louvre.

Si bien el año 59 ha puesto a Sarduy frente a un público amplio y, sobre todo, en medio de una efervescencia política y artística de extraordinaria intensidad, no ha logrado superar ni resolver los temas y problemas que lo obsesionaban antes del triunfo de la Revolución. Así como el chispazo y la detonación no son simultáneos a los sentidos, el efecto de la Revolución tarda en hacerse sentir de forma profunda en Sarduy. Los dilemas se le plantean sobre todo en el terreno de la pintura, y giran todos en torno al arte abstracto la creación de un arte nacional. En la nota sobre Matilla, como vimos, Sarduy había resuelto la cuestión proponiendo que el paisaje de la isla era ya abstracto. En la Cuba revolucionaria las respuestas no podían ser tan sumarias, porque las presiones a favor de un arte figurativo no eran nada abstractas. El 31 de enero de 1959, en «Pintura y Revolución», Sarduy escribe:

> Señores, sé que padecemos la fiebre de criterios que caracteriza todas las post-revoluciones. Me explico: queremos arte figurativo, cuadros que «signifiquen» algo, que den opiniones... Adivino que dentro de cinco años nuestra ciudad estará llena de murales con soldados aplastando bajo sus botas mujeres tuberculosas, de lienzos de jóvenes que hablan de cultura popular roja (o

amarilla), de poemas «objetivos» donde aparezcan prostitutas de quince años y bombardeos... Pues bien, yo digo que todo eso es inútil. Digo que ya es tarde. La Pintura Popular, el Arte Objetivo tuvo que haberse hecho antes. Si Cuba hubiera tenido una figura como Diego Rivera, no hubiera habido Dictadura... Sí, queremos arte nacional, pero puede hacerse pintura nacional sin llenar los cuadros de guajiros y palmas, puede hacerse teatro nacional donde no aparezcan gallegos y negritos, puede hacerse poesía nacional que no cante a los turistas y a los soldados... (Sarduy 1959e: 14)

Las últimas palabras son una alusión a *Cantos para soldados y sones para turistas*, publicado por Nicolás Guillén en 1937, poco después de la revolución antimachadista. Lo que Sarduy propone es coherente: las revoluciones son fenómenos históricos, no repetibles, por lo tanto el arte de una no tiene por qué servir para otra. Pero la presión a favor de un arte figurativo y significativo es fuerte. Si bien es cierto que los jóvenes ocupan el poder, muchos pronto se dejan arrastrar por las inevitables fórmulas y no tardan tampoco los mayores, con ideas de los años treinta buriladas en el cerebro, en ir haciéndose paso. (Aunque ha sido muy distinto del arte mural, el cartel cubano de la Revolución no deja de corroborar el vaticinio de Sarduy en 1959.) El 6 de octubre de 1959, Sarduy escribe en *Revolución* sobre el regreso del arte figurativo, y ahora declara que no lo prefiere al arte abstracto, sino que tanto en el abstracto como en el figurativo se pueden dar grandes obras (Véase Sarduy 1959j). Dos días más tarde, en una nota sobre la pintura de Marcelo Pogolotti, Sarduy afirma: «Preocupación social, reafirmación de valores nacionales, son las principales características de esta obra, en la cual con seguro oficio aparecen ya planteados y resueltos, no sólo en el sentido estrictamente plástico, sino en el conceptual, los temas de la integración racial, el peligro en la injerencia extranjera, la unidad de las masas obreras y la industrialización» (Sarduy 1959k). La pugna entre un arte figurativo y el abstracto, un arte con «preocupaciones sociales» y otro que incorpora otros problemas filosóficos y estéticos, es muy visible en los textos literarios que Sarduy escribe en esta época, sobre todo en *Gestos*. Las «décimas revolucionarias» que publica en enero de 1959 no son sólo poemas comprometidos, sino que están escritos en la estrofa típica de los trovadores campesinos. El breve relato «El torturador» aparece identificado en *Revolución* –igual que «El seguro» en *Carteles*– como «cuento cubano». *Gestos* va a regresar a la temática del movimiento afrocubano, y no deja de ser un alegato para «soldados y turistas». El estudiante de medicina camagüeyano se ha convertido en París en estudiante de crítica de arte. Pero lleva todavía en su valija, durante los primeros años, los mismos temas y problemas de la Revolución, plasmados con frecuencia en el mismo lenguaje de ésta.

Al cumplírsele el plazo de la beca de la Dirección de Cultura, Sarduy decide permanecer en Francia En 1960 o 1961 un acto tal no constituía una «deserción», como lo sería más tarde cuando los organismos estatales se solidifican en la Cuba revolucionaria. Cabrera Infante, mayor que Sarduy y funcionario del gobierno, rompe con la Revolución de forma irremediablemente espectacular. Muchos años mas tarde, César Leante, José Triana y Antonio Benítez Rojo también tendrán que hacer un corte tajante, para no hablar de Reinaldo Arenas y Heberto Padilla que sufrieron cárcel. A pesar de que Sarduy dice haber quemado su guayabera en el patio de la *Maison de Cuba* cuando decidió no regresar a la isla, con gesto inspirado en el de Cortés cuando quemó sus naves, su ruptura con el mundo de euforia política y artística de 1959-60 fue gradual (Boulanger 1980: 65). No ha habido nunca un «caso Sarduy», como los de Padilla.

Muchos deben de haber sido los factores que contribuyeron a la decisión de Sarduy, algunos tan anodinos como el hecho de que apenas ha comenzado sus estudios en la École du Louvre. Volver a Cuba en 1961 podía haber significado el fin de toda oportunidad de continuarlos, y la inmersión en un mundo político que cambiaba vertiginosamente. De más peso aun tiene que haber sido el sesgo que los organismos culturales cubanos amenazaban con tomar. *Lunes de*

Revolución dejó de existir en 1961, después de las conocidas «reuniones en la biblioteca». Estas reuniones, como es sabido, habían sido provocadas por la supresión de una película sobre la vida nocturna habanera hecha por el grupo de *Lunes* (que se rodó en el programa de televisión que ahora tenían). El gobierno suprimió la película, lo cual desencadenó una protesta que condujo a las reuniones en la biblioteca[10]. Algunos de los jóvenes en el poder se habían convertido en el poder. Desde París, un ambiente tal no podía parecer acogedor para Sarduy. Fuera durante un año de una situación tan fluida, es muy probable que no supiera, con razón, a qué atenerse; era evidente que las figuras que lo habían protegido y promovido, desde Rodríguez Feo y Piñera hasta el mismo Guillermo Cabrera Infante, no estaban ya en posición de hacerlo. El grupo de Lunes, heredero de *Ciclón*, estaba en desbandada.

La historia del mundo cultural cubano de los años siguientes no deja dudas sobre lo oportuna que fue esa prudencia por parte de Sarduy. Los artistas que hicieron esa historia se dividieron en varios grupos. Uno de éstos, que acogió a los más jóvenes, llamado El Puente, es probablemente al que Sarduy, por sus inclinaciones artísticas, ideológicas, y casi diría, generacionales, sin duda se habría acercado. El Puente fue una editorial privada que aglutinó a ese grupo heterogéneo, pero cuyas «características unificadoras más importantes eran» –según Lourdes Casal– «abierta o implícitamente, el rechazo de la literatura comprometida y una evidente deuda con el grupo Orígenes» (Casal 1971a: 450). El grupo como tal desapareció en 1965, dice Casal, «cuando José Mario [nacido en 1940], fundador de la editorial, fue enviado a un campo de trabajo» (450).

---

[10] Hay varios testimonios de participantes en las reuniones, entre ellos el de Guillermo Cabrera Infante (1981), y una entrevista, inédita, de Pablo Armando Fernández con William Luis: «Autopsia de *Lunes de Revolución*: entrevista con Pablo Armando Fernández». Agradezco a William Luis el haberme facilitado el manuscrito de la entrevista.

Estos «campos de trabajo» fueron las notorias Unidades Militares de Ayuda a la Producción, creadas en noviembre de 1965, y en las que se conscribía «a los antisociales, es decir, a cualquiera cuya conducta no estaba en estricto acuerdo con la definición pública de buena conducta ciudadana. Los primeros conscriptos fueron tratados tan brutalmente que algunos de los oficiales fueron sometidos a consejo de guerra» (Domínguez 1978: 357). Varios escritores del grupo como Mario, Mercedes Cortázar, Isel Rivero y Belkis Cuza Malé tuvieron que optar a la corta o a la larga por el exilio. Otros, como Miguel Barnet y Nancy Morejón, permanecieron en Cuba, aunque el primero estuvo más de diez años sin poder publicar en la isla, y sólo ha sido «rehabilitado» recientemente[11].

El vínculo, aun a distancia, entre El Puente y Sarduy, es que los jóvenes que lo integraron vieron en la explosión revolucionaria de 1959 la posibilidad de llevar a cabo una ruptura radical, a todo nivel, con la sociedad precedente. Por ello se lanzaron a «una búsqueda de sus propios orígenes e identidad [de ahí una nueva mirada al pasado] y de su liberación, no sólo de sus familias de la mentalidad y moral burguesas, sino de la tutela literaria y política de sus mayores más inmediatos» (Casal 1971a: 451). Atacados por el grupo militante que organizó *El Caimán Barbudo*, bajo la dirección de Jesús Díaz –que contaba naturalmente con el apoyo del gobierno–, y perseguidos por funcionarios, burócratas y oficiales dispuestos a salvaguardar la vigencia del pasado, El Puente sirvió para demostrar que la apertura de 1959-60 no podía continuar, que el poder protege la autoridad y la autoridad se erige sobre el pasado. Los que pensaron, como Sarduy, que era el momento de las redefiniciones, de la separación del mundo patriarcal cuya sede era la provincia, pronto tuvieron

---

[11] Otro de los que estuvieron años sin publicar y ha escrito sobre el hecho fue Edmundo Desnoes. Véase su «Epílogo para intelectuales: recuerdos y observaciones: la cultura en Cuba 1959-1980» (Desnoes 1981).

que darse cuenta de que con los guerrilleros de la Sierra bajó una exaltación del campo —de la Sierra sobre el Llano— a expensas de la ciudad que iba a adquirir inclusive legalidad, y por consiguiente poder represivo. Los ataques armados contra la Revolución durante toda esta época perpetuaron un militarismo que calcificó aún más «la mentalidad y moral burguesas» de los que habla Casal.

La fundación de la Unión de Escritores y Artistas de Cuba y Casa de las Américas, organismos de promoción y organización cultural, así como el Instituto del Libro, el Instituto Cubano de Industria y Arte Cinematográficos, creó instituciones que dieron en algunos casos cierta protección a escritores y artistas. Pero de haber regresado a Cuba, el joven camagüeyano lo más probable es que hubiese habido un «caso Sarduy» y a la postre habría tenido que optar de todos modos por el exilio. En Cuba, la decisión de Sarduy de permanecer en París no fue óbice porque su nombre apareciera en libros de críticos tan oficiales como José Antonio Portuondo. El distanciamiento fue paulatino. Los ataques contra Sarduy por parte de figuras oficiales del gobierno cubano no comienzan hasta fines de los sesenta. Lo gradual de esa ruptura le permitió a Sarduy asimilar y procesar el impulso crítico inicial de la Revolución de una manera más completa y fructífera que la de otros escritores cubanos exilados, para quienes la violencia de la separación convirtió en tabú todo lo relativo al régimen. Alejado de Cuba, Sarduy pudo releer la tradición cubana con ojos nuevos, los que quisieron estrenar los poetas de El Puente. El resultado de esa relectura, de esa recuperación, será cada vez más distante de lo que la literatura cubana producida en Cuba va entregando, pero el inicio y los principios son los mismos.

Desatado de la provincia, de La Habana y de la Revolución, Sarduy se dedica a completar sus estudios de crítica de arte en la École du Louvre, y publica *Gestos* en 1963. Editada por Seix Barral, que empezaba ya su campaña de promoción de la narrativa hispanoamericana (que contribuiría al *boom*), fue un éxito considerable. Hubo reseñas positivas de entre muchos otros, Héctor A. Murena y Emmanuel Carballo en América Latina[12]. Carballo, en reseña para el semanario mexicano *Siempre!*, llega a decir que «*Gestos* es una novela importante no solamente en Cuba sino en la América de lengua española».

La novela aparece simultáneamente en francés, en Éditions du Seuil y recibe también reseñas positivas de críticos como Claude Couffon (*Les Lettres Françaises*) y Luc Estang (*Le Figaro Littéraire*). Sarduy, que se codea ahora con el grupo latinoamericano de escritores radicados en o de paso por París, y que ha entablado amistad con figuras francesas a punto de adquirir enorme prestigio y poder como François Wahl y Roland Barthes está adquiriendo en la capital francesa, con creces, la posición que había alcanzado en La Habana; En 1964 *Gestos* aparece en danés, italiano y alemán; al año siguiente aparecerá en polaco. En el 64 publica un artículo en *France Observateur*. Pocos hispanoamericanos llegan a desenvolverse en París como lo logra a Sarduy. El París de los hispanoamericanos es hispanoamericano. El público lector francés apenas se entera de la presencia de Asturias, Vallejo, Huidobro, Neruda aun del Carpentier de los años veinte y treinta. Sarduy va a alcanzar un éxito en París que constituirá en sí una suerte de ruptura. Cuando comienzan los ataques desde Cuba, el enraizamiento de Sarduy en París será objeto de la atención de sus enemigos. Rayando 1965, Sarduy se ha dado a conocer en Francia, España y América Latina. Con *Gestos* ha comenzado a elaborar los temas que trata de la Cuba de 1959-1960, insertándolos, a su manera, en el mundo parisién.

Pero Sarduy está a punto de dar un salto equivalente a su viaje a La Habana de 1956, a la llegada de la Revolución en 1959, o a su partida para Francia. En 1965 es su primera colaboración en *Tel Quel*; un año mas tarde, en el primer número de la revista, Sarduy empieza

---

[12] Para más detalles, véase González Echevarría 1972, Murena 1964 [no aparece el numero de página en el recorte que yo manejo] y Carballo 1964.

su colaboración en *Mundo Nuevo*. Del grupo de poetas provincianos que conversan después de la cena frente a la Administración de Correos de Camagüey a las estrellas del estructuralismo y el *boom* en el Café Bonaparte de Saint Germain hay una distancia enorme. Esa distancia, sin embargo, no disminuye sino que aumenta e intensifica la temática cubana de Sarduy. Nombrado alumno titular de la École Pratique des Hautes Études de la Sorbona, donde estudia metodología estructuralista con Roland Barthes, Sarduy toma también cursos con Roger Bastide sobre la presencia negra en Hispanoamérica, y lee o relee la tradición literaria cubana, inclusive la obra de Fernando Ortiz. Como Miguel Ángel Asturias, que estudió la cultura maya en París, y Alejo Carpentier, que leyó minuciosamente la literatura e historia hispanoamericanas en la misma ciudad, Sarduy se hace de un instrumental crítico y de una formación hispanoamericana y cubana en la École Pratique, la Bibliothèque Nationale y los concurridos portales de Les Deux Magots, Flore y Bonaparte, los conocidos cafés de la *rive gauche*. El bachiller en ciencias y letras del Instituto de Segunda Enseñanza de Camagüey, antiguo alumno de la École du Louvre, se estudia a sí mismo en medio del ámbito intelectual más riguroso y audaz del momento. Cuando en 1965 escribe una pieza radiofónica intitulada «Dolores Rondón», realizada por la Süddeutsche Rundfunk de Stuttgart, la temática vuelve a ser no sólo cubana, sino específicamente camagüeyana: la protagonista es una figura histórica que ha pasado al folklore local. Pero hay un cambio fundamental en la aproximación a lo cubano, aunque haya constantes temáticas y de personaje. El estructuralismo, los estudios de etnología, y el contacto con el grupo *Tel Quel* le han dado a los temas que Sarduy había traído de La Habana en 1959 una dimensión ideológica y formal más amplia; dimensión que le permite releer a sus mayores, sobre todo a Carpentier, y a los miembros del grupo Orígenes, muy especialmente a Lezama y a Vitier. Los jóvenes de *Ciclón* y *Lunes de Revolución* se habían alejado de la estética de Lezama cuando no habían sido francamente hostiles a ella. Desde París, Sarduy redescrubre sus textos como imprescindibles para recuperar a Cuba. La segunda colaboración de Sarduy en *Mundo Nuevo*, una larga entrevista con Emir Rodríguez Monegal, se intitula «¿Qué es Cuba?». Es una pregunta cuyo origen está en toda una temática literaria cubana que Sarduy descubrió en La Habana, y a través de la sacudida revolucionaria de 1959, pero cuya amplitud Sarduy no se había podido plantear conscientemente antes. De ahora en adelante presidirá su obra. La novela que surge en torno a la pieza radial de 1965, *De donde son los cantantes* (1967), es la primera respuesta a la pregunta. De las preocupaciones sobre la relación entre el paisaje y la pintura, sobre arte nacional y literatura, Sarduy pasa a una interrogante ontológica, que sólo el exilio y las lecturas a distancia le han permitido formular con rigor.

Tel Quel se convierte en portavoz del estructuralismo en el momento en que Sarduy entra en diálogo con la literatura hispanoamericana a nivel internacional a través de *Mundo Nuevo*, pero en realidad Sarduy no encaja en la ideología dominante de ninguna de las dos revistas. Los novelistas del *boom* que publica *Mundo Nuevo*, como José Donoso, Carlos Fuentes o Gabriel García Márquez, participan todavía de la noción de la literatura como mimesis y como acto de interpretación de la realidad hispanoamericana. Algunos, como Fuentes, harán un esfuerzo notable por revisar y alterar esa postura, pero sin gran éxito. El barniz estructuralista del Fuentes de *La nueva novela latinoamericana*, o el tono post-estructuralista de *Cervantes o la crítica de la lectura* sólo sirven para destacar que el novelista mexicano apenas se ha alejado de sus modelos iniciales, que son los novelistas de la Revolución Mexicana, el existencialismo de izquierda que prevaleció en la Hispanoamérica de los cincuenta, y novelistas norteamericanos como John Dos Passos y Norman Mailer. *Zona sagrada*, *Cambio de piel*, o aun *Terra Nostra*, son novelas con los ingredientes de la novela tradicional: personajes, tiempo histórico narradores. García Márquez, menos preocupado por ideologías críticas que Fuentes, es sin embargo más radical que éste: *Cien años de soledad* es un tejido crítico de lugares comunes de la novela hispanoamericana, no de la realidad hispanoamericana. Otro tanto ocurre en *El otoño del patriarca*. Pero ambas novelas, como las de Fuentes, poseen elementos convencionales de novelización, retienen un andamiaje narrativo bastante común. *Tel Quel* le dio a Sarduy el impulso metodológico necesario para pensar la novela y la literatura en general de otro modo. En la mencionada entrevista con Rodríguez Monegal, Sarduy explica:

> La revista *Tel Quel* y los jóvenes agrupados alrededor de Sollers han partido, creo, del hecho de tomarse muy en serio la literatura. Ellos rechazaban la literatura como algo respaldado por «lo que se dice», lo descrito, *el mensaje*, etc. Ellos no pensaban, como se piensa con mucha frecuencia entre los narradores de nuestra América, que el mensaje bastaba para escribir bien. Luego poco a poco se fueron acercando, fueron estudiando lo que constituye a literatura; qué organización particular del lenguaje, qué trabajo sobre el significante, y yo diría, empleando esa palabra en su verdadera acepción, que retórica... Luego, Sollers y sus amigos llegaron a pensar que la escritura, cuando parece decir otra cosa, si es verdaderamente es escritura, lo primero que refleja es eso: *el acto de escribir*, en sus estructuras propias y su dimensión, según creo, ontológica. (Rodríguez Monegal 1966: 24)

En principio, estas aseveraciones no pueden parecer más que una especie de profesión de fe idealista o formalista, pero en Sarduy las doctrinas de *Tel Quel* sufrieron, en contacto con la literatura hispanoamericana, desviaciones insospechadas.

La insistencia en el trabajo del significante le viene al grupo Tel Quel a través del descubrimiento de los «formalistas rusos» y el Círculo de Praga. Se trata de una vertiente cientificista de crítica cuya base, como es sabido, es la lingüística. Con la lingüística como modelo de funcionamiento el crítico describe los procedimientos de construcción literaria; la literatura viene a ser una especie de lenguaje a la segunda potencia, o una especie de dialecto. La estilística de la

Escuela de Madrid —Dámaso Alonso, sobre todo— es la vertiente hispánica de este fenómeno, y a ella acude Sarduy a veces en busca de vocabulario apropiado en castellano. Pero *Tel Quel* fue más lejos. Alonso persigue la intención poética del autor a través de su empleo del lenguaje; *Tel Quel* pretende encontrar el funcionamiento mismo de la poesía, que vendría a ser un código entre muchos de la sociedad, y que no conduce a un yo íntimo, trascendental, sino a un juego de reglas de funcionamiento y producción. El yo del autor o aun del crítico se disuelve en el proceso de significación. El yo crítico, sobre todo el de Roland Barthes en *Mythlogies*, *Sur Racine* o *Système de la mode*, se repliega para objetivizar, a distancia, la realidad —aunque no es ésta lo que ve, sino la relación o interrelación de signos. Es la aplicación consciente del proceso de «desfamiliarización» de que hablan los formalistas rusos. El estructuralismo trabaja sobre signos cuyo significado se da en relación dinámica entre sí, y los de varios códigos; no símbolos, investidos estáticamente por la intimidad del poeta, por su conocimiento y autoridad. La estilística todavía estudiaba la Literatura; el estructuralismo le quita la mayúscula. Las bases del estructuralismo son, como ha explicado Claude Lévi-Strauss tantas veces, el marxismo, el psicoanálisis y la lingüística; ninguna de estas disciplinas promueve una visión jerarquizada de los códigos sociales, tales y como la sociedad contemporánea los proyecta a través de sus instituciones. Para Sarduy, que ve a distancia el objeto de su actividad literaria, que tiene que recuperar a Cuba a través de la literatura, la «desfamiliarización», el disolver el yo en un proceso de producción, la visión codificada de Hispanoamérica se convierten en estrategias casi diría naturales de su obra.

Tel Quel, a finales de los sesenta, fue un momento decisivo para Sarduy. Del instrumental teórico que la revista elabora Sarduy deriva una forma de recuperar a Cuba, a Hispanoamérica y, a la vez, una forma de llevar hasta sus últimas consecuencias las preguntas que la Revolución cubana había suscitado con respecto a la cultura y a la historia. De figuras individuales como Barthes mucho quedará en Sarduy, sobre todo la perspectiva objetivizante del primer Barthes, el interés científico en la cultura popular, la relación entre escritura y psicoanálisis. De Sollers le queda cierta tendencia a dramatizar los mecanismos de producción del lenguaje, a convertirlos en parte de la estructura misma de su obra. De Julia Kristeva, sobre todo, el acercamiento a la obra de Bajtín que le da, en cierto momento de su carrera, un modelo para su propia creación y para el análisis de la literatura hispanoamericana a base de la llamada «carnavalización» y de otras nociones del teórico ruso. Pero a pesar del esfuerzo explícito e implícito del grupo Tel Quel por despojarse de un punto de mira europeo, de lo que llaman etnocentrismo, lo cierto es que los mejores trabajos analíticos del grupo se dan frente a manifestaciones culturales europeas o, en el caso de Lévi-Strauss, frente a culturas ahistóricas (aunque mucho aprende Sarduy de Lévi-Strauss, más que nada de su visión pesimista del mundo postindustrial). El mundo no europeo moderno –el mundo postcolonial, el Tercer Mundo– está ausente de *Tel Quel*, con la excepción de la China de Mao, reificada y distante. Barthes estudia a , a Balzac, observa y analiza fenómenos culturales franceses. Kristeva basa su estudio sobre la novela en *Jehan de Saintré*, un oscuro texto francés del siglo XV, y su voluminoso trabajo sobre poesía gira en torno a Mallarmé. Derrida «deconstruye» a Rousseau y a Lévi-Strauss. Esta preferencia sospechosamente tautológica parece más un *recurso del método* que un discurso metodológico, ya que lejos de permitir una perspectiva desde fuera del objeto de estudio parece un repliegue dentro de ese mismo objeto. El estudio que Derrida hace de Levi-Strauss y del estructuralismo en general demuestra que el etnocentrismo apenas ha cedido. Sarduy, que se enfrenta no a los textos de la cultura francesa, sino a los de la hispanoamericana –muchísimo menos homogéneos, dúctiles o idóneos al método francés–, manifiesta en su obra las contradicciones del estructuralismo de forma espectacular –es decir, las convierte en espectáculo–, y el repliegue del método en punto de partida para la *literaturización*. Esta *literaturización* de la ideología telqueliana es ya una suerte de «deconstrucción», hecha en gran medida porque su obra parte de una cultura diferente.

Pero difícil sería soslayar la importancia de *Tel Quel* para Sarduy. *Tel Quel* le permite recuperar a Cuba, darle sentido a través de la escritura. La distancia y distanciación son movimientos de ruptura, de desprendimiento, que a la vez posibilitan una recuperación. *De donde son los cantantes* es el texto mayor de ese doble movimiento. Novela totalizadora, sincrónica, *De donde son los cantantes* es una relectura de Fernando Ortiz, de Carpentier, de Lezama, y sobre todo de *Lo cubano en la poesía* de Cintio Vitier. *Gestos* evidenciaba una ruptura con la tradición narrativa cubana más reciente, pero los componentes de la cultura cubana estaban dispersos, vistos a un nivel superficial que manifestaba el impacto reciente de la Revolución, la irreverencia antilezamiana de *Ciclón* y *Lunes*, y el esfuerzo por minar las jerarquías vigentes, dando especial relieve a la cultura popular. *De donde* reivindica la tradición literaria y cultural también para minarla, en lo que constituye un escarnio y a la vez una celebración. El estructuralismo es visible en esta recuperación a través de las tres culturas —africana, española y china— que componen la cubana, aunque sea una especie de antropología paródica, pero sobre todo está presente el estructuralismo en la indagación de la cultura cubana a través de sus signos, de sus varios lenguajes.

Las actividades de Sarduy en *Mundo Nuevo* y *Tel Quel* tuvieron repercusión a muchos niveles. Por un lado su obra fue desde el principio una especie de anti-*boom* que hizo mella, como ya se ha indicado, en la de novelistas como Fuentes, Donoso y otros. Por otra, a medida que las relaciones entre *Mundo Nuevo* y Cuba se hacían más tirantes, Sarduy comenzó a ser objeto de ataques por parte de miembros del *establishment* cultural cubano. Los detalles íntimos de la polémica entre *Mundo Nuevo* y Cuba habrán de saberse y documentarse algún día[13]; tal vez entonces podrán corregirse juicios emitidos en circunstancias poco propicias para el análisis crítico. Es natural que desde Cuba, cuya Revolución había sido atacada directa o indirectamente por los Estados Unidos desde 1960, que veía la campaña de cooptación que agencias como la CIA habían emprendido a través de revistas como *Cuadernos* y *Encounter*, *Mundo Nuevo* pareciese uno más de esos frentes culturales. Y en cierta medida lo fue, al margen de lo que su director y colaboradores creyesen o se propusiesen, ya que al polarizar la atención internacional sobre sí redujo el impacto que revistas cubanas como *Casa de las Américas* pretendían tener en Hispanoamérica. En una Hispanoamérica tan frecuentemente humillada por la prepotencia norteamericana, la insistencia de *Mundo Nuevo* en el diálogo más que en la militancia podía llevar a muchos a tildar a los asociados a la revista de agentes de la CIA. Claro, esto no era estrictamente cierto, por lo menos hasta donde yo sé. Por otra parte, si bien al principio Cuba había representado una alternativa desafiante a la invasión política, económica y cultural norteamericana, a medida que la Revolución se institucionalizaba surgían con alarmante frecuencia mecanismos de dependencia y represión ya vistos en otros países de la órbita soviética. Los dos «casos Padilla» –1968 y 1971– no fueron más que la parte más visible de ese lamentable proceso. La historia ha venido a corroborar su irreductible complejidad y su resistencia ante toda interpretación maniquea. Ernesto Cardenal, presente Ministro de Cultura bajo el gobierno sandinista de Nicaragua, colaboró en *Mundo Nuevo*, como lo hizo Gabriel García Márquez, actualmente vocero de la Revolución cubana ante el mundo intelectual. Y en *Casa de las Américas* colaboraron Reinaldo Arenas y Antonio Benítez Rojo, escritores hoy exiliados. Con la perspectiva de casi quince años es fácil explicarse la virulencia de la polémica y,

---

[13] Sobre las fricciones entre *Mundo Nuevo* y *Casa de las Américas*, véase Morejón Arnaiz 2017.

a no ser que uno profese fe en el dogma de uno de los dos bandos, cómo los intelectuales y artistas hispanoamericanos fueron víctimas de conflictos entre poderes superiores a ellos. Ahora bien, el saldo, desde el punto de vista estrictamente literario fue –a pesar de honras mancilladas y reputaciones empanadas– muy positivo. De entre los colaboradores de ambas revistas surgen grandes obras en varios géneros. Desde el punto de vista de la historia intelectual, la postura polémica cubana permitió –más fuera que dentro de la isla– una continuada actividad crítica, en el más amplio sentido, ante los valores culturales hispanoamericanos. Esa actitud estaba presente en *Mundo Nuevo*, muy especialmente en Sarduy, como resultado de los mismos acontecimientos políticos.

Los ataques contra Sarduy son con frecuencia de índole más grosera. En su difundido ensayo «Calibán» (1971), Roberto Fernández Retamar, apelando a matices cubanos de algunas palabras que rebajan notablemente el nivel de su texto, se refiere al «mariposeo neobarthesiano de Severo Sarduy» (Fernández Retamar 1971: 146). Años antes, durante el primer «caso Padilla», un burócrata amparado tras la máscara de un pseudónimo escribe en *Verde Olivo*, con aún mayor desfachatez: «Con Severo Sarduy y Adrián García [los escritores exiliados] trazan desde el extranjero el camino de la traición con colores rosados a cuanta gente les cae cerca» (Casal 1971b: 38). Entretanto, Jesús Díaz, ante el Instituto de Literatura Chilena, responde, con más ira que lógica, a una pregunta sobre las obras de Cabrera Infante y Sarduy con «¿A que hemos venido aquí: a hablar de literatura o de gusanos?[14]» (Edwards 1974: 323)[15].

---

[14] Gusano es el término injurioso empleado por algunos en Cuba para referirse a los exiliados.

[15] Otros ataques: 1) En la sección «Otros libros» de *Casa de las Américas* 55: 131, en una nota sobre la antología de Caballero Bonald –*Narrativa cubana de la Revolución*, que contiene fragmentos de *Gestos*– se lee: «Y cuatro relatos de autores que no tienen nada que ver con la Revolución, a la que han traicionado, y por lo

Sarduy no respondió públicamente a ninguno de estos ataques, no firmó ninguna de las cartas dirigidas al gobierno cubano durante las disputas sobre Padilla, ni emitió juicios sobre la Revolución cubana. Cabrera Infante y Padilla, ambos en algún momento funcionarios del gobierno, mayores que Sarduy, e involucrados de manera oficial en la política cultural cubana, entraron en la discusión. Sarduy, que había salido de Cuba antes de llegar a ocupar puesto oficial alguno, que no llegó a ser de los jóvenes que tomaron formalmente el poder, quedó fuera del juego. Además, el contexto intelectual parisién en

---

tanto sobran en una antología de este tipo y con ese título»; 2) en «*New World* en español», diatriba contra *Mundo Nuevo*, Ambrosio Fornet critica la entrevista de Sarduy con Rodríguez Monegal en que se habla de Cuba (Rodríguez Monegal 1966) y se refiere a Sarduy como «escritor cubanofrancés» (*Casa de las Américas* 40: 106-115); 3) en *La novela cubana en el siglo xx*, Imeldo Álvarez perora con intención y lenguaje alusivos y groseros a la manera de Fernández Retamar: «Tanto lo que arruinaron sus plumas en maniobras contrarias a la verdad y a la vida, como los que llevarían al extranjero, al otro lado del mundo de los trabajadores que construyen en el tiempo nuevo, sus tristezas y carroñas (algunos con gestos de cobra que indagan inútilmente de dónde son los cantantes [...]» (1980: 141). Hay, además, posibles ataques velados en declaraciones como la siguiente, puesta en boca de Nicolás Guillén en su «Informe central» ante el II Congreso de la Unión Nacional de Escritores y Artistas de Cuba: «No es posible aceptar que un escritor o en general un artista de nuestros días, y sobre todo si pertenece a un país subdesarrollado en rebeldía, viva de espaldas a esa lucha, a ese pueblo, entregado a puros juegos de imaginación, a verbalismos intrascendentes, a ociosas policromías, a entretenidos crucigramas, a oscuridades deliberadas, al tratamiento amoroso de realidades o de temas que corresponden precisamente y son gratos a los propios imperialistas que nos embarazan y molestan. Es una suerte de contagio mental, que busca hacernos individuos dependientes de normas y métodos alejados de nuestra angustia y nuestros sueños, pero aun, que son nuestros verdugos. No es concebible tampoco que un escritor o un artista contemporáneo pueda sin rubor presentar a un minero, a un cortador de caña, a un petrolero, obras que son verdaderos jeroglíficos, cuando ese autor no ha luchado lo necesario para que ese obrero pueda comprenderlas. Esto no es sólo una burla sino algo peor que una burla, es una traición» (*Casa de las Américas* 106: 46, 1978).

que se desenvuelve Sarduy —el grupo Tel Quel— es de izquierda. La postura de Sarduy es difícil. El apoyo a la Revolución cubana es artículo de fe entre los hispanoamericanos que, desde el café Les Deux Magots o el Flore, catan a prudente distancia los aires de la política hispanoamericana, y entre la izquierda europea que lo rodea. Del 68 al 71, debido a los incidentes sobre Padilla, las declaraciones tajantes del Primer Congreso de Educación y Cultura, las iracundas amonestaciones de Fidel Castro contra los intelectuales firmantes de las cartas, la creciente burocratización del régimen y el acercamiento cada vez más innegable a la Unión Soviética, la izquierda europea y hasta la hispanoamericana se fragmentan, y la posición de Sarduy se hace más viable. Pero de mediados a finales de los sesenta, cuando la identificación con Cuba era el salvoconducto del ambiente artístico e intelectual hispanoamericano, ser cubano fuera de Cuba debe haber sido problemático para Sarduy. Es a este nivel que los ataques contra él son interesantes. La Revolución cubana se propone, desde los pronunciamientos de Ernesto «Che» Guevara, la creación de lo que él llama —con chocante machismo— «el hombre nuevo»; es más, se propone una redefinición de la nacionalidad cubana y hasta hispanoamericana. A medida que la Revolución se radicaliza y luego se institucionaliza, se pasa de la pregunta sobre la nacionalidad a la afirmación; de la crítica a la aseveración. La nacionalidad cubana se define en relación a la militancia política del individuo. De la cuestión ontológica se pasa a la aseveración axiológica, y de ésta al plano jurídico, donde se activan las temibles verificaciones burocráticas y policíacas. La nacionalidad se asume como una fe y se practica como una doctrina. Cuando Ambrosio Fornet tilda a Sarduy de «escritor francocubano» se hace eco (con poca honra) de la política oficial del gobierno. Sarduy, por su parte, ha seguido siempre reclamando carta de ciudadanía en la tradición literaria cubana:

Yo pertenezco a la más estricta tradición cubana, aquélla que se vincula a la tradición tupida y lujosa del barroco español, es decir, a Góngora y aun a la literatura clásica. Yo soy un autor específica y típicamente cubano. Desde el punto de vista de la teoría, yo me puedo identificar con las investigaciones de *Tel Quel* o de los estructuralistas, pero desde el punto de vista de los resultados, lo que yo encuentro en el lenguaje es completamente diferente de lo que en él encuentra un escritor francés. Yo encuentro allí el lujo, la proliferación, el humor, la carcajada.[16]

No cabe duda de que la negación de la nacionalidad oficial –Sarduy se hace ciudadano francés en 1967– sirve de impulso a la obra del cubano. El contraste entre la versión de lo cubano que se desprende de esa obra y la que pretende dar la literatura escrita en Cuba al amparo de las proclamas oficiales va a ser cada vez mayor. No debe sorprender que a Fornet la Cuba de Sarduy le parezca «un escamoteo». Lo es, pero Sarduy está no sólo consciente de ello sino que pregunta si no es toda actividad artística un escamoteo, muy particularmente de lo nacional. Porque lo cierto es que en obras promovidas por el gobierno, como por ejemplo la anacrónica novela de Manuel Cofiño *La última mujer y el próximo combate*, la «realidad cubana» se pierde a través de las fórmulas del realismo socialista o de la novela de la tierra con tema revolucionario, que elogian críticos de línea oficial como José Antonio Portuondo. Sólo en novelas como las de Reinaldo Arenas, Miguel Barnet y Reinaldo González, o en la poesía de una

---

[16] Declarado a Alicia Dujovne-Ortiz, «Cuba sí, Cuba no» (Dujovne-Ortiz 1980: 38). En un texto de dos años antes, Sarduy no sólo se identifica todavía con la tradición literaria cubana, sino también con la camagüeyana: «Los camagüeyanos conocemos también algo de lo que la Avellaneda, en su vida, dejó testimonio: la palabra poética, la tertulia, el cultivo de la cortesía y la improvisación fina, ligados a la sedimentación de la familia, tierra adentro, lejos del mar, defendida por la austeridad de la llanura, por la planicie despojada, sin marcas» (Sarduy 1981b: 20-21). El texto está firmado en enero de 1978. La relación de la obra de Sarduy con la de otros escritores jóvenes cubanos como Barnet ha sido hábilmente destacada por Andrew Bush (véase Bush 1980).

Nancy Morejón, se vislumbra al margen de la retórica oficialista de congresos, tesis del partido, resoluciones, declaraciones, manifiestos, discursos de ministros, viceministros y secretarios, una literatura donde la búsqueda del sentido de lo nacional, o simplemente la búsqueda del sentido, sea tan rigurosa y tan riesgosa como la de Sarduy.

A partir de principios de los setenta Sarduy ha establecido una posición sólida en París y con el público de habla española. Sus obras se traducen a varios idiomas, sus artículos aparecen en España y en muchos países hispanoamericanos y en 1972, por *Cobra*, recibe el Premio Medicis Internacional. A pesar de la caída de *Mundo Nuevo* y de la disolución paulatina del grupo Tel Quel su obra sobrevive, si bien nunca al nivel de venta y publicidad de García Márquez, Cortázar o Vargas Llosa. En los setenta Sarduy emprende una recuperación minuciosa y audaz de Lezama: no del Lezama de Orígenes asimilado por epígonos como Vitier, sino de un Lezama mucho más revolucionario, mucho más internacional en alcance. Es a la vez un Lezama más secreto y más corrosivo, porque está ausente de él cierta beatería católica (burdamente trasvasada por ciertos oportunistas al plano político) que sus primeros discípulos no supieron decantar. Sarduy colabora en la traducción al francés de *Paradiso*, escribe artículos sobre la novela y en *Barroco* (1974) elabora una teoría sobre el neobarroco que surge en parte de la de Lezama. Pero es sobre todo a partir de *Cobra* (1972) y de *Maitreya* (1978) que Sarduy emprende una labor de comentario de vasta repercusión. *Cobra* y *Maitreya*, con su semática india, completan el viaje al mundo oriental iniciado por los personajes de *De donde son los cantantes* y esbozan un gesto contradictorio: por un lado son un regreso, un peregrinaje, una restauración del origen; por otro, son una visión del futuro dilapidado, heterogéneo del Tercer Mundo. Residuos de culturas primitivas devastadas por el colonialismo; deconstrucción de la ideología primitivista que quiere ver un origen rescatable en ese mundo. La India de Sarduy es el reverso de la América utópica de generaciones literarias hispanoamericanas anteriores; error original de Colón, y a la vez profético o «figural»[17]. La India es el *ghetto* mundial futuro, cuyo anticipo percibimos en los barrios miserables de las ciudades de países subdesarrollados, desarrollados y «en vías de desarrollo». En lo que equivale a un recuperación indirecta de América, Sarduy hace varios viajes a la India; estos viajes son como regresos mediatizados a Cuba[18]. No sólo a un mundo de colorido y sol brillante, sino a un ambiente de religiosidad popular semejante al de la santería cubana; religión hecha de girones de doctrinas, concebida en medio del *detritus* del mundo postindustrial. Origen contaminado. La India es el lugar de los signos investidos de sentido, de las palabras que remiten a textos sagrados. Es por ello el lugar donde Sarduy recobra un lenguaje su dimensión irónica, más allá del conocimiento requerido para la distancia implícita en ese tropo mayor de la tradición romántica. Este período más reciente de Sarduy es una suerte de fantasía o ficción geográfico temporal, que remonta la historia de la lengua a través de su pasado árabe latino para alcanzar sus orígenes indoeuropeos; pero en ese origen se halla el presente del mundo oriental, presente disperso, caótico, poluto, en que la China son los chinos de Sagua la Grande y las palmeras indias las palmas reales de Camagüey. La temática india del Sarduy de los setenta se desarrolla al lado de la obra de Octavio Paz, sobre todo de obras suyas como *Conjunciones y disyunciones, El mono gramático* y otras que parten de la época en que

---

[17] Utilizo el término en el sentido estudiado por Erich Auerbach en su notable ensayo «Figura», de 1944. «La interpretación figural establece un vínculo entre dos acontecimientos o personas, la primera de las cuales significa no sólo sí misma, sino también la segunda, mientras que la segunda encierra y completa la primera» (Auerbach 1973: 53). Este método exegético surge, desde luego, cuando los Padres de la Iglesia establecen relaciones entre el Antiguo y Nuevo Testamento. Véase más adelante nuestra interpretación de *Maitreya*, basada en esta figura.

[18] Véase el recuento que hace Sarduy de Benarés en el suplemento dominical de *Le Monde*, 13 de julio de 1980: 1.

Paz fue embajador mexicano en Nueva Delhi. Carpentier, Barthes, Paz y Lezama son los maestros que guían a Sarduy en la ruta que aspiramos a trazar, y la obra de los setenta es una especie de envés de la de Paz. Pero el maestro principal es Lezama, no Paz, aunque Paz sea el más próximo por la amistad que los une y los muchos encuentros de ambos en diversos lugares del mundo.

Consciente de que su distancia de Cuba ha fijado en un momento de la historia su lengua, Sarduy dice en una entrevista: «Mi cubano, mi argot, el perfil de mis personajes han quedado congelados en algún lado, empiezan a tener un aspecto de "vieja postal descolorida". Va a haber que esperar a que pasen de moda para que sean recuperados por el próximo *kitsch*» (Boulanger 1980: 64). No cabe dudar que el minucioso comentario de la obra de Lezama y Carpentier iniciado en sus obras más recientes es un esfuerzo por contrarrestar esa pérdida, para convertir en «lezama» o «carpentier», idiomas secretos, su «cubano» perdido. En esta situación, que él mismo califica de *borderliner*, se encuentra Sarduy en París con un grupo de diversos artistas cubanos exiliados, como Jorge Camacho, Néstor Almendros, Ramón Suárez, Ramón Díaz Alejandro y Eduardo Manet. Con Camacho y Díaz Alejandro colabora Sarduy en varios proyectos, notablemente en *Big Bang* con el último. Comparte con todos ellos un proceso similar de aculturación y recuperación (véase Villaverde 1981). Como director de la colección hispanoamericana de Éditions du Seuil —donde se publica a García Márquez, a Borges, a Lezama y muchos otros— y animador de «Literatura en Debate», programa de Radio France Internationale en español, Sarduy sigue siendo una figura importante del momento actual de las letras hispanoamericanas. En París sus amistades literarias trascienden desde hace años todo partidismo. Neruda, Asturias, García Márquez, Cortázar y Goytisolo han sido amigos de Sarduy, para no hablar de Paz y muchos poetas y novelistas jóvenes de paso o viviendo en París. Entre los franceses, Sollers, Kristeva, pero sobre todo Barthes y Wahl.

La carrera del joven proletario camagüeyano no ha sido convencional. No termina nunca la carrera de medicina; ni siquiera llega a sostener la tesis de la École du Louvre, a causa de la muerte de su director. Pero aun en el plano más ordinario hay que reconocer que del Instituto de Segunda Enseñanza de Camagüey a director de la colección hispanoamericana de Éditions du Seuil o Radio France hay un trecho largo, que Sarduy ha sabido sortear. Desde luego, en el plano literario sus logros han sido muchísimo más importantes. París en 1984 no es el final de la ruta, pero sí una parada importante que ha sido marcada por la muerte de tres de los maestros de Sarduy: Lezama, Barthes y Carpentier (también mueren Lacan, Foucault y Cortázar). Desde ese sitio y hora Sarduy mira hacia atrás, con nostalgia que domina «poniendo un disco de Celia Cruz en el tocadiscos, tomando un Daiquirí Carta Oro, o comiendo un picadillo a la criolla» (Boulanger 1980: 65). Pero sobre todo, desde allí, Sarduy recupera la ruta trazada a través de la lectura de Lezama:

> Mi obra, entre comillas, está pues inserta digamos en el discurso inaugural del maestro; yo no quedaré, por supuesto, ante la pequeña historia (a pesar de la Enciclopedia que ya me incluye), como un escritor, sin embargo, yo creo y de esto sí estoy orgulloso, y señalo mi situación muy fanfarronamente, yo creo que yo quedaré como el que ha visto, el que ha visto al maestro, el que pudo señalarlo, no soy el primero, por supuesto, Cintio o José Rodríguez Feo lo vieron antes que yo, el primero que se ha dado cuenta de su inmensidad o el que, para repetir un pequeño texto que hice en homenaje a él, el que sabe que vive en la Era Lezama. (Alvardo Tenorio 1979: 15)

Son de la loma

> La fusión de la diversidad en el arte o en la familia otorga una riqueza que se negará siempre a prescindir de su profunda unidad.
>
> Lezama Lima
>
> Descendemos de los dioses.
>
> Lydia Cabrera

Como todo origen, el de la obra de Sarduy es múltiple y contradictorio. Por un lado tenemos la innegable fascinación con la obra de Lezama y la literatura escrita por el grupo Orígenes, por otro, su militancia en el grupo disidente de *Ciclón*, que, contra el trascendentalismo telúrico de Lezama y sus discípulos, practica un arte menos reverente, más de vanguardia en un sentido convencional. Al mismo tiempo tenemos el compromiso político de Sarduy, no visible en Orígenes de la manera en que lo desplegaron miembros del grupo Ciclón, y al mismo tiempo su decisión de exilarse, a poco de haberse instalado la Revolución en el poder. Aunque superficialmente no sea evidente, lo que predomina en esta primera parada del viaje sarduyano es una crítica profunda de la estética de Orígenes. La colaboración de Sarduy en *Lunes de Revolución*, semanario bastante antilezamiano, tal vez sea lo que dé la tónica de este momento. Desde luego, se trata de una crítica, no de un rechazo, de una reescritura, no de una tachadura. Si la obra de Sarduy se da en esa dialéctica que vimos de acercamiento y distanciamiento de la obra del maestro, en la labor periodística de estos años, y sobre todo en la narrativa, nos enfrentamos a un distanciamiento. *Gestos* y *De donde son los cantantes* son, por supuesto, los textos mayores del período. La energía de esa crítica viene de la Revolución, que según vimos hace posible un cuestionamiento radical de todas las tradiciones que constituyen la cultura cubana, si bien a la larga también llega a anquilosarse, una vez convertida en instituciones de preservación, control y vigilancia.

Pero no podemos reducir la historia literaria ni la historia de los literatos a esquemas. Es cierto que en los textos narrativos y periodísticos la nota dominante es esta crítica de *Orígenes*; sin embargo, en los poéticos Sarduy sigue muy de cerca a Lezama y sus discípulos, y colabora en publicaciones como la *Nueva Revista Cubana*, dirigida por Cintio Vitier, el más fiel de los epígonos del maestro. Los poemas de Sarduy, de sus años en Camagüey hasta fines de los sesenta, van a ser ecos de la poética lezamiana. En vez de negar lo dicho antes sobre los textos mayores de Sarduy, esta presencia de Lezama en la poesía confirma la relación del joven escritor con la figura del maestro. Hay que recordar que por estos años Lezama todavía no había publicado *Paradiso*, y que por lo tanto, y a pesar de los libros de ensayos, se le consideraba casi exclusivamente poeta, no prosista. Al optar por la prosa ya Sarduy hace un gesto crítico, que mitiga al seguir escribiendo y publicando poemas de corte lezamiano. Ninguno de esos poemas, aunque distan mucho de ser de los peores publicados por esos años, dejan huella en la historia de la literatura cubana, y tampoco forman parte de lo central en la obra de Sarduy. No obstante, en ellos se manejan temas sobre la capacidad del lenguaje como vehículo de expresión, juegos complicados de tropos que anuncian al Sarduy más reciente, evidentemente porque éste, como estos poemas, se encuentra más cerca de Lezama. Vemos así que, a pesar de las divisiones temporales que utilizo como apoyo en la organización de este ensayo, hay relaciones textuales que desbordan sus límites. No obstante, es la crítica de Lezama la que motiva los textos mayores, y como corolario, contenida por ésta, la crítica de Carpentier. Simplificando, para demostrar su complejidad y riqueza en lo que sigue, Carpentier es el criticado en *Gestos*, mientras que Lezama y el grupo Orígenes son los criticados en *De donde son los cantantes*. En *Gestos* se hace una relectura de *El acoso*, mientras que en *De donde son los cantantes* el texto releído, es decir, reescrito, es *Lo cubano en la poesía* de Vitier, que viene a ser una especie de síntesis de la poética de Orígenes. Esta crítica, es necesario subrayarlo, no es solamente de la tradición literaria sino de toda la cultura cubana, porque lo que está en juego es precisamente lo cubano, antes tal vez que lo literario.

En su origen esta crítica de Lezama y Carpentier es producto de una duda radical sobre la versión de la cultura cubana, y por extensión hispanoamericana, que los dos grandes maestros le ofrecen a Sarduy, precisamente en el momento de gran ruptura que fue la Revolución. Tanto Lezama como Carpentier, de maneras diferentes pero en su base ideológicamente afines, dan una visión totalizante de lo cubano, cuya coherencia se encuentra en teorías historicistas como las de Hegel, Spengler y Frobenius; o por la ideología de movimientos de vanguardia, como el surrealismo, que pretendían absorber las diferencias creadas por la multiplicidad cultural americana a categorías como «lo mágico» o «lo maravilloso». La empresa de Sarduy va a consistir en hacer una *deslectura* de esos poderosos discursos que son Lezama y Carpentier, demostrando a cada paso la irreductibilidad de lo heterogéneo de la cultura, y cómo ésta, en vez de organizarse como conocimiento, retrotrae siempre a formas arcaicas mediante las cuales la humanidad expresa el misterio del ser en sociedad: la tragedia, el enigma, la alegoría. Una vez que dinamita ese discurso envolvente −como la terrorista de *Gestos* la planta eléctrica−, Sarduy lo va a recuperar en sus fragmentos, nunca como totalidad. Va a surgir de todo este proceso un paralelismo compelente con la dispersión de las grandes religiones de lo que ahora se llama el Tercer Mundo, y su recuperación por parte de los adeptos, frente a la invasión de esa amenazante totalidad que es el mundo occidental, con su idea de progreso y sus religiones laicas.

2.

Lorenzo García Vega, miembro marginal del grupo Orígenes, nos ha hecho ver, en un libro tan desgarrador como desigual, que la poética de Lezama y sus discípulos estaba basada en un culto a los antepasados[1]. En términos más claros aún, nos ha mostrado que los integrantes del grupo, sin excluir a Lezama, pertenecían a una pequeña burguesía venida a menos que añoraba épocas de mayor esplendor, cuyo brillo aumentaba retrospectivamente con el paso de los años. No podemos estar satisfechos, desde luego, con una interpretación tan burda de los logros de escritores de la talla de Lezama, ni podemos reducir una poética tan rica como la suya a los avatares de su vida familiar. Sin embargo, lo propuesto por García Vega nos permite observar con mayor nitidez la intensidad del carácter autobiográfico de *Paradiso*, novela que gira en torno a la ausencia del padre muerto, militar de escuela, perteneciente al ejército de la República. Y con el Coronel José Eugenio Cemí, su parentela de vascos dedicados a la industria azucarera por un lado de la familia del protagonista; por el otro los Méndez, vegueros del área de Pinar del Río. Esta fusión, este contrapunteo del tabaco y el azúcar, dan la

---

[1] «Y es la línea casaliana [de Julián del Casal] de *la grandeza venida a menos* –todos los origenistas, grandes idólatras, colocaron rasgos míticos en sus rumbosas figuras ancestrales–, expresada a través del culto al héroe antecesor, la que empata *El poeta como farsante* de Lezama, con el deseo de Cintio Vitier de ver la poesía como texto último del hombre que la escribe. [...] Pero Cintio Vitier, como Lezama, era origenista, y los origenistas pertenecían a una pequeña burguesía de un momento de la vida cubana. Y aquella pequeña burguesía había impuesto su *grandeza venida a menos*. [...] Y todo esto es como mezcla, como rebumbio, y todo esto es tan difícil, porque los héroes antecesores pertenecían a un Panteón que ya se había agrietado. Panteón que era de los generales y doctores, narrado por Carlos Loveira. Eran los héroes de la pose, y de la mala fe, los que había que dejar atrás, si se quería mejorar la vida cubana. Y los origenistas no podían estar de acuerdo con la corrupción de esos héroes, pero...» (García Vega 1978: 140-141).

medida de la cubanidad esencial de José Cemí, centrada no sólo en las dos industrias que están en la base misma de la cultura e historia cubanas sino también en familias antaño pudientes, propietarias de centrales azucareros y vegas de tabaco[2]. Claro, la vida de José Cemí, como la de Lezama, no se despliega ya en la opulencia que tales riquezas tal vez procuraron a la familia, pero sí, como apunta García Vega, es fuente de nostalgia. Dos novelas cubanas de primer orden publicadas en los sesenta, *Paradiso* y *El siglo de las luces*, se centran, por así decirlo, en la muerte del padre, del patriarca. La genealogía real no es lo importante en ellas –ni siquiera en lo que se refiere al destino que sufren los personajes–, sino lo que tales muertes significan simbólicamente. Tanto la visión de la historia del grupo Orígenes como su noción de la historia literaria están contenidas en esta estructura patriarcal. Contra ella se erigirá la obra de Sarduy en este primer período. Su rescate más tarde en obras como *Maitreya* partirá de ese momento de la muerte del padre: esta novela de Sarduy empieza con la muerte del maestro, que aquí aludirá oblicuamente a las muertes de Barthes y Lezama, pero que también será una alusión, y más, una toma de posición frente a la historia. Pero en este primer momento nos enfrentamos a un alejamiento de esas figuras genitoras.

Como ya se ha visto, *Lo cubano en la poesía*, que sintetiza la poética de Orígenes, fue un curso de conferencias pronunciadas por Cintio Vitier en el Lyceum de La Habana de octubre a diciembre de 1957, cuando Sarduy apenas llegaba a la capital a iniciar sus estudios de medicina. La fecha es importante por otras razones. Como es sabido, se trata de un período de recrudecimiento de la represión por parte de la dictadura de Batista, y de aumento en las actividades de los revolucionarios, tanto en la Sierra Maestra como en la resistencia urbana. No hay que pasar por alto, por ello, el deseo de Vitier de rescatar algo de lo valioso en la cultura nacional, en lo que parecía ser

---

[2] Véase «Lo cubano en *Paradiso*», en González Echevarría 1978: 69-90.

el final de una era de decadencia, que se había iniciado en 1933 con la caída de Machado y el aborto de la revolución que lo hizo dimitir. El tema de la identidad nacional ha sido candente en Cuba a lo largo de todo el siglo, en no poca medida por el peligro de extinción de la nacionalidad que han representado, desde el inicio de la República, los Estados Unidos. A esto se suma el hecho de que, mientras el resto de Hispanoamérica se independizaba de España en el siglo XIX, Cuba, como Puerto Rico, siguió siendo parte del imperio español, y también el que gran parte de la población negra fuese de reciente llegada a la isla, como resultado del *boom* azucarero del siglo XIX. Pero es sobre todo la cercanía de los Estados Unidos lo que amenaza la nacionalidad, y así lo expresa Vitier en una de las últimas páginas de su libro: «Cierto que somos víctimas de la más sutilmente corruptora influencia que haya sufrido jamás el mundo occidental, y digo esto no porque le atribuya una malignidad específica, sino porque lo propio del ingenuo *American way of life* es desustanciar desde la raíz los valores y esencias de todo lo que toca» (Vitier 1970: 584)[3]. Es contra esa desustanciación que Orígenes opone una sustanciación consistente, en parte, en la exaltación de esa continuidad genealógica, que emana de patriarcas posesores de las esencias de la tradición. Las conferencias y el resultante libro están estructurados en base a ello.

Lo cubano en la poesía es, sin lugar a dudas, uno de los libros más extraordinarios sobre la literatura cubana. Su intención es revisar toda la poesía de la isla desde sus inicios al momento en que escribe Vitier, tratando de descubrir aquello que es auténticamente cubano en la poesía. Tanto su grandeza como sus debilidades se encuentran en lo vasto del proyecto, que sin embargo, dadas sus bases ideológicas, no podía serlo menos, según veremos. La tesis de Vitier se puede resumir en muy pocas palabras: lo cubano en la poesía consiste en

---

[3] Cito aquí por la segunda edición de *Lo cubano en la poesía*. La primera es de 1958.

la interiorización del paisaje, que se va haciendo cada vez mayor con el paso del tiempo, hasta llegar a la obra de Lezama, donde la naturaleza ya se ha convertido en una sobrenaturaleza, es decir, donde la naturaleza se ha hecho simultáneamente poética y concreta, auténtica revelación del ser en su captura de lo circundante. Hablando de José María de Heredia, dice Vitier: «En el proceso que venimos considerando, el de la expresión cada vez más desnuda y real de nuestra naturaleza, Heredia significa ya desde sus primeros poemas apreciables, en contraste con la objetividad enumerativa de los poetas hasta ahora considerados, la interiorización de la naturaleza» (Vitier 1970: 74); y, «con Heredia damos el paso de la naturaleza al paisaje propiamente dicho, no en el sentido pictórico que vimos asomar en Poey, sino como estado de ánimo» (1970: 75). La ideología de Vitier quiere ser heideggeriana, pero en última instancia es una versión más del esquema hegeliano que se impone en todas sus obras, más recientemente en su novela *De peña pobre* (1978), donde además se ha unido a ese hegelianismo cierta beatería revolucionaria, si se me permite el oxímoron. *Lo cubano en la poesía*, como el Espíritu en Hegel, se irá revelando con el pasar del tiempo, hasta un punto en que su autoconocimiento lleva al conocimiento del absoluto, que resulta ser un conocimiento de sí. El transcurrir genealógico es una forma de revelación, en el sentido religioso del término; la tradición es el espesor de lo cubano revelado en ese transcurso.

Se trata, por supuesto, de un proceso de síntesis montado en un esquema milenarista de origen cristiano, que hace de todo lo ocurrido un elemento necesario para alcanzar el presente, atalaya desde la que todo lo anterior es inteligible. Dice Vitier de Lezama:

> No se trata ya para él de escribir poemas más o menos afortunados, sino de convertir la actividad creadora en una interpretación de la cultura y el destino. La poesía tiene, sí, una finalidad en sí misma, pero esa finalidad lo abarca todo. La sustancia devoradora es, necesariamente,

teleológica. Es así cómo, aparte de la validez intrínseca de sus creaciones y hallazgos, intenta Lezama conjurar la ausencia de finalidad contra la cual ha venido debatiéndose nuestra poesía republicana. (1970: 467)

Pero, como síntesis al fin, ese proceso descrito por Vitier es reduccionista, limándole a lo cubano las asperezas de su heterogeneidad, para convertirlo en pura esencia. Hasta el elemento africano desaparece. Dice Vitier al referirse a la poesía de Nicolás Guillén: «Ni siquiera lo negro, al incorporarse realmente a las esencias de la isla, conserva su espesor telúrico. Se aligera, se sonríe, se evapora. Esto no significa que no haya una zona *sordamente* africana, *regresiva* [los subrayados son míos], en los predios mágicos y oscuros de la población negra y aún blanca (minuciosamente estudiados por Fernando Ortiz y Lydia Cabrera)» (Vitier 1970: 433-434). Para purificar la genealogía, lo negro tiene que «blanquearse» en el proceso descrito por Vitier; los patriarcas, el tiempo cubano en que se despliega este providencialismo poético, no incluye lo africano, que es «sordo» y «regresivo».

Por mucho respeto y veneración que sintieran los jóvenes por Lezama y Vitier, difícilmente podrían haber aceptado semejante postura ante la historia y la literatura. Por muy conciliatorias que quieran ser hoy figuras como Vitier, en parte para justificar su defensa de la Revolución, lo cierto es que Orígenes representaba una vertiente conservadora de la cultura cubana. Por mucho que Vitier alabe a Guillén en su libro, y por mucho que mencione a Ortiz y a Cabrera, lo cierto es que el trascendentalismo telúrico del grupo estaba muy mal avenido con la literatura del poeta afrocubano y las investigaciones del etnólogo y su discípula. Tanto Guillén como Ortiz y Cabrera daban énfasis a lo heterogéneo cubano, a la presencia insoslayable de un factor neoafricano poco asimilable al etnocentrismo occidentalista de Orígenes; y si Guillén buscaba una síntesis de lo cubano, ésta había de darse en el plano político, no en el poético. Estamos convencidos de que en el fondo hay mucho en común entre Lezama y Guillén, pero no en sus proyectos culturales formulados conscientemente. La historia de Cuba, lo cubano, no era para los atentos a la multiplicidad cultural cubana la historia de los sacarócratas y la cultura que éstos crearon en el siglo XIX, al calor de las luchas por la independencia; ni, mucho menos, la que forjaron sus descendientes durante los turbulentos años de la República. Lo cubano tenía que incluir la contribución de otras etnias, y la cultura tenía que incluir la popular, donde tal vez se estaba dando ya una síntesis que nada tenía que ver, como actividad social, con los anhelos decididamente elitistas del grupo Orígenes.

Mientras que Lezama y su grupo habían sido el norte literario para Sarduy y los jóvenes que como él se iniciaron a la literatura en los años cincuenta, otra figura importante había regresado a Cuba en 1959, con el triunfo de la Revolución: Alejo Carpentier[4]. Carpentier había publicado dos de sus cuentos en *Orígenes*, además de un fragmento de *El acoso*, novela que saldría en Buenos Aires en 1956. A pesar de que ya para 1959, a su regreso a La Habana, Carpentier era un autor de prestigio internacional, sus largas ausencias de Cuba no le habían permitido ejercer hasta entonces gran influencia sobre los escritores cubanos de menor edad. A mediados de los veinte Carpentier había sido uno de los iniciadores del movimiento afrocubano, pero de 1928 a 1939 había vivido en París. Y si bien sus crónicas habían aparecido regularmente en *Carteles*, su única novela, *¡Ecue-Yamba-O!*, publicada en España el año de la caída de Machado (1933), era virtualmente desconocida en Cuba. Los seis años que Carpentier pasó en la isla entre 1939 y 1945 volvieron a vincularlo a las actividades culturales de sus compatriotas, pero no publicó ningún libro durante esa época. La obra madura de Carpentier empezó a publicarse en 1946, cuando sale *La música en Cuba* en México, y alcanza nivel internacional con *El reino de este mundo*, publicado en 1949 en el mismo país. Poco se

---

[4] Sobre el retorno de Carpentier, véase González Echevarría 1977b.

sabía de todo esto en Cuba, que vivía años de corrupción gubernamental y americanización que habían de desembocar en el golpe de estado de Batista, el 10 de marzo de 1952. Son los años de *Orígenes* en los que, como expresara el propio Sarduy, poco se sabía fuera de La Habana de actividades culturales. Carpentier, que vivió en Caracas de 1945 a 1959, llegó a ser un escritor hispanoamericano sin pasar por ser antes un escritor cubano.

Pero ya hacia mediados de los cincuenta el renombre de Carpentier, aumentado por la publicación de *Los pasos perdidos* (1953) y *Guerra del tiempo* (1958), sin duda era reconocido en Cuba, si bien es probable que poco se supiera en concreto de su obra. La situación cambia drásticamente a partir de 1959, cuando Carpentier regresa a Cuba con Manuel Scorza a organizar una serie de festivales del libro en los cuales se distribuyen algunas de sus obras. Durante el año de efervescencia revolucionaria que Sarduy vivió en La Habana, entre 1959 y 1960, se celebraron dos de esos festivales, y Carpentier pasó luego a ocupar cargos de importancia en la burocracia cultural. En el año que comparten en La Habana Carpentier y Sarduy aparecen juntos en las páginas de varias revistas, como la *Nueva Revista Cubana*, *Lunes de Revolución* y *Artes Plásticas*. Según el testimonio de escritores como César Leante, Carpentier se convirtió enseguida en el foco de atención para los escritores bisoños, y los domingos por la tarde un grupo de éstos solía visitar su casa de El Vedado (Fernández Retamar 1983: 114-120).

El Carpentier que leen esos escritores y aspirantes a escritores no incluye todavía *El siglo de las luces*, que no habría de publicarse sino hasta 1962, un año antes de que Sarduy publicara *Gestos*. Por lo tanto hay que suponer que se leyó sobre todo *La música en Cuba*, *El reino de este mundo*, *Los pasos perdidos*, *El acoso* y *Guerra del tiempo*. *¡Écue-Yamba-O!* se había agotado hacía años y Carpentier no tenía el menor interés en reeditarla. Luego saldría *Tientos y diferencias* (1964), libro de ensayos que tendría amplísima difusión y que Sarduy sin duda leyó con avidez. Pero en los primeros momentos son principalmente los libros publicados durante la estancia de Carpentier en Caracas los que leen los jóvenes.

Muy distinta de la de Lezama era la Cuba que aparecía en la obra de Carpentier, porque aunque había publicado en *Orígenes*, Carpentier no perteneció al grupo. Además, como era de padres extranjeros no había en él la nostalgia social y familiar que hemos visto en la poética de Lezama y sus discípulos. Carpentier ve Cuba y su historia en un contexto histórico más amplio, sobre todo un contexto en el que la presencia africana en la isla es determinante. Lo que *El reino de este mundo* demuestra es que la historia moderna de Cuba empieza no en la isla sino en Haití, donde la revolución de los esclavos acaba con la industria azucarera. Con la destrucción de ésta en la colonia francesa, Cuba se lanza a llenar el vacío del mercado, lo cual hace que la población negra aumente para cubrir las necesidades laborales. Carpentier había estudiado en *La música en Cuba* este proceso, que en términos de historia musical puede resumirse así: la *contredanse* francesa llega a Santiago de Cuba con los colonos que huyen de los esclavos alzados. Esta *contredanse*, cuyo origen era la *country dance* inglesa, pero que ya venía con influencias africanas, se africaniza todavía más en Cuba para dar la contradanza cubana y la habanera (que le daría la vuelta al mundo en la *Carmen* de Bizet), que hacia fines del siglo XIX (a partir de 1874), produce el danzón, de donde derivan, finalmente, el cha-cha-chá actual y la salsa. Como puede notarse, la versión que de Cuba da Carpentier es más histórica, y forman parte integral de ella no sólo los negros, sino también las clases populares. Porque si el modelo de historia cultural es el provisto por la música cubana —sin duda una de las manifestaciones más relevantes de la isla— entonces ni los negros ni las clases populares pueden ser eliminados. No hay posibilidad de que éstos se evaporen ni se aligeren. En este sentido la obra de Carpentier fue en principio mucho más afín a lo que aspiraban los jóvenes escritores, entre ellos

Sarduy. La presencia del autor de *Los pasos perdidos* seguirá siendo perturbadora en su obra hasta *Colibrí*, no sólo por ésta sino también por otras razones.

Pero Carpentier comparte con Lezama y con Vitier un tipo de historicismo derivado de Hegel, Spengler y otros filósofos diseminados en la Cuba de los años veinte y treinta por Ortega y Gasset y su grupo de la *Revista de Occidente*[5]. En Lezama y Vitier, especialmente en este último, según pudimos observar, ese historicismo asume un cariz milenarista cristiano. Lezama deriva su noción de «era imaginaria» de los filósofos mencionados, sobre todo de Spengler, ya que en última instancia ninguno de los dos es historicista, sino que para ambos la historia está hecha de una serie de reiteraciones y homologías que forman sistemas atemporales. En Carpentier, sin embargo, la historia está hecha de explosiones revolucionarias que, en una suerte de milenarismo laico, lanzan a los personajes a aventuras que están siempre más allá de su comprensión. Los jóvenes novelistas de la Revolución, que viven un momento de ruptura y creen en la necesidad de escribir desde él, ven en la obra de Carpentier un modelo a seguir: si la revuelta de Bouckman y Makandal lleva a la Revolución Haitiana y ésta a las guerras de independencia cubanas, tal vez la Revolución cubana sea un eslabón más en esa cadena de acontecimientos. La solución al dilema de cómo escribir *desde* la Revolución fue algo que eludió el propio Carpentier, y muchos de sus jóvenes seguidores perdieron el tiempo imitándolo en este aspecto de su obra, que es uno de varios factores contradictorios que la enriquecen precisamente porque no la dominan. Cuando esto ocurre en *La consagración de la primavera* (1978) el resultado es un desastre.

De entre las obras de Carpentier ninguna más llamativa para los jóvenes escritores que *El acoso*, que era de las pocas ubicadas

---

[5] Sobre este tema, véase González Echevarría 1977a y «Apetitos de Góngora y Lezama», en González Echevarría 1976: 95-118.

en Cuba y que estaba situada en La Habana antes y después de la revolución contra Machado. *El perseguido* (1964), de César Leante, uno de los discípulos cubanos más fieles de Carpentier, fue una de las obras prohijadas por *El acoso*. Otra, a mi modo de ver, fue *Gestos*, aunque de forma compleja y contradictoria. En este primer momento conviven precariamente en Sarduy Lezama y Carpentier, pero por algunas de las razones que hemos ido viendo, predomina la obra de este último. *Gestos* y *De donde son los cantantes* surgirán de la polémica sobre lo cubano que se libra entre Lezama y Carpentier a través de sus discípulos.

3.

Gestos y *De donde son los cantantes* constituyen dos pasos de alejamiento de la cultura cubana que preparan su recuperación. Ese alejamiento le va a permitir a Sarduy hacer una lectura crítica de la literatura cubana que lo precede y lo rodea, lectura crítica que lo autorizará a recoger el legado de Carpentier y Lezama, pero sólo después de someterlo a los rigores de los cambios radicales de postura preconizados por la Revolución y el estructuralismo. La más radical de estas dos novelas es por supuesto *De donde son los cantantes*, que desde su propio título anuncia su relación con el tema de lo cubano, pero en *Gestos* se observan ya los primeros presagios de lo que será la crítica sarduyana, es decir, el primer motor de su obra madura.

Utilizando procedimientos del *nouveau roman*, como no se cansó de señalar la crítica, Sarduy ofrece en *Gestos* una visión despiadada, pero a la vez lírica, de La Habana de los años cincuenta. En este sentido *Gestos* es típica de las novelas y cuentos cubanos de la primera década de la Revolución —por ejemplo, Edmundo Desnoes, *No hay problema* (1961), Jaime Sarusky, *La búsqueda* (1962), César Leante, *El perseguido* (1964), Guillermo Cabrera Infante, *Así en la paz como en la guerra* (1960)–, obras todas que volvieron la vista sobre La Habana del batistato con mórbida fascinación y a veces con extraña nostalgia, pero sobre todo con el propósito de hacer inteligible el presente analizando aquello que lo precedió. Algo similar había ocurrido en la narrativa cubana posterior al machadato, que se inspiró insistentemente en sucesos ocurridos en La Habana de finales de los veinte y principios de los treinta (por ejemplo, *El acoso* de Carpentier).

Pero La Habana de los treinta ofrecía posibilidades literarias muy diferentes a las brindadas por la de los cincuenta. Mientras que la agitación política y la violencia de aquélla podían eclipsar el más desaforado esfuerzo imaginativo, ésta permaneció relativamente aislada de la conmoción revolucionaria casi hasta el momento mismo de la caída repentina, y para muchos habaneros sorpresiva, de la dictadura. A pesar, o tal vez a causa del terrorismo esporádico y la represión policíaca que la perturbaban, La Habana se lanzó desenfrenadamente a la frivolidad con un intenso espíritu de *carpe diem*. Los cincuenta son los años del triunfo apoteósico de cantantes populares como Benny Moré y del apogeo de la televisión, que difundió, como nunca antes, las engañosas tentaciones de la sociedad de consumo a gran escala. Es, además, ésta la época de las grandes campañas publicitarias para fomentar el turismo extranjero que, entre otros como el crecimiento de la clase media y una alza en la economía del país, fueron factores decisivos en el florecimiento de grandes *nightclubs*, como el célebre Tropicana, inmortalizado por Cabrera Infante en *Tres tristes tigres*. El ritmo de la vida nocturna habanera se hizo frenético –*The Las Vegas of the Caribbean*, decían los anuncios–, notorio ya desde la época de la colonia por la gran actividad del puerto donde se daban cita las flotas. Con las guerrillas en el Oriente lejano, casi mítico, y del que se sabía poco a causa de la censura, La Habana se abandonó furiosamente a la vida para exorcizar a la muerte.

Ésa es La Habana que aparece en novelas tan disímiles y de méritos tan desiguales como *La situación* de Lisandro Otero, *Gestos* y

Tres tristes tigres. Es también el mundo alucinante y compelente que encontró en la primera escala de su viaje el bachiller camagüeyano Severo Sarduy, y que Vitier denuncia en *Lo cubano en la poesía*.

La anécdota de *Gestos* es relativamente simple. Una mulata lavandera es además cantante de cabarets y artista de teatro. Su novio, un muchacho blanco que participa en la lucha clandestina contra la dictadura, le pide que ponga una bomba en la central de electricidad de La Habana. El día de la acción la artista-lavandera va a la planta eléctrica, distrae al sereno, y pone la bomba. Esa misma noche actúa en una tragedia griega, pero hay un fuego en el teatro. Por último la mulata aparece vestida con una bandera cubana en un convertible que desfila en una caravana electoral. Además de pasquines a favor del candidato, la mulata va tirando alcayatas, tachuelas y chinches que boicotean la caravana. El mitin electoral termina en un tiroteo, y por último un incendio que parece consumir la ciudad. Pero alrededor de esta anécdota se entretejen múltiples escenas en las que se describe la actividad de los negros desempleados de La Habana, que no tienen nada que hacer y se pasan el tiempo cantando y jugando a la lotería, escenas del carnaval arruinado por la lluvia, y en general escenas que revelan La Habana momentos antes de la caída de Batista, dada al baile, la música, el turismo.

Así, en un primer plano, *Gestos* describe los últimos pasos de esa danza de la muerte que baila la gran metrópoli, amenazada por la violencia de la guerra y el inminente derrumbamiento de su modo de vida. Lo efímero y teatral de ese modo de vida se subraya en páginas que manifiestan obvias reminiscencias del barroco español. En este plano, que pudiéramos llamar referencial, *Gestos* es también una novela «comprometida» en la que no faltan alusiones a lacras sociales. En la escena inicial, en la que aparecen abriendo la novela los negros que en *Lo cubano en la poesía* se sonreían para desaparecer, «Los negros de La Habana nunca cesan. [...] No cesan porque no tienen trabajo, por eso no cesan de cantar» (Sarduy 1963a: 12). Y en páginas de denuncia, únicamente igualadas en los relatos de *Así en la paz como en la guerra* de Cabrera Infante, se describe con brutal objetivismo la represión policíaca: «Los azules bien armados, ordenados, y claro está, disparan. Al aire, al principio, luego un hombre cae muerto» (1963a: 50). Reflejan claramente estos pasajes de *Gestos* las preocupaciones de Sarduy durante el período de la lucha armada contra Batista y los primeros meses después del triunfo de la Revolución, como puede comprobarse si cotejamos fragmentos de ensayos publicados en «Nueva generación», la página literaria del periódico *Revolución* que luego se convirtió en *Lunes*. También recuerda, por su temática social, «El seguro», el cuento cubano que le publicara a Sarduy en *Carteles* Cabrera Infante.

En fin, los «gestos» son —en este plano— las muecas de abatimiento a las que son reducidos los personajes en un medio ambiente de caos y violencia: «La columna de humo [de la explosión] empaña el cielo. Una mujer negra huye, descalza con un pedazo de hielo envuelto en un papel de periódico; alza el paquete y salta sobre montones de vidrio. Un niño canta y aplaude; otro, en la acera de enfrente dibuja el espectáculo sobre los pasquines» (Sarduy 1963a: 104). O son los absurdos ademanes de un político en una escena de mitin electoral —en el que su encrespada retórica se pierde en el barullo y sólo queda el manoteo— convertido en masacre: «Luego se le ve gesticular, quitarse el sombrero. Se oye un chirrido… Ahora se le ve abrir y cerrar la boca, agitarse, emitir un ruido inarticulado, casi un aullido: se le ve secarse el sudor, abrir otra vez la boca» (1963a: 127). De ahí que, aun a este nivel, la técnica del *nouveau roman* no sea gratuita: los objetos y detritus de la gran metrópoli son los agentes activos en la narración. Si en las novelas hispanoamericanas clásicas la selva se tragaba a los personajes, en *Gestos* la jungla urbana los reduce a peleles.

No podemos pretender que *Gestos* sea una obra de primer rango en la literatura hispanoamericana. Pero una lectura que no pase de este primer plano ignorará sus valores más significativos, aquéllos precisamente que la apartan de las demás novelas cubanas de la primera década de la Revolución. Son estos valores los que convierten a *Gestos* en un texto crucial, tanto en relación a la obra madura de Sarduy como a la narrativa cubana en general. La clave de esta otra lectura que quiero proponer se halla en el lirismo de *Gestos*, lirismo que se contrapone, a lo largo de toda la novela, a la severa y amarga crítica que manifiesta en la lectura que acabamos de indicar más arriba. Según veremos, ese lirismo es lo que produce el distanciamiento de la tradición de Orígenes y la cultura cubana en general, la posibilidad de crítica que la Revolución puso a la disposición de artistas e intelectuales. Por supuesto, el lirismo de *Gestos* está lleno del patetismo de las novelas radiales y está tomado del arte pop, un lirismo exagerado que se regodea en su exageración, en su irrealidad. Es por este «lirismo pop» que *Gestos* se vierte sobre sí misma y cifra su escritura en la de la narrativa cubana que la precede y rodea, parodiándola, interrogándola, siendo para ésta, salvando las distancias, lo que el Quijote para la narrativa española y europea anterior al siglo XVII.

El distanciamiento efectuado por el lirismo pop se debe al hecho de que las acciones y palabras de la protagonista provienen de la novela o la telenovela, además de las letras de boleros, cha-cha-chás y otras manifestaciones del arte popular. Este tipo de arte popular, como es sabido, funciona a base de lo que podríamos llamar una suerte de hiperrealismo, la magnificación de elementos que la sociedad acepta como reflejos del mundo como es. Es, por decirlo así, una suerte de realismo sublime, en que se aumenta hasta más allá de la saciedad la dimensión del objeto o la intensidad de la emoción, el acto o el gesto. La conocida pieza de Warhol, en que se ha ampliado un cuadrado de muñequito en que una mujer llora, es tal vez el mejor ejemplo: el tamaño de la lágrima es tal que no podemos sino fijarnos en su forma, y su gesto tan compungido que nos abruma con el significado «llanto». Pero por el efecto de la dilatación, hasta los puntos de colores que componen las diversas formas salen en la reproducción, es decir, los elementos más básicos de la construcción, del artificio, se hacen visibles. En *Gestos* este efecto se logra a través de un proceso similar de amplificación. Como ya vimos, los ademanes del político en la tribuna han sido exagerados hasta el grotesco. En el caso de la protagonista, que se queja constantemente de su condición de cantante y lavandera, las situaciones en que se encuentra y las cosas que dice remiten a contextos y expresiones que o bien provienen directamente del arte popular, o bien se le parecen. Su estado es de constante melodrama. Su relación con el muchacho blanco, típica de telenovela –relación angustiosa de mulata con blanco, de criada con muchacho de clase media–. Ella, que se empeña en decirlo todo con naturalidad, lo dice todo con el engolamiento del teatro, y en ningún momento deja de actuar, desde el escenario del *nightclub* donde canta hasta la escena final, cuando aparece disfrazada de alegoría de Cuba, pasando por la acción terrorista de poner la bomba y el escenario donde hace un papel de tragedia griega.

La distancia viene no sólo de la presencia visible de estos elementos del arte popular en la contextura de la protagonista, sino también en el hecho de que ella asume esos papeles, que su actuación en la novela consiste en desempeñar conscientemente esos papeles. Cuando va en el autobús a poner la bomba que destruirá la planta eléctrica, alguien le pregunta que si va para el teatro, y ella responde que «Vengo de uno y voy para otro» (Sarduy 1963a: 83). El distanciamiento se produce en parte por la separación que se establece entre un yo supuesto de la protagonista y los diversos roles que adopta, cuya independencia unos de otros desvirtúa toda posibilidad mimética que promueva la identificación por parte del lector, tanto en el sentido de distinguir quién es ella como en el de hacerse solidario de sus acciones. También hay un distanciamiento implícito en hacer de la acción política teatro, y más aún radioteatro, porque el lector quiere suponer un significado trascendental a la política, y remitirla a una intencionalidad coherente y heroica. Pero aun en el caso de la bomba que la protagonista pone, su móvil y la manera de expresarlo aluden al mundo de la telenovela, o de la novelita rosa: «Claro que no –dice ella [a su novio]–, poner una bomba no es difícil. Yo pondré las que tú quieras» (1963a: 79). Es a esto que se refiere también el título de la novela: los gestos son actos que son puro efecto, sin significación clara ni intencionalidad recuperable.

Este distanciamiento se manifiesta en otros niveles del texto. Por un lado el mismo objetivismo del *nouveau roman*, que según vimos sirve para acentuar cierta pasividad de los personajes, sirve también para describir un mundo de cosas que no han sido unidas aún por códigos de significación. La tendencia a oraciones impersonales –rasgo que seguirá repitiéndose en Sarduy– sirve para dar énfasis, a nivel gramatical, a la ausencia de sujeto centralizador. En un plano menos visible para el lector no enterado, pero que la crítica siguiendo indicaciones del propio Sarduy ya ha explorado, también se nota el distanciamiento en las descripciones de la novela, que son con frecuencia descripciones de cuadros antes que de realidades. Así, el cuadro es a la descripción lo que la telenovela al discurso de la protagonista, que a su vez remite a imitaciones de algún discurso natural, suponemos. El hecho de que no sepamos cómo se llaman los personajes, que hacia el final de la novela han sido reducidos a pronombres –él y ella–, aumenta la sensación de que el texto es una realidad radicalmente mediata, cuyo vínculo con otra realidad que no sea a través de esas mediaciones ha sido eliminado, o mejor, minado.

Estos varios procedimientos por los que *Gestos* establece distancia entre el lector y el texto, y entre los elementos que componen el texto, se repiten en el plano en que la novela de Sarduy se enfrenta a la tradición novelística cubana. Una de las peculiaridades fundamentales de *Gestos* es la de ser un compendio de tópicos de la novela cubana que la precede: la mulata, el revolucionario, el cabaret, los carnavales, y en el plano de la acción la huida, la persecución, en fin... el acoso –quizá el tema de la persecución, que remite a las novelas antiesclavistas del siglo pasado, sea uno de los principales en la narrativa cubana desde entonces–. En el trasfondo de *Gestos*, deformados pero reconocibles, se asoman los rostros de Lydia Cabrera, Lino Novás Calvo, Cirilo Villaverde, Alejo Carpentier. Deformados porque lo significativo de *Gestos* es que recopila todos esos tópicos para instalarlos en un espacio paródico. Es evidente que *Gestos*, como toda la narrativa de Sarduy, es heredera de una tradición que parte de *Cecilia Valdés*, que va a contracorriente de la tradición oficial cubana, y que consiste en poner en primer plano personajes de las clases populares de La Habana, mestizos en su mayoría, en los que la mezcla de culturas se produce con particular efervescencia. Es un proceso de mezcla en que media un mecanismo paródico de desjerarquización, de mundo de apariencias, de color y colorido, donde se entremezclan elementos de lo español, lo africano y lo chino. Esa tradición paródica va de *Cecilia Valdés* a la poesía de Nicolás Guillén, donde mulatos y negros, en poemas predominantemente teatrales, denuncian la explotación y el prejuicio de los que son víctimas, a la vez que se burlan de la cultura cubana en sus manifestaciones oficiales de patriotería falsa y aspiración a un blanqueamiento general –es decir, el sometimiento de la cultura a un proceso de educación mediante el cual todo queda subordinado, inclusive la historia vista en términos providenciales, a la ideología de una clase dominante en su mayoría blanca.

Este proceso paródico es observable sobre todo en la relación de *Gestos* con *El acoso* (1956) de Carpentier. La gran novela de Carpentier cuenta la historia de un revolucionario urbano que es perseguido por sus antiguos secuaces, a los que ha delatado bajo tortura policíaca. En la noche de la acción el protagonista visita a Estrella, una prostituta mulata amiga suya, y termina refugiándose en un teatro donde se ejecuta la «Heroica» de Beethoven. El taquillero del teatro, que sin saberlo es vecino del joven revolucionario, también visita a Estrella con el billete que éste le da al entrar. Al final el revolucionario es asesinado entre las lunetas, una vez terminada la sinfonía. La identificación del ser con la culpa, de la vida como escape, de la música como reflejo apenas comprensible del destino, son algunos de los temas de la obra de Carpentier. Los elementos de *El acoso* reaparecen, pero como si fuesen vistos a través de un cristal cóncavo, en *Gestos*. El cambio fundamental es que el foco de la acción se ha desplazado a Estrella, es decir a la mulata, que en la obra de Carpentier ocupaba un papel pasivo –a ella «la visitan», como no deja de repetir con jactancia. Es decir, el agente de la historia se ha feminizado y mulatizado en *Gestos*. A esta mulatización hay que sumar un elemento principal que ya hemos visto: la música popular cubana, vale decir la música afrocubana, cuya función como agente en la mezcla de culturas ya se ha visto. En *El acoso* la pasión y la muerte del protagonista establecen un contrapunto significativo y trascendental con la sinfonía de Beethoven, aun cuando la relación con ésta sea irónica (la pieza va dedicada a Napoleón; las acciones del protagonista no pueden aspirar a tal nivel). En *Gestos* la música son los sones de Benny Moré, los cha-cha-chás de la Orquesta Aragón de Cienfuegos y los boleros que forman la memoria de casi todo latinoamericano en este siglo. Hay muchos elementos más de coincidencia entre las dos novelas, como por ejemplo la presencia en ambas del teatro griego, pero lo fundamental es la diferencia establecida entre las similitudes por la crítica implícita en la parodia. Parodia cuyo recurso fundamental aquí es ese cambio de foco del protagonista masculino revolucionario a la mulata dinamitera, cantante y lavandera. De más está decir que esta parodia va dirigida también contra la estética del grupo Orígenes, según ya queda visto. Lo crucial, no obstante, es la relación de *Gestos* con *El acoso*, porque en esa novela Carpentier había dado un modelo de cómo escribir sobre la historia política cubana reciente, modelo que, ya lo hemos visto, siguieron muchos escritores cubanos de la Revolución.

La relación de *Gestos* con la tradición literaria cubana se refleja en lo que pudiéramos llamar su vínculo con el lenguaje que la constituye —el nivel más interesante de su organización textual. Ya hemos visto cómo, en términos gramaticales, la abundancia de impersonales refleja el objetivismo de las descripciones. En *Gestos*, como en el *nouveau roman* en general, la sintaxis no suministra el sistema lingüístico convencional que cohesiona los objetos del mundo referencial que se describe. Y la convención estilística de la descripción —exteriores de edificios, moblaje— también ha sido abandonada. Si hay, además, un corte con la tradición literaria más inmediata, ¿qué es lo que hace legible la novela? ¿Cómo nos percatamos de que esta serie de palabras pertenece a un todo que se deja percibir como tal? Esta pregunta, fundamental en la obra madura de Sarduy, se vislumbra ya en esta primera novela. La respuesta se halla en una reiteración, en una repetición o reflejo metafórico entre el tema de la cohesión de la lengua literaria y el argumento de la novela, unidos ambos tal vez por una alusión al mito de Edipo, presente en la novela a través de la obra que representa la protagonista hacia el final de *Gestos*.

No creo que sea aventurado decir que el objetivismo de *Gestos* encuentra su mayor propiedad como reflejo lingüístico en las descripciones de objetos esparcidos por explosiones.

> Los ventanales vuelan destrozados en astillas mínimas, los vidrios vibrantes se elevan en el aire como pájaros. Los pájaros sangrantes y sus nidos en los aleros saltan envueltos en un polvo carbonoso, caen pesados como pedazos de hierro. Los pedazos de hierro crujen, traquean, se rompen sobre el techo y salen disparados como flechas. Una nube de vidrios, pájaros y pedazos de hierro llueve sobre la calle. Más allá, la madera carcomida de la baranda se rompe e pedazos desiguales, rojos y blancos. El césped ferrumbroso desaparece bajo un amontonamiento de cables desempatados, de pedazos de mármol azul, de latas abolladas y tejas. Sobre el agua grasosa del río, el resto de los conmutadores flota y se va acumulando en las márgenes, entre los juncos. (Sarduy 1963a: 104)

Si el lenguaje de *Gestos* se caracteriza por esta dispersión de los objetos que describe, sacados de su lugar habitual, y por la aposición que estilísticamente refleja una contigüidad neutra o nueva, es porque todo el texto parece ser el producto de una detonación que ha anulado el poder centralizador que lo hacía coherente. La hipóstasis de esa anulación —su imagen— es el acto de terrorismo que lleva a cabo la propia protagonista al dinamitar la planta eléctrica, la *central* eléctrica, primer motor de la vida urbana en que se desarrolla la novela. Sin olvidar el «amontonamiento de cables desempatados» de la cita anterior, que describe el efecto de la explosión y a la que tendremos que regresar, observemos cómo se describe el centro mismo de la planta eléctrica, donde deposita la bomba:

> Una pizarra ocupa la pared derecha. *Dos tenazas provistas de ruedas entintadas trazan una línea ondulante sobre un papel cuadriculado.* La rejilla del piso deja ver las dos salas precedentes; los volúmenes, los colores, las texturas se mueven por olas. *Las escaleras se reúnen en un solo tronco*, los conmutadores se deshacen contra las columnas marmóreas. Las luces salen del *centro de la tierra*; hondas fallas azules. Un aire caliente satura el espacio y se filtra por los huecos de las rejas. Los cables *se unen en haces* cubiertos con anillos de teipe, luego se despliegan y toman distintos colores y cifras. Al fondo aparece el gran generador *que resume en su forma los contornos de varios aparatos reunidos* en una arquitectura semicircular. (Sarduy 1963a: 102; énfasis mío)

La alusión a la escritura implícita en la planta eléctrica no podía ser más clara, y el énfasis mío recoge expresiones de orden y sistema que evidentemente reflejan la visión de ésta como un circuito de comunicaciones. El primer motor del sistema es, con propiedad casi exagerada, ese gran generador contra el cual se va a perpetrar la agresión de la dinamitera. La alusión al centro de la tierra no podía ser más sugestiva. En realidad podríamos traducir la anterior cita a lo siguiente: la planta eléctrica recoge de la tierra la energía que moviliza las comunicaciones en la ciudad, desde la luz que hace visibles las cosas hasta los aparatos de difusión y amplificación. Lo cual equivale a decir que la lengua literaria está enraizada en la tierra misma —metáfora de la cultura, lugar común en la ideología nacionalista latinoamericana— de donde emana la savia que le da sentido y coherencia. De ahí que esa tradición escriba sobre papel cuadriculado y en líneas onduladas: ambas imágenes connotan la referencialidad de este lenguaje, cuya energía se origina en la tierra misma. Todas las formas posibles que salen de esa tierra, de esa cultura, están ya implícitas en la del gran generador. Lo que «ella» provoca con su bomba son esos montones de «cables desempatados», que significan precisamente todo lo opuesto de lo que la planta eléctrica sugiere. La explosión es dispersión, vacío, ruptura, desvinculación. Es también, como en *El siglo de las luces*, la Revolución.

Pero ese enlace metafórico entre las acciones de la protagonista y el tema del lenguaje en la novela no se agota con el significado de la explosión, en parte porque a pesar de la dispersión, el texto es legible más allá de ese sentido negativo de corte, ruptura y disgregación. Si volvemos ahora a la primera de las dos citas, sin duda notaremos que a pesar de la dispersión hay un intento de reintegración de los elementos diseminados por el estallido. Pero las nuevas relaciones no son ni sintácticas, ni referenciales; es decir, no obedecen a los mecanismos ya codificados del lenguaje que las hacen referenciales. Se trata de recursos retóricos y tropológicos, tales como la metáfora o la metonimia, y hasta fónicos como la aliteración: «Los *v*entanales *v*uelan destrozados en astillas mínimas, los *v*idrios *v*ibrantes se ele*v*an en el aire *como* pájaros» (Sarduy 1963a: 104). Una vez la palabra pájaro aparece como parte del símil anterior, la oración siguiente la toma en su acepción literal, para convertirla en parte de otro tropo que convierte el pájaro en hierro: «Los pájaros sangrantes y sus nidos en los aleros saltan envueltos en un polvo carbonoso, caen pesados *como* pedazos de hierro» (1963a: 104). Cuando los pájaros se han convertido en hierro, la próxima oración repite el tropo, convirtiendo el hierro en flecha: «Los pedazos de hierro crujen, traquean, se rompen sobre el techo y salen disparados como flechas» (1963a: 104). Si bien la explosión desempata los cables del lenguaje, hay otros nexos que hacen por empatarse, por reconstituirse.

Lo anterior quedaría como una observación abstracta sobre el lenguaje de *Gestos* si no hubiese desde el principio de la novela otras relaciones textuales que hacen por adquirir coherencia y significado. Me refiero a la cábala china, a la que son adeptos los personajes, y que constantemente aflora en la novela: Ya en la segunda página de *Gestos* se dice que los negros de La Habana, «Hablan de los caballos-sapo, las mariposas piedra fina, los peces-muerto grande, los culebra-niña bonita, los ratones-marinero, los caracoles-gato. Gritan níquel monja, peseta San Lázaro por lo alto, peso tragedia doble. Hablan frecuentemente de los ratones-marinero, y mientras toman café de los monos araña» (1963a: 8). La charada china o chiffá es un sistema de interpretación de sueños, que se utiliza para jugar a la lotería ilegal, llamada en Cuba «bolita».

Cada objeto o ser tiene una equivalencia numérica, y «ligar» dos símbolos se llamaba un *parlé*. *Fijo* equivalía a que el número elegido saliera en el primer premio de la lotería, *corrido* que saliera en el segundo o tercero. Si los dos números que se apostaban salían, entonces el premio era mayor, su monto dependía de cuánto «se le había puesto al número». Como la música popular cubana, la charada es una mezcla de las culturas china, africana y española, y representa un intento de hermenéutica parecido a los oráculos griegos. El dibujo aquí reproducido da la equivalencia de los números, tradicionalmente inscriptos sobre el cuerpo de un chino con traje de *coolí*. Por ejemplo, el parlé pez-muerto grande, sería el 10 y el 8, y así por el estilo. Ahora bien, lo interesante del sistema es que está basado en un juego de tropos que pretenden ofrecer una interpretación del destino de cada uno, su buena o mala fortuna. El parlé une dos metáforas, es una metáfora de metáforas. O, si lo vemos en su dinámica de un miembro a otro, el parlé es una metonimia. De suerte que resulta concebible dar una versión numérica o tropológica de una serie de acontecimientos, que siempre pueden ser interpretados, es decir, traducidos a otros significados o símbolos.

El chino de la charada, tomado del *Diccionario de los sueños*.

Cuando «ella» se apresta a poner la bomba, se acerca al sereno de la planta eléctrica para distraerlo. El sereno es, además, «apuntador», y «ella» le apunta «níquel a la tragedia, peseta fija al muerto chiquito, níquel corrido a la candela». Al final, después del mitin electoral que termina en refriega, y el inicio de lo que sin duda va a ser la Revolución, se cumple el vaticinio de la cábala interpretada por la protagonista, en un pasaje sumamente sugestivo:

> Las piras se van sucediendo hasta cercar la ciudad. Las casas de números, cuya charada uniforme para hoy era la tragedia doble, arden: cubos de cristal verde llenos de papeles, de trapos, de lápices, de monedas. La gran tirada de hoy queda en el aire. Algunos habían apuntado a la sorpresa, otros al muerto grande. Todos han acertado. La gran sorpresa que todos conocían. Lo inesperado, tan esperado. El premio mayor, el fijo. Ya los símbolos muestran sus reversos, el azar su centro. Los animales de la fábula arden, se hunden brillantes en el fuego y brincan como pinchados, negros, dando volteretas. Cae la monja serpiente, el gato boca, cae el pez mariposa, el muerto grande, el níquel cucaracha, el gato doble, el médico ratón, la jicotea. Cae sobre todo el barco y el listero, el barco y el listero. (Sarduy 1963a: 133)

Lo que los símbolos auguraban era la Revolución, la caída no sólo del régimen sino la explosión de todos los códigos. El centro del azar es sólo perceptible, según reza el texto, en el reverso de los símbolos, en la interpretación correcta de la cábala —en lo que se oculta detrás del significado explícito. Los tres elementos de la cábala de «ella» se han cumplido: muerte, tragedia (es decir, catástrofe), y fuego. Sólo a este nivel tropológico reconstituido rinde el texto un sentido. Con elementos de la cultura popular, *Gestos*, no obstante, se enfrenta a los mismos enigmas sobre el destino que la tragedia griega.

El fuego que consume La Habana al final, y que arrasa las casas de números con su propio vaticinio, había sido prefigurado por el fuego en el teatro en que la protagonista desempeña un papel en una tragedia tebana, que suponemos sea *Antígona*. En vez de luces, que faltan por la explosión de la planta eléctrica, se ilumina el escenario con antorchas. Una de estas cae y la Tebas falsa del escenario arde, convirtiéndose en La Habana –metamórfosis ígnea. Equiparar a Tebas con La Habana, y poner en el texto en lugar tan prominente el mito de Edipo, establece inevitablemente una relación analógica entre la interpretación de la cábala y su resultado, y la interpretación que Edipo hace del oráculo y su resultado. El acto de interpretación culmina con la dispersión de la familia real y la destrucción de Tebas. En *Gestos*, la interpretación de la cábala lleva a la catástrofe final, a la demolición de los códigos, a la necesidad de tener que restituirlos, pero a partir de enigmas cabalísticos que fuerzan a un nuevo acto de interpretación. La agresión de la cantante lavandera contra el lenguaje, contra la tradición, es una automutilación como la que lleva a cabo Edipo cuando se saca los ojos. El texto se saca el Gran Generador, el órgano de la inteligibilidad, y se queda en el mareo hermenéutico de los animales de la fábula, las casas de números ardiendo. La ciudad queda destruida, de sus cenizas tendrá que surgir, como Fénix, un nuevo orden, un nuevo lenguaje, un nuevo lugar donde inscribirlo. La Revolución.

En «El seguro», el «cuento cubano» que Sarduy había publicado antes de la caída de Batista, se perfilaban algunos de los temas que hemos estudiado en *Gestos*, que a su vez prefiguran temas que se harán constantes en su obra. Sobre todo el que acabamos de ver referente al lenguaje literario, la tradición y el significado. En «El seguro», cuento de protesta social, un guajiro cortador de caña compra una póliza de indemnización por accidentes del trabajo, con la esperanza de, con el dinero que acumule, educar a su hijo. Pero cuando éste enferma de gravedad, y no tiene otro recurso, el guajiro se corta los dedos de una mano para cobrar la póliza y atender a su hijo. No obstante, al hacer la reclamación, el médico de la compañía de seguros le niega el pago porque descubre la artimaña. El cortador se ha cercenado los dedos de la mano derecha, con la que blande el machete, en vez de la izquierda, que en un verdadero accidente debía haber sido la herida. El campesino quiere dominar el azar, controlar el accidente, si se me permite, pero el texto de la póliza, en vez de ser seguro, es todo lo contrario; es la inseguridad misma, sólo respondiendo a verdaderos accidentes, es decir, al azar.

De la misma manera *Gestos* indaga sobre la naturaleza del texto, de su texto y con la automutilación del Gran Generador, pretende controlar el azar, restablecer un sistema de tropos. Pero los tropos siempre exigen ser interpretados. El claro en el bosque del lenguaje que Sarduy ha logrado hacer es un vacío, un dónde, que en su próxima obra mayor intentará llenar. *De donde son los cantantes* lleva el proceso de distanciamiento y recuperación que hemos venido observando hasta sus últimas consecuencias. Pero no habrá recuperación total jamás del lenguaje dinamitado en *Gestos*. La recuperación siempre se hará a partir de ese vacío, de ese corte.

4.

> Oye mi son, mi son, mi son, de los que son, son y no son.
>
> Ñico Saquito

Si bien nuestra lectura de *Gestos* comprueba hasta qué punto la energía crítica desencadenada por la Revolución se traduce en una literatura que interroga la tradición cubana, la primera novela de Sarduy preserva todavía los elementos más convencionales de la narrativa: hay personajes, argumento, diálogo y, a pesar de la mediación pictórica vista, descripciones. La experimentación en *Gestos* es algo implícito en el texto que tenemos que extraer mediante nuestra lectura, es ese «centro del azar» donde arde la zoología fantástica de la cábala. Pero en la superficie predomina todavía un afán mimético. *De donde son los cantantes* marca una ruptura aun con *Gestos*. La obra es probablemente el texto más furiosamente experimental en la producción latinoamericana del momento, y de él en adelante Sarduy será reconocido como la vanguardia extrema de lo escrito en español. *De donde son los cantantes* se publica en medio del *boom* de los sesenta —es contemporánea de las obras más conocidas de Cortázar, Fuentes, Vargas Llosa y Goytisolo—, y en gran medida su mayor empeño será poner de manifiesto los mecanismos literarios que subyacen a esas obras. Mientras que la crítica en español se asustaba ante el experimentalismo de las obras del *boom*, Sarduy las sometía a un examen que revelaba sus convencionalismos. Pero *De donde son los cantantes*, como su título mismo indica, parte de una inquietud más local: otra vez la de *Lo cubano en la poesía*.

Algo cuya ausencia en *Gestos* podemos notar sólo a partir de las obras posteriores de Sarduy, pero que sin duda las prefigura, es la ausencia de genealogía, de la familia como unidad narrativa y social en la novela. En contraste a lo dicho por Lorenzo García Vega con respecto a la ideología de Orígenes (tocante a la veneración de antepasados cubanos propietarios de las fuentes de riqueza nacional), no tenemos nada por el estilo en *Gestos*. Los personajes no tienen nombre, no se mencionan sus padres, y no llegan a constituir una pareja que augure la formación de una familia y la preservación de tradiciones nacionales. La confusión al final de *Gestos* es una ruptura bien profunda si consideramos que las próximas obras de Sarduy van a reemplazar sistemáticamente la metáfora de la familia como receptáculo de tradición y diseminación, por otros nódulos en los que se presenta el envés de las relaciones familiares, de la sexualidad como vehículo de reproducción, de representación. No se trata simplemente de que los personajes sean de otra clase social que los de Lezama —aunque esto es importante— sino de que los vínculos de sangre de la red metafórica convencional que apoya la tradición novelística han sido remplazados. Aún mucho más adelante, según se verá, cuando Sarduy recupera de forma más sistemática y textual *Paradiso*, lo hace a través de un personaje que no pertenece a la familia de Cemí, ni por su genealogía, ni por su clase: el cocinero chino Luis Leng. En *De donde son los cantantes* la ruptura genealógica es violenta.

Si la familia como metáfora de la tradición se ha suplantado en *De donde son los cantantes*, su ausencia en la obra determina otras rupturas con las convenciones de la novela, aun de la más experimental. No hay en *De donde son los cantantes*, como todavía en *Gestos*, intento ninguno de dar una representación del tiempo. En *Gestos* podemos más o menos reconstruir un día en la vida de la cantante-lavandera; en *De donde son los cantantes* sólo podemos reconstruir bloques de tiempo mayores, aunque tal vez haya vestigios de una temporalidad convencional en el primer relato que compone la novela. Tampoco hay esfuerzo en *Gestos* por crear personajes que de alguna manera remitan a los convencionalismos usuales en la novela. Podemos, eso sí, al reconstruir la obra en nuestras mentes, hacer de Dolores Rondón un personaje que perdure en la memoria tanto como Emma Bovary, pero sólo a base de una recomposición cronológica de su vida que violenta la de la obra. Otros personajes, como las ubicuas Auxilio y Socorro, cambian constantemente de apariencia. Lo único determinante en ellas es la relación entre sí. No hay tampoco en *De donde son los cantantes* diálogo en la forma en que lo encontramos aún en las obras más experimentales. Aquí los personajes se expresan de manera deliberadamente artificial, aludiendo a un registro amplio de formas verbales conocidas que provienen de la publicidad, la literatura, el cine, la música popular europea, norteamericana y cubana. Entre los personajes hay que contar al autor, que se identifica a veces como «yo», y que pretende explicar la obra en una nota al final, y hasta al lector, que en cierto momento protesta por algo que hacen los personajes. Con la ausencia de la familia como centro de la obra, de la genealogía como metáfora que transmita el orden de la tradición, la autoridad que cohesiona los diversos convencionalismos de la novela desaparece.

Su desaparición, o mejor su transformación, es significativa, hasta el punto que pudiera decirse que es uno de los temas principales de la obra. Es aquí precisamente donde la novela de Sarduy desmonta –deslee, deslíe– la del *boom*; no hay familia Buendía que centre la historia y le dé cohesión al relato, sino una teogonía que reformula los vínculos entre los personajes.

Si la relación entre las partes de la novela se ha hecho problemática, no lo es menos el vínculo entre los diversos relatos en que se divide la narración. En *Gestos* había un argumento que podía seguirse; en *De donde son los cantantes* hay tres historias, enmarcadas por una especie de prólogo intitulado «Curriculum cubense», y la «Nota» antes mencionada, en que el autor describe e «interpreta» la obra. ¿Qué parte tiene prioridad sobre cuál? ¿Explica el «Curriculum Cubense» el resto de la obra, o es la «Nota» la que da la clave? ¿Y por qué necesitan las tres historias una clave? Si Sarduy ha declarado en varias entrevistas que la novela no es simbólica, que no es traducible a un significado cultural dado, ¿por qué la insistencia, a través del «Curriculum» y la «Nota», por no hablar de las entrevistas mismas, en la procedencia de los materiales de que se compone la obra, y en el sentido de éstos? En realidad no hay obra más preocupada por el significado que *De donde son los cantantes*, sólo que esa preocupación incluye la pregunta sobre cómo se produce el significado, pero esto último no domina la obra a expensas del significado, ya que proponer tal cosa equivale a decir que la producción ya se ha convertido en significado. En realidad, para ser lo que pretende ser, *De donde son los cantantes* tiene que rebasar lo que su autor dice de ella, tanto el autor que aparece en la obra como el que la firma y explica a través de entrevistas y otros textos ensayísticos. Aquí se encuentra el radicalismo de la obra en el sentido etimológico de la palabra; es decir, la preocupación con las raíces, con los principios, con el origen.

En ello radica –valga la palabra– la extraña y compelente propiedad del título. *De donde son los cantantes*, como es sabido, es un verso del «Son de la loma» de Miguel Matamoros, uno de los miembros del famoso «Trío Matamoros», conjunto que hizo época en Cuba a partir de los años veinte. El origen del título, como veremos en seguida, es muy importante, pero baste ahora consignar su ambigüedad, no sólo de sentido, sino gramatical. «De donde son los cantantes» sin acento en el «donde», es una afirmación hecha en el molde usual de una pregunta. Es decir, que «De donde son los cantantes» tiene la rara cualidad de ser simultáneamente pregunta y afirmación. El título moviliza en su propia producción su sentido contradictorio de la misma manera que *De donde son los cantantes* es a la vez producción de sentido y sentido. Ese sentido es el más elusivo, el del ser como ente individual y el de la cultura como colectividad. Porque «De donde son los cantantes» es también una perífrasis, un circunloquio en el que lo no dicho, lo que se rodea, lo que se esquiva, es el significado inicial y final: Cuba. El texto de la obra es, entonces, pregunta y respuesta simultáneamente sobre qué es Cuba, y también, en su propia constitución, circunloquio que dice lo que es Cuba sin nombrarla. Esta estructura retórica del título, combinación de aporía (pregunta / respuesta) y circunloquio, es en cierta medida ya el significado de *De donde son los cantantes*.

Desde luego, las resonancias del título, para quien conoce el «Son de la loma», son claras en cuanto a la pregunta principal que se hace la novela con respecto a Cuba. Para empezar, el «son» es una forma de expresión musical que es afín en su trayectoria histórica al movimiento hacia una definición de lo cubano que surge de elementos típicos de las clases populares, clases en las que la presencia de lo negro aparece más marcada. Es, además, con el danzón y sus variantes, una forma musical que, habiéndose creado entre las clases populares, se va imponiendo gradualmente a la población entera. Esto se debe tanto a fenómenos de índole sociológica como al desarrollo de los medios masivos de comunicación, que sobre todo a partir de los años veinte diseminan por toda Cuba música de este tipo. El hecho es que, a partir de la primera posguerra, el «son», que había surgido en Oriente, se desplaza hacia el oeste, hasta llegar a La Habana. Una de las ideas fundamentales de la vanguardia en Cuba, y por su puesto del afrocubanismo, era que en la música se iba a dar, o se estaba ya dando, una síntesis de lo cubano que incluía elementos de las diversas culturas que habían sido traídas a Cuba. Ya hemos visto cómo Carpentier, uno de los fundadores del movimiento afrocubano, hace de la historia de la música cubana, en cierto sentido, la verdadera historia de la isla; es decir, la que da la verdadera medida de la transculturación que se ha producido en ella. El «Son de la loma» puede así muy fácilmente representar esa síntesis. En el «son» se mezclan elementos percusivos de la música africana con instrumentos de cuerda como la guitarra, el tres y el contrabajo, que derivan de la tradición española. Y el contrapunto entre cantante y coro, así como la repetición de un estribillo, son evidentemente de origen africano. Es más, el «son» es tal vez la forma músical más directamente heredera de la primera composición musical cubana, el «Son de la Ma' Teodora», origen de esa historia que, para Carpentier y otros intelectuales como Fernando Ortiz, culmina en una síntesis cultural.

Ya de por sí al ser un «son», el «Son de la loma» evoca cuestiones referentes a los orígenes de la cultura cubana, que están asociadas a las que *De donde son los cantantes* sugiere a través de su título. Pero la letra de la composición de Miguel Matamoros hace aún más explícita esta temática.

> Mamá, yo quiero saber,
> de dónde son los cantantes,
> que los veo tan galantes,
> y los quiero conocer,
> con su trova fascinante,
> que me la quiero aprender.
> ¿De dónde serán, ay mamá,
> serán de La Habana,

serán de Santiago,
tierra soberana?
Son de la loma,
y cantan en llano,
tu verás, vamos a ver,
Mamá, ellos son de la loma,
mamá, ellos cantan en llano,
Mamá, ellos son de la loma. (bis)

Es posible que el dirigirse el hablante a «mamá» sea un vestigio de la más antigua poesía en lengua romance: las canciones de amigo galaico-portuguesas, derivadas a su vez de los zéjeles arábigo-andaluces. Añádese a esto el hecho que la palabra «trova» se remonta, precisamente, a la poesía de los «trobadores», origen de la poesía amorosa europea, que a su vez es de origen árabe, como ha demostrado María Rosa Menocal en un agudo artículo[6]. Hay, por lo tanto, implícito en lo más remoto del «Son de la loma» un origen oriental, curiosamente duplicado por el hecho de que este tipo de canción se origina en la provincia de Oriente en Cuba. También se vincula con lo más antiguo de la tradición poética folklórica el «son» de Matamoros por su estructura dialogística –presente en no pocos romances–, y por ser una adivinanza. En la poesía inglesa hay *riddle ballads*, y en castellano no faltan ejemplos tanto en la poesía popular amorosa como en los romances. Pero sobre todo el que se responda a la pregunta con una paradoja evoca ese tipo de poesía tradicional amorosa, frecuentemente llena de juegos verbales. En cierta medida, la respuesta «son de la loma y cantan en llano» es una aporía como la del título de la novela de Sarduy, y como ésta, indica un viaje, un alejamiento. Si los cantantes son de la loma, pero cantan en llano, entonces ha habido un desplazamiento de su lugar de origen. La

---

[6] Véase «The Etymology of Old Provençal *trobar, trobador*: A Return to the "Third Solution"», Menocal 1982: 137-154.

respuesta es un enigma porque no sabemos por qué hay que añadir a «son de la loma» el verso «y cantan en llano». Formalmente el enigma no se puede resolver. Pero en términos históricos sí. Son de la loma y cantan en llano quiere decir que los cantantes son de la región oriental de Cuba –donde se encuentran las montañas más elevadas de la isla, en la célebre Sierra Maestra–, pero cantan en La Habana, es decir en la región occidental. De manera sumamente elíptica, el son narra su propia historia, cuya relación no ya con el título de *De donde son los cantantes*, sino con otros elementos en la novela de Sarduy, es extremadamente sugestiva, y veremos próximamente. Pero observemos un poco más de cerca la respuesta que el «Son de la loma» da a la pregunta «¿De dónde son los cantantes?».

La provincia de Oriente tiene en la historia de Cuba un aura de origen. Fue en esa región donde empezó la colonización de la isla por los españoles, y fue allí por donde antes habían llegado los aborígenes. Es, además, en la región oriental donde se han fraguado las revoluciones más importantes en la historia de Cuba, que luego se han esparcido hacia occidente. A través de Santiago de Cuba, como ya vimos, llegaron los colonos franceses huyendo de la Revolución haitiana, dando inicio a un proceso de transculturación que produce lo que conocemos hoy por música cubana. Oriente es el origen de las peregrinaciones hacia Occidente. Cuando la industria azucarera, que determina el destino de la cultura cubana, cobra fuerza y se instala en la región occidental (en las sabanas alrededor de La Habana), lo hace impelida por la situación haitiana, cuya repercusión entra por la región oriental. Pero hay un sentido aún más profundo a la respuesta «son de la loma y cantan en llano». Loma quiere decir también «monte», y «monte» en la mitología afrocubana es un lugar sagrado. Es, por un lado, una repetición del África perdida, la selva madre donde habitan los espíritus, y donde se pueden recoger las plantas de la medicina y el culto (véase Cabrera 1975). Monte en este sentido es el lugar de origen por excelencia. Es también el lugar al que se fugaban los negros cimarrones, huyendo del cepo y la tralla, donde muchos se suicidaron con la esperanza de reunirse, en libertad, con sus antepasados. «Son de la loma y cantan en llano» quiere decir también que los cantantes son del origen y lo recuerdan, aunque su canto ahora se haga fuera de él. El «son» es del origen, pretende restituirnos a él desde este presente, este «llano» que representa un exilio. Por eso resulta tan apropiado que el verbo ser se confunda con el título de la composición tanto como con el tipo de música que es. «Son de la loma» quiere decir que el son es de la loma, por lo tanto proveniente de un lugar sagrado, y tiene en esta acepción un matiz arcaico («si de mi baja lira, tanto pudiese el son» –Garcilaso). Pero «Son de la loma» también significa que los cantantes son de la loma –un ser plural, cuyo origen es el monte. Góngora, como es sabido, crea al principio de las «Soledades» un juego anfibológico a base de las mismas posibilidades de la palabra «son»: «Pasos de un peregrino *son* errante / cuantos me dictó versos dulce musa». «Son», yo plural, nosotros, música que nos regresa al origen.

De donde son los cantantes, el título de la novela, indica igualmente, como ya se vio, un viaje, una separación. Si tenemos que preguntar o decir de dónde son los cantantes, es porque los cantantes no están en su lugar de origen. Ese no estar en su lugar de origen equivale a la pregunta, y el deseo de regresar al origen, el deseo de dar respuesta a la pregunta. Por la relación que la novela establece con la canción de Matamoros –texto cuyo valor para la cultura cubana Sarduy establece–, *De donde son los cantantes* demuestra que, si bien su ruptura con la tradición es profunda, su ansia de recuperación es igualmente aguda. El enigma «son de la loma y cantan en llano», respuesta implícita a la pregunta del título, preside esa recuperación. Desde el llano, el claro en el bosque del presente, la novela persigue el sentido del monte.

Podemos regresar ahora a analizar las diversas partes que componen *De donde son los cantantes*, para ver cómo se despliegan en relación a estos enigmas del ser y la cultura que su título, en el umbral mismo del texto, evocan. Empecemos por las tres ficciones que componen la novela, para luego pasar al «Curriculum cubense» y la «Nota», que nos invitan a hacer una interpretación global de la obra. Haremos una descripción crítica de cada una de esas tres historias, para al final intentar una interpretación que abarque las observaciones parciales que vayan surgiendo.

En la «Nota» al final de la novela el autor declara: «Tres culturas se han superpuesto para constituir la cubana —española, africana y china—; tres ficciones que aluden a ellas constituyen este libro» (Sarduy 1967a: 151). En la primera ficción, que corresponde a la cultura china, un General (de origen español) se enamora locamente de Flor de Loto, una vedette de El Shanghai, burlesco habanero ubicado en el barrio chino. Flor se vale de diversos ardides para eludir al torpe y libidinoso «gallego» (todo español en la isla era considerado gallego), primero en el Bosque de La Habana y luego en ensayos y funciones del burlesco a las que devotamente asiste. Dos coristas sirven de medianeras en esta relación: las ubicuas Auxilio y Socorro, a quienes hemos conocido ya en el «Curriculum cubense» que precede esta ficción. Auxilio y Socorro, que son además travestís y prostitutas, como Flor de Loto, se aprovechan del deseo del General para, en su rol de celestinas, sacarle regalos y dinero. Al final del relato saquean la casa del General, que termina poniendo un almacén frente al burlesco para adorar más cómodamente a Flor. En la secuencia principal de esta parte, el General persigue a Flor por las calles del barrio chino de La Habana, donde Auxilio, Socorro y la propia amada del Gallego practican su profesión, asistidas por Carita de Dragón, proxeneta y *pusher*. Allí encuentra el General a María Eng, a quien corteja, pero ésta se va con un marinero americano. Al final, el Gene (como también se le llama) le envía a Flor una pulsera con un dispositivo que le cortará las venas de la muñeca, y se pone a esperar «a que saquen por la puerta de los camerinos un cuerpo pálido» (Sarduy 1967a: 54).

Sarduy destaca en esta primera parte de *De donde son los cantantes* un elemento raramente invocado por los estudiosos de la cultura cubana: el chino. Pero hubo chinos en Cuba a partir de 1847, cuando 206 fueron traídos a la isla a trabajar en los campos de caña. Sobre todo desde 1853, la importación de chinos a Cuba fue considerable. Ya en el censo de 1861 aparecían 34.834 asiáticos, y en el de 1877, 40.261. La inmigración china continuó después de la independencia de Cuba, y en efecto, en La Habana surgió una barriada china —se dice que para 1858 ya había un restaurante chino en la capital. Renée Méndez Capote, en sus deliciosas *Memorias de una cubanita que nació con el siglo*, recuerda que en su niñez «abundaban [en La Habana] las tiendas de chinos que tenían cantidad de cosas exquisitas, verdaderamente llegadas del Oriente. [...] Allí comprábamos, además de las porcelanas y las estatuillas de marfil y jade, de los pijamas y las chinelas que no nos faltaban nunca, unas muñecas de papel, muy largas, muy tiesas, que nos miraban con sus ojitos negros y siempre abiertos y que no eran chinas sino japonesas, y unos papalotes ligerísimos, grandes, verdaderos navegantes del espacio, y profusión de cohetes...» (Méndez Capote 1969: 65-66)[7]. La presencia de la «flauta china» en la música, y otros elementos, sobre todo culinarios pero tal vez también eróticos, comprueban la presencia de lo chino en la cultura cubana, aunque sin duda es un elemento de menor importancia que lo africano y lo español. Es quizás por eso mismo que la novela abre —después del «Curriculum cubense»— con esta sección sobre lo chino. En primer lugar, al ser aquello cuya relación con lo cubano, con la respuesta a la pregunta-aseveración del título es más esquivo y remoto, resulta también ser lo más artificial, lo más derivado de las imposturas del lenguaje. El mundo de lo chino, visto como lo ve

---

[7] El significado de los números de la charada lo saco de un sublime *Diccionario de los sueños* comprado hace años en un quiosco de Miami. De él tomo la figura de la página 102.

Méndez Capote a base de superficies, de colores, significa, más que el africano o el español, algo exótico dentro de lo cubano. A esto se suma el burlesco, notorio en La Habana por su grosería, pero que en la novela se convierte en un ámbito de delirantes transformaciones provocadas por el deseo. El deseo y la muerte son los elementos básicos que generan las transformaciones. Lo distante, lo lejano de lo oriental, realza la impostura, que es el resultado tanto del deseo como de la muerte, de ahí que se comience por esta versión tan metaforizada del Shanghai. Pero hay más.

Si bien lo chino no empieza a manifestarse en la cultura cubana sino a partir de la importación de trabajadores, lo oriental había formado parte de lo cubano y de lo americano desde el comienzo, es decir, desde el error de Colón, que lo lleva a pensar que el mundo que descubre es la India y el Japón. Antes que ser América, Cuba fue Cipango. El origen es el error inicial, por ello el principio en *De donde son los cantantes* es lo oriental. El origen es la impostura. La impostura es la fundación, tanto de la cultura como del arte. A esto hay que añadir un elemento más, que ya vimos al hablar del «Son de la loma»: que Oriente, es decir, la región oriental de Cuba, aparece como origen de lo cubano. Hay, por lo tanto, implícito en el comienzo de estas tres historias que componen la novela, un complejo juego de conceptos y palabras referente a lo oriental. También hay que sumar a ese ya saturado juego el hecho de que los productos del Oriente pasaban por Cuba desde la época colonial, ya que la flota traía en su regreso las mercancías que la nao de Filipinas depositaba en México. Por lo tanto debe haber habido, aunque tenue, una presencia oriental en la isla desde la colonia. Vista desde Europa, América era un puente con el mundo asiático. Todos estos factores entran en juego en el comienzo de la novela, y en la inclusión de lo chino en la composición de la cultura cubana que en ella se ofrece.

Desde luego, además de la evocación de estos elementos, y del juego implícito de conceptos y palabras, hay en esta primera ficción de

De donde son los cantantes dos personajes más cuya presencia es fundamental: el autor y el lector. En dos ocasiones aparece un diálogo entre ambos. En la primera, el lector se queja de que, a pesar del ambiente chino, se oye una canción de Marlene Dietrich (a la que habrá que regresar). A esto responde «Yo»: «Bueno, querido, no todo puede ser coherente en la vida. Un poco de desorden en el orden, ¿no? No van a pedirme que aquí en la calle Zanja, junto al Pacífico (sí, donde come Hemingway), en esta ciudad donde hay una destilería, un billar, una puta y un marinero en cada esquina les disponga un "ensemble" chino con pelos y señales. Haré lo que pueda» (Sarduy 1967a: 28). Después de esta «respuesta» del autor, hay un punto y aparte, seguido de la frase «Así es que:», un espacio en blanco, y aparece el Director del teatro que dice «¡Atmósfera china, muchachitas!» (28). Tenemos, pues, que no sólo se presenta el autor dentro del texto para declarar que le va a ser imposible crear una ficción cerrada y perfecta, sino que además se identifica evidentemente con el marihuanero director del espectáculo, cuyos escrúpulos de autenticidad se reducen a pedir «atmósfera china». En otro momento el autor es interpelado por el General, a quien no le ha hecho gracia ninguna que se diga que, por perseguir a Flor, no cumple sus deberes matrimoniales con la Generala. La inclusión del autor en el texto lo ficcionaliza, borra la frontera entre realidad y obra, y a la vez le quita a éste la autoridad que el estar fuera de la obra le concede, el pertenecer al mundo real que en la novela convencional lo entroniza. El recurso es tan antiguo como el Quijote, donde Cervantes menciona en el escrutinio de los libros su propia Galatea, y cuenta cómo consigue el manuscrito original (en árabe) de la obra que escribe. Este socavar la autoridad del autor es pertinente para la lectura de la «Nota» al final de *De donde son los cantantes*, por supuesto, pero también forma parte de la estrategia general de la novela como texto, y como producto de una cultura cuyos mecanismos también pretende examinar. De ahí que en otro momento se ironice sobre el autor así: «¡Vaya! Lo único que faltaba: ¡el escritor que lo ve todo y lo sabe todo antes que nadie, el que da consejos y mete la nariz en todas partes menos donde debe!» (Sarduy 1967a: 31). ¿Desde qué perspectiva puede el autor hacer un análisis de la cultura cubana? ¿Qué privilegio le concede la posibilidad de salir de la cultura para examinarla si forma parte del texto? La desautorización que este recurso realiza permite poner en entredicho la perspectiva antropológica que pretende asumir Sarduy. El salto a esa perspectiva privilegiada es «mortal», ya que para observar desde fuera, para convertirse en mirón como el General o como Mortal Pérez, hay que salir del fluir temporal, asumir una postura fija. Esa fijeza es la misma muerte que acecha a los personajes, que es parte integral de su propio deseo. El deseo del autor se inscribe así en la misma economía libidinal de los personajes. La presencia del autor entre sus personajes lo condena al mismo destino de éstos, pero de esa forma se cancela la posibilidad de conocimiento a que aspira. ¿No hay un anticipo de esta autoaniquilación en el «accidente» del machetero en «El seguro»?

El blanco —curiosamente asociado a la muerte en la tradición afrocubana— augura muertes en *De donde son los cantantes*. Del cuerpo pálido que el General espera ver salir por la puerta de los camerinos, pasamos al mármol blanco de la tumba de Dolores Rondón en el cementerio de Camagüey. La segunda historia empieza con un preámbulo sobre la tumba de la mulata, donde se lee una décima barroca sobre la brevedad y fragilidad de la vida. La de Dolores se narra mediante lo que habría que denominar una glosa, es decir, la ampliación o comentario de cada verso de la espinela. La biografía de Dolores, por lo tanto, no se narra en orden cronológico, sino que, siguiendo la décima, empieza por su muerte. La muerte, al principio de esta sección, empalma con la esperada de Flor en la anterior, y podría argüirse que Flor se ha transformado en Dolores. Además, al comenzar por la muerte de la mulata, el resto de su vida se ve desde la perspectiva irónica que nos da el saber cuál va a ser su final. Convertir el principio en muerte es aquí equivalente a empezar por lo oriental, a nivel de la obra entera, ya que éste representa la fijeza, lo que se erige sobre la nada, el oropel. A todo esto hay que añadir que la glosa del epitafio entronca con una tradición barroca (el famoso soneto de Góngora a la tumba del Greco es el ejemplo más notorio), y que el autor de la primera sección se ha desdoblado en los dos narradores que acotan y discuten el texto, y la presunta teoría literaria que le sirve de andamiaje.

La historia de Dolores es la glosa de su epitafio; su vida es una voluta barroca. Mulata del interior, Dolores vende sus prendas y se va a la capital de la provincia, donde enamora a Mortal Pérez, blanco y candidato a concejal. Después de casarse con éste, Mortal asciende en la política hasta llegar a senador. Mortal y Dolores se mudan a La Habana, donde llevan una vida disipada, entre las altas esferas de la dictadura (suponemos que la batistiana, pero no se dan detalles). Mortal le suministra al presidente, para su deleite, una bailarina hawayana, que resulta ser una mulata de Camagüey, y como castigo, una vez que se descubre la impostura, lo acusan de malversador de bienes, y cae del poder. Dolores, cuya desgracia se explica por no haber apaciguado a los dioses afrocubanos durante su frenesí de lujo y presunción, regresa a Camagüey, donde muere pobre. En la penúltima sección –la novena– que ocurre antes de todo esto, un «babalao» (especie de médium afrocubano), que le ha «tirado los caracoles» (para leer su destino), le había advertido a Dolores: «vas a encontrar un blanco de hablar mucho y muy fino. Con él vienen el oro y los manteles. Pero quédate allí. No quieras más. Ten cuidado. Cuida de ofrecer todos los días, de no escandalizar a los dioses» (Sarduy 1967a: 84-85). El Narrador Dos sugiere (en la página 66) que la «delación» que puso en movimiento la caída de Mortal fue perpetrada por Auxilio y Socorro, probablemente celosas de Dolores.

De todos los personajes de Sarduy, Dolores Rondón es la de más rancia tradición cubana. En Dolores tenemos a una descendiente directa de Cecilia Valdés, la protagonista de la novela del mismo nombre de Cirilo Villaverde, una de las primeras obras de la literatura cubana. Su parentesco con la Estrella de *El acoso* de Carpentier y la Cuba Venegas de *Tres tristes tigres* es evidente. Tiene Dolores también parentesco con las mulatas rumberas de la poesía de Nicolás Guillén y otros poetas del movimiento afrocubano. En un nivel elemental de lectura, Dolores representa la sumisión de la raza negra en Cuba a los caprichos de la blanca, la tragedia de la esclavitud que vicia el origen de la historia de la isla. Su historia, a un nivel más profundo, va a reflejar esa tragedia. Si lo chino manifiesta sólo aspectos superficiales, lo negro es esencialmente trágico, como ya se sugería en la cantante y actriz de *Gestos*.

La relevancia del aspecto africano de la cultura cubana es indiscutible, y obedece a factores históricos insoslayables. Conviene repasar, aunque sea de forma somera, su historia, para entender esta sección de la novela.

Desde principios del siglo xvi ha habido negros en Cuba, y su presencia se ha reflejado en la literatura de la isla desde el «Son de la Ma' Teodora» y el *Espejo de paciencia*. Pero fue sobre todo en las primeras décadas del siglo pasado, como resultado de la Revolución haitiana, que lo africano empieza a ocupar un papel central en la cultura de Cuba. Haití, que era el principal exportador de azúcar en el mundo, fue arruinado por la Revolución, y Cuba llena el vacío en el mercado. Cuba goza pronto su primer *boom* azucarero, lo cual hace necesaria la importación masiva de negros esclavos. Los barcos esclavistas traen cientos de miles de africanos que, bajo las más crueles condiciones de vida, logran preservar elementos fundamentales de las culturas a las que pertenecían; elementos que han de sobrevivir la esclavitud y lograrán invadir la cultura de los blancos esclavistas. Las disputas que genera la esclavitud entre los propios esclavistas, algunos hombres ilustrados que, como Domingo del Monte, se daban cuenta de la iniquidad del sistema, dieron lugar a lo que con propiedad podemos denominar la literatura cubana: una de las obras que surgen de esas inquietudes es precisamente la *Cecilia Valdés* de Villaverde[8]. Del llamado «círculo delmontino» salen las obras antiesclavistas que por primera vez se hacen la pregunta sobre lo cubano que todavía motiva la obra de Sarduy, por lo que puede afirmarse que en la sección sobre Dolores, *De donde son los cantantes* regresa a los orígenes de la literatura cubana.

El estudio de las diferencias entre las diversas etnias que vinieron de África tuvo que esperar al presente siglo y por la obra de Fernando Ortiz, si bien las primeras fuentes de Ortiz son las obras literarias mencionadas, donde la observación de las costumbres de los africanos acopió un acervo de información antropológica de no poco valor. Obras como *Los negros brujos* (1906), *Los negros esclavos* (1916), *Contrapunteo cubano del tabaco y del azúcar* (1940) y conferencias como «La cubanidad y los negros» (1939) redefinieron el concepto que se tenía de lo cubano, no sólo al demostrar la influencia de la cultura negra en la isla, sino sobre todo al dar especificidad a esa influencia, demostrando que había vínculos históricos muy claros con culturas del oeste de África. Los detalles que Ortiz aportó, y que luego su discípula Lydia Cabrera amplió y llevó a la literatura, mostraron hasta qué punto todos los estratos de Cuba estaban impregnados de africanismo, empezando por el idioma. La importancia de este trasfondo africano, y de su estudio en las obras vistas, es enorme, no sólo en esta sección de la novela, sino en la obra entera. Veamos específicamente cómo.

Tres son las culturas neoafricanas más importantes en Cuba: 1) la derivada de la cultura *bakongo*, llamada *congo*, o palo Mayombe; 2) la *yoruba*, llamada en Cuba *lucumí*, que es la que más difusión ha tenido en Cuba, en su forma popular llamada «santería»; y 3) la de

---

[8] Para una reinterpretación de la novela antiesclavista y su relación con los orígenes de la literatura cubana, véase Luis 1981.

Calabar, llamada en la isla *carabalí*, derivada de las culturas africanas Efik y Ejakam, que producen en Cuba el llamado «ñañiguismo», es decir, las sociedades secretas de asistencia mutua[9]. Por su popularidad, la «santería», donde se dan los sincretismos más conocidos, es la vertiente africana más reconocible. Pero estas tres culturas son, cada una, de capital importancia. Todas están presentes en la obra de Sarduy.

Según habíamos dicho, la caída de Dolores se debe a que no ha hecho los sacrificios necesarios a los dioses en su momento de grandeza. Su transgresión ha sido contra Eshú, o Eleguá, la divinidad u *orisha* de las encrucijadas, de los cuatro caminos, una de las principales del panteón yoruba. Eshú es caprichoso, dios de las venganzas, capaz de «virársele» a cualquiera si no se le rinde pleitesía. La cruz, que significa la encrucijada, cuya importancia en la interpretación del «Curriculum cubense» ya veremos, había aparecido antes en *Gestos*, donde se habla de negros que van haciendo cruces de yeso en las paredes. La tumba de Dolores en el cementerio de Camagüey se encuentra, precisamente, «en el cruce de estas dos avenidas» (Sarduy 1967a: 57). Y Dolores, en momentos de confusión, «Pedía entonces que me abrieran los cuatro caminos» (82). Pero la alusión a las cuatro partes en que la cruz divide el espacio es sin duda la más sugestiva porque aparece al final de esta sección, y señala el orden de los diversos elementos que la componen: «Narrador Uno: "Estas son las cuatro partes que unieron, las esencias"» (87). La cruz, las cuatro partes, representan el enigma que Dolores encarna.

Pero Eshú no es la única divinidad que preside la vida de Dolores. Dice la protagonista: «Hija legítima soy de Ochum, la reina del río y del cielo» (61). Ochún es una divinidad de especial importancia

---

[9] He consultado las obras principales de Fernando Ortiz y Lydia Cabrera, así como el útil volumen de Robert Farris Thompson *Flash of the Spirit. African and Afro-American Art and Philosophy* (1983), pero mi guía por la cultura afrocubana ha sido mi buen amigo José Piedra, cuya obra sobre el trasfondo africano en Carpentier he tenido el privilegio de leer en manuscrito.

en Cuba porque se la asocia con la Virgen de la Caridad del Cobre, patrona de la isla. Comparte con Yemayá, asociada a la Virgen de Regla, el dominio de las aguas: Ochún, el agua dulce de los ríos, Yemayá, el agua salada del mar. Yemayá, la Virgen de Regla, es la patrona del Puerto de La Habana. Dolores muere un Día de la Caridad, es decir un 8 de septiembre, también día de Yemayá, y de la Virgen de Regla. El agua, según veremos, desempeña un papel de enorme importancia en cómo se entretejen las diversas partes del relato, tanto mediante alusiones a este trasfondo yoruba, como a cuestiones de filosofía y teoría literaria.

Además de Dolores, Auxilio y Socorro poseen un significado específico a la luz de la cosmogonía yoruba: son «jimaguas», es decir *ibeyes, orishas* de gran relevancia en Cuba, donde la palabra «jimagua» ha sustituido a gemelo o mellizo. Como gemelos dioscúricos, Auxilio y Socorro son opuestos correlativos –imágenes especulares, reflejos invertidos. Son una repetición de lo mismo, de un mismo significado, pero con distinto significante. Son, en fin, la oposición binaria básica, fundamental, el origen doble y dialéctico del lenguaje.

El ser hija de Ochún marca a Dolores, y determina el curso de su carrera. Ochún, como Dolores, es «dueña del Río, del amor, del Oro, del Coral y del Ámbar». Como su hija en la novela, es «manirrota», «gasta mucho en lujos, en sedas, en esencias, en abanicos de nácar, en ámbar y en corales». El lujo de la guardarropía de la Virgen del Cobre tal vez sea el origen de esta creencia, sugiere Lydia Cabrera en el delicioso libro suyo del que tomamos estas citas (véase Cabrera 1980). Para algunos viejos hablantes del lucumí, Ochún era *panchaga*, prostituta, y terminó «siendo para los criollos una réplica, en el cielo, de la famosa mulata de rumbo del siglo pasado, cuyos mantones de burato, igual que la cinta que roza ba el pecho de Afrodita, tenían el poder de alebrestar al más indiferente» (Cabrera 1980: 69). Como Afrodita, Ochún, «la dueña del amor y del río –de la fertilidad– fue en un tiempo la única dueña del cementerio» (1980: 70). Esta asociación de amor y muerte nos acerca aún más a Dolores, y a su doble signo: «Ochún, junto a su hermana la gran diosa progenitora [Yemayá], es la Amante, la personificación de la sensualidad y del amor, de la fuerza que impulsa a los dioses y a todas las criaturas a buscarse y a unirse en el placer» (1980: 89). Dolores es el «principio del placer», el deseo que la impulsa a ella, y a los demás personajes, tanto a la creación como a la muerte; fusión contradictoria, pero generadora de amor y muerte. Como en el caso de Flor y el General, el deseo lleva a la muerte. Heroína trágica, Dolores quiere ir más allá, no quedarse ahí, como le advierte el babalao, y su *hybris* la conduce a la catástrofe. Su destino está perfectamente marcado por la tradición afrocubana, específicamente yoruba en este caso. Como con la mulata de *Gestos*, el deseo de descifrar el enigma implícito en los signos de la cultura es lo que irremediablemente conduce a la muerte, al no ser. La cultura es receptáculo de signos que promete el conocimiento, y a la vez lo frustra.

El periplo de Dolores de Camagüey a La Habana prefigura la peregrinación de los personajes en la tercera y última sección de la novela, y repite la estructura este-oeste, Oriente-Occidente, que subyace en el título de la obra y en su alusión al «Son de la loma». Al identificarse con Ochún, Virgen del Cobre, Dolores se alía a la divinidad «oriental» cubana; su viaje a La Habana la lleva al reino de Yemayá, Virgen de Regla, del Puerto de La Habana, de Occidente. El viaje es una metamorfosis, como si Dolores-Ochún quisiera ser Dolores-Yemayá. El destino de Dolores está movido por fuerzas superiores a ella.

Auxilio y Socorro son, como ya se ha visto, *ibeyes*, mellizos mágicos que representan las fuerzas opuestas pero correlativas que encarna Dolores: amor-muerte, fuerza vital-pulsión de muerte. Auxilio y Socorro, como los «jimaguas», son *tricksters*, cuyos caprichos y habilidad de transformación son producto de la tensión dialéctica entre esas fuerzas. En esta sección, Auxilio y Socorro engendran otro par: el

Narrador Uno y el Narrador Dos, que polemizan sobre teoría literaria. Auxilio y Socorro, comodines, sirven de puente entre la doctrina afrocubana y la teoría literaria. La teoría es el otro «argumento» de esta sección.

El tema que discuten los dos narradores es el de la motivación del lenguaje, y por lo tanto, el del posible significado y valor de la literatura; su relación con la cultura como acervo de significados estables, fidedignos. A pesar de la terminología estructuralista que se permiten estos personajes, la cuestión es tan antigua como Aristóteles u Horacio. El debate, que va desarrollándose a lo largo de esta sección, concomitantemente con la vida de Dolores, gira en torno a un acertijo del Narrador Uno: «Tú tienes un perro, sarnoso digo por ejemplo, pues bien, tú coges el perro, que es la palabra, le echas encima un cubo de agua hirviendo, que es el sentido justo de la palabra. ¿Qué hace el perro? ¿Qué hace la palabra? Con que ésas tenemos: perro-palabra, agua-sentido: he aquí las cuatro partes. A cogerlas» (Sarduy 1967a: 59). Cuando el Narrador Dos declara que no entiende, el Narrador Uno responde con una parábola-poema de Wallace Stevens: «las palabras son como las moscas, los sapos, como es sabido, se comen las moscas, las culebras se comen los sapos, el toro se come las culebras y el hombre se come al toro, es decir que...». (59). El acertijo nunca se resuelve —como el enigma del «Son de la loma»–, porque los personajes nunca llegan, por supuesto, a descifrar la relación entre las palabras y las cosas. Así, declara el Narrador Uno al final que «el motor primero sigue siendo el juego de palabras, el salto de la muerte» (86), y añade: «Mira qué situación. Dime de qué ha servido, de qué está sirviendo esta devoración en cadena, de qué sirve la vida de Dolores Rondón, de qué servirá su muerte? ¿Se han "modificado los comportamientos"? ¿Se han "asido las esencias"? Nada. Deliciosa Nada batida con leche» (86).

Pero la situación no es tan desoladora como la pinta el Narrador Uno, porque su esfuerzo de interpretación, su ansia de conocimiento, es un reflejo de la tragedia de Dolores, se inscribe dentro de un aura de sentido provista por la tradición afrocubana. Vale decir: el enigma teórico no engloba a los demás, no los contiene, supera o explica, sino que resulta ser una versión más del afán de saber, de poseer, que motiva a los personajes. Esto se sugiere de varias maneras. En primer lugar porque los dos narradores aparecen como reflejos de la pareja dioscúrica de Auxilio y Socorro, su disputa se suma a las oposiciones correlativas entre los dos seres míticos. En segundo lugar, la adivinanza del perro y el agua se contamina de la simbología afrocubana, y lo mismo ocurre con la parábola de los animales que se devoran los unos a los otros. El perro de la pregunta de pronto aparece en un mitin electoral, y los personajes gritan «agua». Es decir, el agua corriente que el político Mortal promete para el pueblo, pero además el agua del ejemplo del Narrador Uno. Hay más, el agua, según se vio, pertenece a Ochún, por lo que la invocación aquí incluye al perro en un contexto significativo: el perro es el de Eleguá, divinidad de los cuatro caminos. Echarle agua al perro es, en efecto, darle sentido, al incorporar estas palabras a un sistema de significación afrocubano. Esto no resuelve las preguntas del Narrador Uno para siempre, pero sí sugiere que la adquisición de sentido por la palabra depende de un código dado que en un momento específico le confiere significado, aunque éste se le escape tanto al emisor como al receptor. Los dos narradores «telquelianos» no entienden el significado de las palabras que pronuncian, persiguen un significado abstracto y trascendental, mientras que los códigos les ofrecen soluciones contingentes, basadas no en la ciencia, sino en la tradición.

Otro tanto ocurre con la parábola. Todos los animales que se mencionan en ella tienen un sentido numerológico en la charada, lo cual le da al poema de Stevens varias interpretaciones posibles, que si bien no resuelven el problema que plantea el Narrador Uno –¿se comen los hombres a las moscas?–, por lo menos lo «traducen» a otro código. Igual ocurre con la leche con que se bate la Nada, que evoca el blanco, asociado a la muerte en la tradición afrocubana, según ya se vio.

Lo que contiene tanto el enigma del destino de Dolores como el de la teoría literaria no es la suma de ambos, sino la posibilidad de traducirse el uno en el otro. Esto lo podemos observar a un nivel mucho más amplio, fijándonos en un símbolo que sí amenaza con contener a todos los demás: el cosmograma *bakongo*, cuyo diseño se sugiere en varias partes de la novela[10]. Este cosmograma tiene como elemento principal la cruz —la encrucijada donde está enterrada Dolores—, y un círculo que la encierra. La forma básica, con sus cuatro recintos, sirve de modelo para las «firmas» de las sociedades secretas ya sea para designar un espíritu, o algún miembro. Los detalles que distinguen al individuo o al espíritu se dan en los signos contenidos en cada recinto y en los detalles añadidos a la «cola» de la firma. Los cuatro recintos significan las cuatro partes en que se divide el universo, las cuatro partes del ser, las cuatro eras, los cuatro puntos cardinales. La circunferencia alrededor de la cruz significa el movimiento circular del tiempo, y de las almas; la intersección el encuentro de los antepasados con los vivos. La línea horizontal divide el monte de los vivos de su reflejo, el reino de los muertos. La estructura cuatripartita es lo que lleva al Narrador Uno a exclamar: «Esas son las cuatro partes que unieron, las esencias». A lo cual responde el Narrador Dos: «¡Qué ónticas!» (87). Ónticas porque el ser refleja la estructura del cosmos, pero también porque el cosmograma evoca un discurso paralelo que formula una solución parecida: el de Heidegger.

---

[10] Sobre el cosmograma, véase Thompson 1983: 108 y ss. Sobre las firmas véase, también de Thompson, «Black Ideographic Writing: Calabar to Cuba» (1978).

En un esmerado trabajo sobre *De donde son los cantantes*, Enrico Mario Santí ha indicado que en el «Curriculum cubense», la sección introductoria de la novela, hay una clara alusión a la famosa conferencia de Heidegger intitulada «La cosa» (véase Santí 1980). Santí demuestra que *De donde son los cantantes* es simultáneamente una alegoría de las ideas de Heidegger y su parodia, que el retorno a la *patria* —al donde de donde son los cantantes— se puede efectuar mediante el conocimiento de las cuatro partes que componen cada ser, pero que al mismo tiempo la parodia lo niega. Santí luego propone que esa negación puede muy bien ser la más rotunda afirmación de cubanidad. A esto regresaremos al discutir tanto el «Curriculum cubense» como la «Nota» al final de la novela. Pero quisiéramos añadir aquí que la presencia del cosmograma congo desautoriza el texto de Heidegger, o por lo menos lo incluye en la glosolalia del texto sarduyano. La solución propuesta por Heidegger está ya anticipada en la simbología conga, está contenida en ella —no está fuera, ni ejerce autoridad hermenéutica sobre ella.

Pero el cosmograma, aun si engloba, no resuelve: sigue siendo un espejeo entre figuras mágicas —círculo y cruz— cuyo desciframiento, cuyo deseo de desciframiento nos seduce e impulsa en la lectura. El deseo de resolver el enigma, como la *hybris* de Dolores, motiva a los lectores, con lo cual entramos nosotros en una estructura cuatripartita: Dolores-Mortal-Autor-Lector. Esta presencia irreductible y envolvente de signos derivados de la cultura afrocubana, con sus varios componentes propios, nos alejan considerablemente de la estética reductora y «devoradora» de Orígenes, algo que va a hacerse aún más visible en la última ficción de la novela.

La tercera ficción en *De donde son los cantantes*, que representa el componente «blanco» —es decir, español— de la cultura cubana, no es, como las dos anteriores, relativamente independiente de las otras, sino que acumula, sintetiza y a veces amplía lo presente en las otras. Síntesis y final, «La entrada de Cristo en La Habana» posee un elemento, casi diría un dispositivo, nuevo y corrosivo: la historia. «Junto al río de cenizas de rosa» y «Dolores Rondón» son ficciones más o menos autosuficientes, aunque ambas se pueden ubicar en un contexto histórico cubano –los años cincuenta. Lo que prima en Dolores, sin embargo, es la circularidad, la repetición de la tragedia, que la regresa a la provincia después de hacerla caer de su encumbrada posición. Hay apenas temporalidad en la ficción de Flor de Loto y el General. La tercera parte va a asumir, por el contrario, la forma lineal del peregrinaje a través del espacio y tiempo cubanos. Ahora bien, en el contexto global de la obra, «La entrada de Cristo en La Habana» es un regreso, una repetición: empezamos en el Shanghai habanero, nos desplazamos a Camagüey con Dolores, volvemos ahora a la capital, redibujando el obsesivo periplo de la mulata, y el vaivén implícito en la paradoja del «Son de la loma»: «son de la loma, y cantan en llano». En esta última sección de la novela vamos hacia el llano en más de un sentido.

«La entrada de Cristo en La Habana» comienza en España, donde Auxilio y Socorro persiguen a Mortal, amante ausente cuyo deseo las consume. Esta primera parte está dominada por la presencia de lo árabe, que representa un aspecto del deseo (erótico), y por el misticismo castellano, que representa el otro (de trascendencia). Esta combinación de deseos contradictorios lanza a los personajes a la conquista de América. De citas de poetas arábigo-andaluces pasamos a fragmentos del diario de bitácora de Colón. De Cádiz, los personajes llegan en su peregrinaje a Santiago (de Cuba). Allí Auxilio y Socorro aprenden música en la catedral (todo esto sacado de *La música en Cuba* de Carpentier) de un mulato que las seduce y «cubaniza». En la catedral de Santiago descubren un Cristo de madera que convierten en hipóstasis de Mortal. Lo remozan y llevan en procesión a todo lo largo de la isla, de Santiago a La Habana, pasando por Camagüey, donde el espectáculo de la procesión se confunde con un mitin político de Mortal, el de Dolores. La procesión llega a La Habana bajo una nevada que lo cubre todo de blanco. El Cristo de madera, que ha venido desmoronándose y pudriéndose, acaba de deshacerse, y Auxilio y Socorro son balaceadas desde helicópteros del gobierno (el modelo de esta escena es el cuadro de Ensor La entrada de Cristo en Bruselas, de 1888[11]). Si la acción empieza en un Santiago colonial, a medida que los personajes se desplazan hacia La Habana, Cuba va adquiriendo un aspecto cada vez más futurista. Hay subterráneos, con galerías de tiendas edificios de cristal, establecimientos norteamericanos, como el Self-Service que luego figura en el «Curriculum cubense».

Como peregrinaje al fin, «La entrada de Cristo en La Habana» es una alegoría. Es decir, que es un texto que sugiere o lleva en sí su propia interpretación, a varios niveles. En la alegoría medieval la unidad de sentido entre los varios niveles de interpretación estaba dada por el dogma. En el caso de la alegoría barroca la proliferación de significados hace dudar de su unidad, o de la posibilidad de convertirlos en conocimiento. De esa manera, en el teatro de Calderón se crean situaciones abismáticas, de reproducción infinita de significantes que los personajes tienen que cerrar mediante un acto de voluntad. En esta alegoría de Sarduy la unidad de sentido la da el final, la nada, el blanco de la nieve. Si el viaje de los personajes representa un movimiento hegeliano de Oriente a Occidente, un movimiento que lleva al Espíritu a un conocimiento de sí, en *De donde son los cantantes* el viaje termina en la ausencia de conocimiento y en la violencia. Si el viaje de los personajes traza la evolución de la cultura cubana, el final no es una síntesis de los varios elementos que la componen, sino un regreso al principio, a la nada, a la página en blanco. Recordemos, además, que el blanco en la cultura afrocubana se asocia con la muerte. Si a través de las innumerables citas dispersas por el texto «La

---

[11] Véase Tannenbaum 1951: 74. También, en línea en < https://en.wikipedia.org/wiki/Christ%27s_Entry_Into_Brussels_in_1889>.

entrada del Cristo en La Habana» repite el argumento de *Lo cubano en la poesía*, que es a su vez una repetición de un Hegel milenarista, el texto de Sarduy es una parodia del de Vitier, parodia que refuta la idea de que la escritura cubana lleva a un progresivo conocimiento de sí, a una interiorización del paisaje, de lo insular, que genere una identidad que se expresa a través del acto poético.

Hay una interpretación ineludible que surge de estos posibles significados alegóricos: que la cultura blanca, europea, absorbe a las no-históricas (china y africana), y las conduce a la destrucción. La capacidad devoradora de que habla Vitier es esa ansia de incorporar y reducir de la cultura occidental. Sociedad de consumo, sociedad que consume. Hay una alusión histórica implícita en «La entrada de Cristo en La Habana»: la entrada de Fidel Castro y sus tropas a la capital en los primeros días de 1959. Como los personajes de la novela, Fidel Castro va «en procesión» de Santiago a La Habana, cuando Batista abandona la isla. Blanco, hijo de gallegos, idolatrado por las masas, Fidel es el Mortal que las protagonistas persiguen en este nivel histórico de la novela. Es la muerte en que se convierte todo proyecto de progreso. ¿Pero es Fidel el fin de la historia, o la repetición de una estructura que es precisamente lo cubano?

«Son de la loma, y cantan en llano»: viene de la Sierra Maestra, y se instala en el poder en La Habana. Fidel-Mortal repite el viaje original de los indios cubanos, de Diego Velázquez y sus conquistadores españoles, de la música cubana que viene de Oriente a Occidente, de Antonio Maceo, que durante las guerras de independencia invade la isla de este a oeste. El don de *De donde son los cantantes* es el viaje, el periplo, la peregrinación siempre repetida de Oriente a Occidente, del origen a la muerte. Los personajes persiguen a Mortal, se desplazan hacia su blancura que representa la muerte y la página en blanco. La estructura subyacente a todo nivel –tanto alusivo como narrativo– en *De donde son los cantantes* tiene el mismo carácter de repetición obsesiva, de afirmación y negación, o de negación que es parte de la afirmación. La Revolución es el corte, el claro desde el cual se percibe un final que repite otros finales y augura otros, cuya base no es histórica, sino parte de un proceso de reiteraciones cuyo primer motor es el deseo y la muerte. *De donde son los cantantes* es una épica bufa sobre los orígenes de lo cubano.

El «Curriculum cubense» con que se abre la obra debe venir al final de la última ficción; ocurre en La Habana hipermoderna e irreal a la que llegan los personajes. Su función de prólogo o introducción subraya que el orden de la obra obedece más a la convención que a la cronología, y destaca además la relación entre origen y final a todo nivel de la novela. El final, como el blanco de la nieve, siempre nos regresa al origen. Pero el origen es el error (de Colón), el origen siempre aparece como tropo, como figura: Cuba es el Oriente. El origen se desfigura, es algo superfluo, añadido, como el «Curriculum», que sin embargo pretende ser la explicación de todo. La cultura y el arte serán siempre, en la escritura sarduyana, desfiguración del origen, impostura investida de significado. Lo mismo ocurre con el otro texto-fuera-del-texto, la «Nota» al final del libro, donde el «Autor» pretende explicar su estructura y significado. El tipo de interpretación global, cerrada y totalizante que la figura del autor quiere llevar a cabo es minada constantemente a través de todo el texto, donde lo que se niega siempre es la posibilidad de definición cultural que encontramos en *Lo cubano en la poesía*.

En el «Curriculum» aparecen los personajes de Auxilio y Socorro, que riñen. Auxilio está tocada de un sombrero o peluca de plumas cuyo origen yoruba es evidente (las plumas y los sombreros u ornamentos para usar en la cabeza son propios de los lucumí). Socorro «deja la casa» y va en busca de Dios, que vive en un modernísimo edificio de apartamentos; allí sólo encuentra una extraña claridad o resplandor, pero no la reciben. Cuando sale ya nieva. Las jimaguas entonces van a un *self-service*, vale decir, un lugar donde el ser (el *self*) tiene que servirse a sí mismo. Allí Auxilio se encuentra con el General; ella es la Parca (lleva hoz). Se juntan así el poder *Gene*rador (el Gene), y la muerte, componentes básicos, y así «el binomio Auxilio General chupó todo lo que había alrededor, y claro está, chupó a una negra y a una china: y así se completó el Curriculum cubense» (Sarduy 1967a: 20). La interpretación de esta alegoría es clara: en la ausencia de Dios, los personajes se definen por el deseo, que es lo que los impulsa a la acción, pero que a la vez los lleva a la muerte y al sinsentido. Ya Santí, según se vio, ha dado las claves heideggerianas de esta estructura, y ha mostrado cómo se parodia en la novela. A ello hemos añadido que la estructura reproduce un conocido cosmograma congo, lo cual se dice en esta sección, aunque se identifica aquí con la encrucijada yoruba: «el conjunto es un trébol gigante de cuatro hojas, o un animal de cuatro cabezas que miran hacia los cuatro puntos cardinales, o un signo yoruba de los cuatro caminos» (20-21). Santí ha visto, con gran tino, que la autoridad de Heidegger es minada por la parodia, y sugiere que esa negación de la identidad puede muy bien ser lo más cubano —es decir, el llamado «choteo» cubano, estudiado por Mañach, la chacota, la burla, la máscara. La risa, la burla como máscara de la nada, el choteo como reto al vacío; la identidad como negación de la identidad.

La interpretación de Santí es correcta, a mi modo de ver, y es aplicable a otras obras cubanas contemporáneas como *Tres tristes tigres*. Sin embargo, hay otras formas de afirmación cultural que entran a contrapelo en la lectura de *De donde son los cantantes* y la proyectan más allá del ámbito de lo cubano.

El cosmograma congo se da no sólo en la organización de los personajes, sino en la de la obra misma, que vendría a tener así las tres ficciones y el «Curriculum» —la «Nota» sería como la cola de las firmas, que especifica e individualiza. Es más, hasta podría afirmarse que la novela toma la forma de uno de esos objetos del culto, el tablero donde, sobre harina de trigo (la nieve del final), se traza el enigmático cosmograma. Escribe Rómulo Lachatañeré, en su *Manual de Santería. El sistema de los cultos «lucumís»*:

> Eleguá es el dueño de los caminos. Para el afrocubano los caminos cosmológicamente expresan las cuatro esquinas del universo, y desde el punto de vista de sus especulaciones filosóficas, representan el Destino, el azar del individuo, su inseguridad en la lucha contra el medio; de este modo en el oráculo del ekuelé, consistente en un tablero redondo donde se hacen los augurios, cubriendo dicho tablero de madera con una fina capa de harina de trigo, luego se divide la superficie en cuatro partes cruzando una línea vertical y otra horizontal. Esta división, que ha de jugar un rol fundamental en la aparición de las deidades que descifran el destino de la persona, constituyen *los caminos* o entradas de las deidades, en el oráculo; de modo que si Eleguá cierra los caminos, impedirá que las deidades se manifiesten en el instrumento adivinatorio, lo que puede ser interpretado como el cierre de todas las posibilidades del individuo para debatirse en el azar de la vida, la muerte de sus esperanzas. (Lachatañeré 1942: 23)

La novela asume la forma del cosmograma, es como el cosmograma; un signo tanto de interpretación como de veneración, que oculta tanto como revela. Desde luego, ya hemos visto que la cruz no evoca sólo el cosmograma sino también a Eleguá, divinidad no conga sino yoruba. Esta «traducibilidad» hace imposible la interpretación del texto, que rehúsa dejarse limar las asperezas y diferencias de las diversas culturas que se entrecruzan en él. Todo acto de interpretación es a la vez un acto de fe y devoción, en el que el texto no rinde su significado, sino que permanece como enigma. Reducir a una interpretación lo cubano equivale a caer en el orgullo trágico que destruye a Dolores. Sin embargo, los signos nos compelen a ello porque el deseo de interpretación es afín al deseo que mueve a todos los personajes. Lo cubano será siempre ese exceso de interpretación erigido sobre la muerte y el sinsentido. Frente al texto de *De donde son los cantantes* nos situamos como el «primitivo» ante la liturgia de su religión; sentimos la presencia de un aura de significado que se volverá enemiga si pretendemos violarla. El origen de donde mana el sentido está presente, tanto en los objetos del culto como en el texto de Sarduy, desfigurados por el acto de recuperación que constituye toda hermenéutica. La cultura es la suma de esas desfiguraciones.

En los términos más amplios posibles, *De donde son los cantantes* expresa ya lo que se convertirá en tema central de la obra de Sarduy: la disgregación de las sociedades tradicionales por el impacto de la modernidad, es decir, el mundo capitalista, y el esfuerzo por recuperar esa unidad perdida a través de una lectura religiosa de los textos que, aun fragmentados, perduran. El modelo obvio son las etnias africanas traídas a Cuba, que después de la catástrofe de la captura, el desgarramiento y la esclavitud, rehacen sus culturas, sus creencias y sus rituales en Cuba con lo que encuentran a la mano. El monte cubano es la selva africana, los árboles del Caribe adquieren el significado sagrado de los africanos. La obra de Sarduy demuestra que, aun cuando protesten que no es así, la ideología postestructuralista telqueliana fue también una suerte de teología negativa en la que se fetichizaba el texto. Sarduy lo acepta, pero sólo indicando que lo mismo ocurre en las sociedades marginales —que Heidegger es traducible al bakongo y viceversa—. Las religiones *ad hoc* del mundo postcolonial, que aparecerá con mayor amplitud y minuciosidad en Sarduy de ahora en adelante, surgen de la disgregación de las grandes religiones, estragadas por el avance del mundo occidental, con su ciencia y su tecnología. La defensa de esas religiones, de esas culturas, será la preservación de un tipo de actividad simbólica al margen de los reclamos totalizantes de Occidente y sus religiones historicistas, como el hegelianismo, el marxismo o el progresismo.

Se trata de una especie de trascendentalismo contingente, local; de la recuperación de historias, de textos, de lenguaje, que, como *De donde son los cantantes*, resista la interpretación global y retenga algo de una simbología pre o postmoderna. Descendemos de los dioses, no de los generales y doctores del panteón origenista.

Gestos y *De donde son los cantantes* niegan el tipo de interpretación totalizante, idealista y metatextual que pretendieron dar de la cultura cubana Lezama, Vitier y hasta Carpentier. Pero estas obras toman distancia de esos maestros para recuperar sus textos.

5.

Como ha podido observarse, los textos de Sarduy en este primer período ofrecen una versión «maldita» de la cultura –la cultura, la creación de códigos de comunicación y de belleza, surge de una energía mobilizada por el instinto de la muerte, por un exceso, ya que su fin es el fin. La fundamentación de esta teoría no se encuentra en los estructuralistas, sino en Georges Bataille y su noción del gasto[12]. Para Bataille la actividad económica no está motivada por el intercambio que establece un equilibrio en la circulación de bienes y valores, sino en el exceso, en el desequilibrio, en la aniquilación del otro por el regalo, que es en sí un sacrificio propiciatorio que endeuda antes que una ofrenda. Todos los personajes importantes de estas dos novelas, poseídos por el deseo, se inmolan, se hieren, se automutilan. El primero es el campesino de «El seguro», pero el General, Flor, Dolores,

---

[12] En un excelente ensayo, de los mejores sobre Sarduy, René Prieto destaca las diferencias entre Bataille y el novelista cubano con respecto al erotismo, sin negar, por supuesto, la deuda de Sarduy con el escritor francés. Prieto hace énfasis, con razón, en el hecho de que en Sarduy toda mutilación, todo corte –la muerte, muy en particular– genera proliferación, regeneración, exceso, mientras que Bataille se queda en la austeridad negativa de estos actos (Prieto 1985).

Auxilio y Socorro, todos se hacen daño en el exceso de su deseo. Éste es el sentido de la canción de Marlene Dietrich que Auxilio y Socorro salmodian en el «Curriculum»: «Ich bin von Kopf bis Fuß auf Liebe eingestellt» («Estoy de la cabeza a los pies dispuesta para el amor»), que continúa «Männer umschwirr'n mich wie Motten um das Licht, und wenn sie verbrennen, ja dafür kann ich nichts» («Los hombres revolotean alrededor de mí como las polillas la luz, y cuando se queman ¿qué puedo yo hacer?»). La cultura es el más allá que se produce en exceso de la necesidad, y como automutilación. Ésta es la base del libro de ensayos *Escrito sobre un cuerpo*, que Sarduy publica en 1969, y que recoge sus colaboraciones en *Mundo Nuevo* y *Tel Quel*. Leemos allí:

> La literatura es [...] un arte del tatuaje: inscribe, cifra en la masa amorfa del lenguaje informativo los verdaderos signos de la significación. Pero esta inscripción no es posible sin herida, sin pérdida. Para que la masa informativa se convierta en texto, para que la palabra comunique, el escritor tiene que tatuarla, que insertar en ella sus pictogramas. La escritura sería el arte de esos *grafos*, de lo pictoral asumido por el discurso, pero también del arte de la proliferación. (Sarduy 1969: 52)

Esta economía de pérdida (herida), que produce ganancia excesiva (proliferación), de la escritura como dolor (herida) y fijeza (muerte), es lo más característico y audaz de la obra de Sarduy en este momento, y prepara el terreno para sus teorías sobre el barroco y para novelas como *Cobra* y *Maitreya*.

Cuando digo que esta economía de pérdida y ganancia está en la base de estos textos pienso en lo siguiente: la automutilación simbólica del texto de *Gestos*, que «se saca» el generador de donde emana el sentido, la fuerza, como el corazón de una víctima ritual. En la negación del autor, que «perece» mediante la presencia de su propio reflejo en el texto. En la recuperación de las figuras tutelares –Lezama, Carpentier– en fragmentos textuales; mutilados, fijos.

Y CANTAN EN LLANO

> No juntes el ocaso y el oriente,
> huyendo al primer paso;
> que juntas el oriente y el ocaso
>
> > Calderón, *La vida es sueño*
>
> En algunos de sus libros, Paul Valéry cita como epígrafe un verso de Góngora, aunque equivocándolo, su error es cabal para la interpretación de nuestras afirmaciones. «En rocas de cristal», cita Valéry, «serpiente breve». Sus preferencias lo llevan a pensar que aquellas sierpes debían avanzar formando y destruyendo sus letras sobre una fija materia de contraste. Busca un fondo de inmovilidad, «las rocas de cristal», donde puedan avanzar aquellos sombríos juegos de las sierpes. Es el verso inicial de «La toma de Larache», «en roscas de cristal serpiente breve». La diferencia del verso y de la cita marcan el deseo, la previa visión que destruye la realidad del verso.
>
> > José Lezama Lima, «Sierpe de don Luis de Góngora»

I.

La nieve que cubre La Habana, al final de la última ficción de *De donde son los cantantes*, anuncia la nieve tibetana donde termina *Cobra* y empieza *Maitreya*. Es el blanco, la muerte, la ausencia, la página vacía sobre la cual se va a cifrar, como exceso, la obra de Sarduy más reciente, la que lo aleja y regresa a la tradición literaria cubana. Como la última historia de *De donde son los cantantes*, estas obras de Sarduy van a ser una fantasía geográfico-histórica, un peregrinaje alegórico en el que se va a recorrer desde la Europa de *gangs* de motociclistas drogados, hasta la China, el Tibet, Ceilán, La Habana, el Miami de los cubanos exilados; y aparecerán acontecimientos históricos tan decisivos como la Revolución china, la cubana, y la más reciente de Irán. A pesar, o tal vez a causa de la aparente lejanía de tales lugares y acontecimientos, estas obras de Sarduy constituyen un regreso, una recuperación de la obra de Lezama, pero mediante un proceso muy distinto al practicado por sus discípulos origenistas. El Lezama que se recupera aquí no es el de la versión de él dada por Vitier en *Lo cubano en la poesía*, sino el Lezama a la vez más historicista y más radicalmente experimental de *La expresión americana* y *Las eras imaginarias*, además, por supuesto, del Lezama de *Paradiso*. O mejor, la recuperación, a la postre, será del texto de *Paradiso* más que de Lezama mismo. La recuperación se hará a partir del más remoto de los componentes de la cultura cubana, el oriental, cuyo sentido comenzamos a esbozar en el capítulo precedente, pero que ahora va a revelar su sesgo lezamiano –lo más lejano es lo más próximo, lo que llega a través de una vivencia oblicua de la relación entre las culturas. Esta parada de la ruta sarduyana va a estar dominada por el barroco, y se consolida en ella lo que sin exageración podría llamarse el sistema de Sarduy.

Si *De donde son los cantantes* invierte el recorrido de *Lo cubano en la poesía*, *Cobra*, *Maitreya* y libros de ensayo como *Barroco* y *La simulación* releen el otro libro que fue inicialmente una serie de conferencias en La Habana de 1957: *La expresión americana* de Lezama. *La expresión americana* es la primera exposición sistemática del método mediante el cual Lezama interpreta la historia, si es que puede llamarse interpretación la lectura que de la historia hace Lezama. *La expresión americana* es también la obra donde Lezama expone sus teorías sobre el barroco. Basándose en la metodología propuesta en *La expresión americana*, Lezama ampliará su meditación histórica en *Las eras imaginarias*. Las vastas volutas geográfico-históricas de *Cobra* y *Maitreya*, tanto como las teorías de *Barroco*, en las que se confrontan culturas diversas y períodos históricos distintos, se apoyan en el método de conjugación de incidentes y lugares que Lezama propone en sus textos –aunque con diferencias notables, según se verá también. A este contexto hay que añadir un texto más, que también propone una conjugación de culturas y épocas, *Conjunciones y disyunciones* (1969), de Octavio Paz.

La refulgente originalidad de Lezama no puede hacernos perder de vista el ambiente intelectual en que se forja su obra ensayística, que es por supuesto el mismo de Vitier. Lezama, cuya única lengua de cultura era el castellano, se formó filosóficamente en la obra de promoción y difusión llevada a cabo por Ortega y sus discípulos. A la disciplina de esa formación, por supuesto, Lezama añadió una fuerte dosis de lecturas muy diversas y heterodoxas –ocultismo, cábala, religiones orientales–, además de su incalculable capacidad de transmutación y la lectura tan original de la tradición poética de Occidente. Pero cuando Lezama es joven, en los años treinta, lo que circula en La Habana son los libros de Ortega y sus discípulos, la *Revista de Occidente*, y pronto, después de la Guerra Civil en España, los propios discípulos de Ortega. María Zambrano fue de éstos el que tuvo un impacto más directo sobre los integrantes del grupo Orígenes, que era un grupo muy españolizante. Algunos de sus miembros, como el destacado compositor Julián Orbón, habían pasado años críticos de sus vidas en España. Además, los poetas de Orígenes –algunos todavía adolescentes, como Fina García Marruz– se iniciaron a la poesía con la visita de Juan Ramón Jiménez a La Habana en 1936. La visita de Juan Ramón fue decisiva en el desarrollo de la literatura cubana, sobre todo, desde luego, de la poesía. La fundación de revistas literarias, y las actividades del grupo origenista, es en gran medida una continuación, en Cuba, de movimientos artístico-filosóficos iniciados en España. El propio catolicismo del grupo –no olvidemos la presencia del sacerdote español, y poeta, Ángel Gaztelu en su seno– es reflejo de esa continuidad. Más que Ortega, sus discípulos, por ejemplo, Manuel García Morente, trataron de aliar el catolicismo que la tradición española imponía a las nuevas corrientes filosóficas y estéticas. Ese catolicismo remozado, y hasta a veces un poco atormentado, pero creador, no era herencia de la vanguardia cubana, sino de la española. A todo esto hay que añadir que el pintor más destacado del grupo, Wifredo Lam (cuya influencia en Sarduy es enorme), había participado, con no pocos cubanos, en la Guerra Civil, y hasta se había casado y tenido hijo en España. El interés de Lezama por los clásicos del barroco español viene en parte de su afinidad con los poetas de la generación del 27 en España, que reivindicaron la obra de Góngora con motivo del tricentenario de su muerte. Hay que tener presente este contexto para entender las ideas de Lezama sobre la historia.

En *La expresión americana*, y luego en los ensayos reunidos en *Las eras imaginarias*, Lezama expone una teoría poética de la historia que resumiremos de la siguiente manera: hay elementos en cada cultura que se asemejan a los de otras lejanas en el tiempo y el espacio. Esas analogías supratemporales permiten crear «eras imaginarias» en las que se combinan los rasgos comunes. Es el «sujeto metafórico» quien entreteje esos rasgos análogos para forjar las eras:

> Determinada masa de entidades naturales o culturales adquieren, en un súbito, inmensas resonancias. Entidades como las expresiones, fábulas milesias o ruinas de Pérgamo, adquieren en un espacio contrapunteado por la imago y el sujeto metafórico, nueva vida, como la planta o el espacio dominado. De ese espacio contrapunteado depende la metamorfosis de una entidad natural en cultural imaginaria. (Lezama 1957: 11)

La próximidad de su método al de Spengler en *La decadencia de Occidente* lleva a Lezama a establecer una nítida distinción, que vale la pena citar antes de ver de más cerca algunos de los otros conceptos y cuestiones que su planteamiento suscita:

> Para impedir cualquier conclusión, tan falsamente gozosa como desaprensiva, en su apariencia semejante a la de algunos irreductibles sectores sobre los cuales Oswald Spengler pareció haber ejercido una influencia deslumbrante, con los llamados por la historiografía contemporánea hechos homólogos. Si comparamos la forma del cuerno del toro con la forma de la tiara de los emperadores bizantinos, dentro de la concepción del spengleriano hecho homólogo, precisamos un paralelismo de símbolos culturales, que adquieren precisamente ese valor simbólico por situarse en las valoraciones de una morfología. Pero nuestro ente de análogo cultural presupone la participación, sobre un espacio contrapunteado, del sujeto metafórico. Pudiéramos tal vez decir que ese sujeto metafórico actúa como el factor temporal, que impide que las entidades naturales o culturales imaginarias se queden *gelée* [sic] en su estéril llanura. (Lezama 1957: 11)

El «sujeto metafórico» (es decir, el poeta), cogido en su propio fluir temporal, ve relaciones que de pronto crean, de la naturaleza, una sobrenaturaleza, que es la imagen, es decir, la era imaginaria, hecha de fragmentos de otras. Pero Lezama aspira a más. Esa imagen no es reflejo de una realidad, sino que, una vez configurada a base de elementos que ya eran en sí creaciones culturales, actúa sobre la realidad. Ese actuar sobre ella, cuyo agente es el «sujeto metafórico», es un acto de caridad de amor, que borra la frontera entre sujeto y objeto –«sujeto y objeto se devoran, desapareciendo» (Lezama 1971: 63)–. Dice Lezama en «La imagen histórica»:

> La imagen extrae del enigma una vislumbre, con cuyo rayo podemos penetrar, o al menos vivir en la espera de la resurrección. La imagen, en esta aceptación [sic, ¿acepción?] nuestra, pretende así reducir

lo sobrenatural a los sentidos transfigurados del hombre. Lo natural potenciado hasta alcanzar más cercanía con lo irreal, devolver acrecidos los carismas recibidos en el verbo, por medio de una semejanza que entrañe un desmesurado acto de caridad, aquí la poesía aparece como la forma probable de la caridad todo lo cree, *charitas [sic] omnia credit*. (Lezama 1971: 61)

«Caridad» tiene aquí el sentido de amor; el «sujeto metafórico» crea por amor estas imágenes hechas de girones de culturas, donde todo es posible, donde nada es fantástico ni irreal. En esta nueva creación, especie de intertextualidad *avant la lettre*, «el original se invenciona sus citas, haciendo que tengan más sentido en el nuevo cuerpo en que se les injerta, que aquel que tenía en el cuerpo del cual fueron extraídas» (Lezama 1971: 62). Este tejido de citas, este texto, que es imagen, sobrenaturaleza, era imaginaria, poesía, surge de la circulación entre sujeto y objeto, movimiento que va creando como una red de correspondencias metafóricas en las cuales han sido eliminados el tiempo y el espacio, salvo el tiempo del «sujeto metafórico». Pero ¿quién es ese ente? Resulta claro que la respuesta tiene que venir de pensadores mitologizantes –Platón, Vico, Jung, Eliot– que le atribuyen al individuo la capacidad de captar o expresar formas básicas, del origen, comunes a la humanidad entera. Lezama lo dice con frase lapidaria en *La expresión americana*: «la memoria es un plasma del alma, es siempre creadora, espermática, pues memorizamos desde la raíz de la especie» (Lezama Lima 1957: 15). Si recordamos desde un fondo común, como el individuo en la caverna platónica, extraemos del interior de cada uno algo que compartimos con todos –la luz interior es destello de la de verdades universales. Pero Lezama quiere ir más atrás, a una razón mitológica, donde en vez de ideas, lo que hay son fábulas: «Vico intuye que hay en el hombre un sentido, llamémosle el nacimiento de otra razón mitológica, que no es la razón helénica ni la de Cartesio, para penetrar en esa conversión de lo fabuloso en mitológico. Frente al mundo de la *physis*, ofrece Descartes el resguardo de sus ideas claras y distintas. Frente a los detalles "oscuros y turbios" de los orígenes, Vico ofrece previamente a las platónicas ideas universales, la concepción de sus universales fantásticos o imaginarios» (Lezama Lima 1971: 60). La imagen, por lo tanto, es para Lezama producto de una actividad metafórica que, al unir elementos dispersos, reconfigura formas presentes también en la memoria. Es una suerte de monismo cuyo tegumento es la caridad, el deseo que fusiona y abre, juntando realidades y facilitando la compenetración de sujeto y objeto.

Sería tal vez ingenuo pensar que la teoría de Lezama es original. Su formulación corresponde a las ideas de los románticos sobre la creación, ya que éstos habían llegado a conclusiones similares a las de Vico, en la mayoría de los casos sin haberlo leído. En su borde más abstracto, la teoría de Lezama no es una estética original. Pero en la práctica, como poética de la historia, la geografía y la cultura, sí es un poderoso y atractivo sistema poético. A lo visto hay que añadir que Lezama cree que el reino de la imagen anticipa el reino de la resurrección, que es por definición el ámbito del más allá; de la hipertelia, de lo que rebasa el fin, o meta. La poesía es así la morada de las profecías cumplidas, realizadas en el sentido fuerte de la palabra. En Heidegger el ser es para la muerte, en Bataille la muerte conjura el exceso que es la creación, la cultura. En Lezama lo hipertélico anuncia, prefigura y conmina la resurrección. No resulta difícil ver por qué, dentro de tal sistema, el barroco había de adquirir una relevancia tal. La teoría de Sarduy sobre el barroco va a apoyarse en algunos aspectos de la de Lezama, aunque la base freudiana, y el tono cuasi-científico, telqueliano de aquél, la diferencian notablemente de la del maestro.

Hay una ensayística latinoamericana anterior y contemporánea de Lezama que recupera el barroco de Indias –pienso sobre todo en Alfonso Reyes, Pedro Henríquez Ureña y Mariano Picón Salas. Pero Lezama es el primero en afirmar que el barroco de Indias, que el «señor barroco», es el origen del hombre americano, y del arte americano. Lezama hace esta aseveración contra aquellos que quieren ver el origen de lo americano en las culturas indígenas o en cierta sencillez renacentista española. Contra la pureza del origen primitivo, Lezama erige un origen complejo, excesivo –no simplemente la mezcla de las diferentes tradiciones culturales que se encuentran en el Nuevo Mundo, sino la chispa creadora que surge de esa fusión. Las figuras fundadoras son para Lezama Sor Juana Inés de la Cruz, Carlos de Sigüenza y Góngora, el Aleijahndino, el indio Kondori. Lezama le atribuye al barroco americano una capacidad de creación, de innovación, que generalmente asociamos con el romanticismo, sobre todo por su calidad ígnea: «Nuestra apreciación del barroco americano estará destinado a precisar: Primero, hay una tensión en el barroco: segundo, un plutonismo, fuego originario que rompe los fragmentos y los unifica» (Lezama 1957: 32); «En los preciosos trabajos del indio Kondori, en cuyo fuego originario tanto podrían encontrar el banal orgullo de los arquitectos contemporáneos» (Lezama 1957: 34). Porque, contra los que situarían en el romanticismo el inicio de lo americano, Lezama esgrime el barroco ya como ansia de creación e innovación –el barroco de Lezama es un barroco romántico, un barroco al que se le atribuyen las características del romanticismo alemán.

La teoría de Sarduy sobre el barroco comparte con la de Lezama la conjugación de épocas distintas, y la confrontación por analogía de culturas diversas, pero sus bases y su lenguaje pretenden ser más científicos, y el «sujeto metafórico», si no desaparece, por lo menos se metamorfosea. Como las teorías de Sigüenza y Góngora, la de Sarduy es cosmológica, sólo que intenta establecer una relación entre lo planetario y lo psicológico. En breve, Sarduy sugiere que hay un parecido analógico entre las teorías cosmológicas de la época barroca, y las de hoy. En aquéllas se descubre la órbita elíptica de los astros en el sistema solar, en ésta se formula la teoría del *Big Bang* acerca de la creación del universo —el universo es producto de una explosión inicial, que puso en movimiento y expansión las partículas que lo componen, que ahora se desplazan y separan unas de otras a una velocidad invariable. Modernidad: explosión/expansión. En la época barroca, la figura —geométrica y retórica— que prima en el arte y la literatura es precisamente la elipse, círculo deformado, con dos centros, uno de los cuales se elide: en nuestra época, se descubre el psicoanálisis, cuya teoría del sujeto está basada en la represión, es decir, la supresión de un origen, que se siente como falta o falla, alrededor de la cual, como defensa, surgen significantes: escritura, figuras. El *Big Bang*, en breve, es una teoría cosmológica que tiene su equivalencia en el psicoanálisis: ambos funcionan a base de la elipse como figura primaria, de la misma manera que en la edad barroca la elipse se encontraba en la base de la concepción del movimiento planetario, y la organización de las artes plásticas y la literatura. El parecido con la teoría de Lezama es palmario, pero las diferencias son también muy marcadas, sobre todo en lo referente a la configuración del sujeto.

Lo que mueve al «sujeto metafórico» en Lezama, según ya vimos, es la caridad, que devuelve aumentados «los carismas recibidos en el verbo» (Lezama 1971: 61) (sus gracias, beneficios o dones) mediante la actividad conjugadora, y cuyo resultado es, entonces, una superfluidad; la cornucopia del banquete barroco. En Sarduy se precisa más el mecanismo mediante el cual el sujeto engendra el lenguaje barroco:

> La metáfora barroca se identificaría con un modo radicalmente diferente de la *supresión*, que consiste en un cambio de estructura; la *represión* (Verdrangung/refoulement). Es en el plano del sistema Inconsciente donde se desarrolla íntegramente esta operación, mediante la cual se encuentran empujados o mantenidos a distancia los representantes de representaciones ligados a ciertas pulsiones. En la medida en que se identifica con una organización de la carencia «originaria», la represión pone en acción un funcionamiento de tipo metonímico que implica la

fuga indefinida de un objeto de pulsión; pero, en la medida en que a través del síntoma deja entrever un regreso de lo reprimido –el síntoma es su significante en la economía de la neurosis–, se confunde *exactamente* con la metáfora. (Sarduy 1974a: 74)

Sarduy se vale aquí, evidentemente, de una terminología lacaniana, que se hace menos asequible por el empleo del galicismo «pulsión» para instinto (como en instinto de muerte) –palabra, por otra parte, problemática, porque lleva implícita una razón biológica que el psicoanálisis evade (el inglés *drive*, «impulso hacia algo» con dirección definida, se me antoja más precisa aún que la francesa *pulsion*). En todo caso, podríamos traducir de la manera siguiente lo que dice Sarduy: la metáfora barroca cubre la falla sobre la cual se erige el ser. El deseo, el impulso hacia cubrirla, y la manera en que la cubre están en función de esa ausencia misma que se reprime al taparla. El acto de cubrirla tiene un funcionamiento metonímico, de encadenamiento de significantes. Ahora bien, dado que esas figuras –que son como los síntomas que el analista interpreta– incluyen, aunque tachada, la ausencia, su funcionamiento es a la postre metafórico, no metonímico: esto por aquello, donde la memoria de lo reprimido apuntala lo que se representa. En términos cosmológicos, el movimiento de los astros (metonimia) configura un sistema planetario que encubre (metáfora) el vacío de la explosión inicial. El sistema metafórico barroco oculta un significado reprimido que se puede rescatar mediante una lectura de significantes que, aunque aluden ostensiblemente a otra cosa, lo señalan. Es importante destacar aquí el espejeo entre vacío y exceso, entre lo blanco de la explosión y las infinitas rayas que marcan la trayectoria de los astros, o los grafos de la escritura. Vacío y exceso son el anverso y reverso intercambiables del sistema metafórico sarduyano. El «sujeto metafórico» de Sarduy no rememora desde «la raíz de la especie», sino que se constituye, *es* los mecanismos de la recordación. Esos mecanismos lo anulan: «En el barroco, la poética es una Retórica: el lenguaje, código autónomo y tautológico, no admite en su densa red, *cargada*, la posibilidad de un *yo* generador, de un referente individual, centrado, que se exprese –el barroco funciona al vacío–, que oriente o detenga la crecida de signos» (Sarduy 1974a: 51).

No creemos, evidentemente, que el sujeto quede anulado, en parte porque el lenguaje, por tautológico que sea, no puede hablar de sí mismo sino indirectamente, y uno de los temas tangenciales que necesita para engendrar su discurso sobre sí es el sujeto y su historia. Esto creo que se hace evidente en la obra de ficción de Sarduy, según veremos. Pero en *Barroco* hay un esfuerzo formal por hacer de la anulación del sujeto parte de la constitución del ensayo: el inciso inicial del libro, que sigue un esquema numérico, es el cero, «cámara de ecos». Esa «cámara de ecos» es el yo del autor al principio de la escritura: su esencia es la ausencia, el blanco, que el perímetro negro de la grafía encierra –blanco del inicio, de la nieve, de la cocaína que expande la conciencia–, pared invisible que devuelve la voz, las voces. Blanco de la muerte.

No resulta nada difícil ver el parentesco de la teoría del barroco en Sarduy con la de Lezama. Lo americano es ausencia, carencia sobre la cual se crea una cultura que siempre parece estar engastada sobre el cero del comienzo. La cultura consiste en simular que no hay falta ni contradicción, la cultura consiste en crearse a sí misma. Dentro de este concepto de la cultura, el ser es una hipóstasis de la retórica, una entelequia necesaria del lenguaje, no la fuente de él. Pero las diferencias son también notables entre el barroco de Lezama y el de Sarduy. En Lezama el «sujeto metafórico» se manifiesta en su producto –las eras imaginarias, los textos–, y en Sarduy se busca mostrar su funcionamiento, su transporte y pasión, cogido y constituido en la red del lenguaje. Esto es visible sobre todo en *Cobra*, que es la obra-bisagra de la producción sarduyana; la última que va a apelar a un contexto terminológico telqueliano, la que mediante una severa ascesis desmonta el lenguaje hasta sus partículas más ínfimas, para de ahí empezar de nuevo la recuperación de lo cubano, esta vez a través del texto de *Paradiso*.

2.

> En el calor de la fiesta [José Arcadio] exhibió sobre el mostrador su masculinidad inverosímil, enteramente tatuada con una maraña azul y roja de letreros en varios idiomas.
>
> Gabriel García Márquez, *Cien años de soledad*

Si *De donde son los cantantes* marcó a Sarduy como uno de los escritores más audaces de Hispanoamérica, la aparición de *Cobra* en 1972 lo convirtió en una figura polémica. *Cobra* es la obra más difícil de Sarduy, la que menos se entrega al lector habituado a la novela hispanoamericana, aun o sobre todo a la del *boom*. Aunque el impacto de *Cobra* sobre escritores como Juan Goytisolo y Carlos Fuentes fue enorme, nunca ha alcanzado el número de lectores que las del español y el mexicano, no sólo por su experimentalismo, sino porque la temática oriental y la insistencia en el mundo de los travestís la hacían extraña. Si el *boom* representa la popularidad de la narrativa hispanoamericana, *Cobra*, como *De donde son los cantantes*, es la obra del anti-*boom*. Las novelas de Carlos Fuentes, Gabriel García Márquez, Mario Vargas Llosa o Juan Goytisolo son experimentales dentro de las convenciones de la novelística moderna, y forman parte de una ideología cuya cuestión básica es la identidad cultural. Como hemos podido observar en nuestra lectura de *De donde son los cantantes*, Sarduy pone en jaque la cuestión de la identidad cultural y su relación con el lenguaje. Así vimos cómo en *De donde son los cantantes* se denuncia el carácter reductor implícito en la cuestión de la identidad, que más bien consiste en someter los varios discursos que componen una cultura dada a una ideología. Como se ha dicho, la estética de la novela del *boom* contiene todavía elementos básicos de la novelística tradicional: personajes que obedecen a una concepción mimética, un tiempo recuperable a pesar de la fragmentación, una fe implícita en lo auténtico del color local como fuente de verdad sobre la cultura y la propiedad del lenguaje. Oliveira y La Maga, el Jaguar, Artemio Cruz, Aureliano Buendía, son todos personajes de novela que poseen un sexo definido por la tradición cultural a la que pertenecen, tienen una biografía que avala sus acciones en el ámbito de la novela, hablan o piensan en el español de su nacionalidad y clase. Lo mismo no ocurre con Auxilio y Socorro, que existen en función de la retórica, que hablan a base de retazos de varios discursos, y que en última instancia representan la oposición binaria irreductible en el origen del lenguaje. Desde luego, la obra de Cortázar, sobre todo *Rayuela*, lleva a cabo experimentos novedosos con el lenguaje y con la forma novelística, como la inclusión de los capítulos prescindibles, que son el pretexto de la novela. Pero el comportamiento de los personajes, inclusive el del narrador, sigue siendo bastante convencional. Lo mismo, y más, puede decirse de las obras de Donoso, Goytisolo y Vargas Llosa.

Esos elementos de la novelística tradicional que sobreviven, más o menos intactos en los escritores del *boom*, son precisamente los que más cuentan, y son los que Sarduy va desmontando, sobre todo en *Cobra*. ¿Cómo no van a ser básicos el sexo o rol sexual de los personajes y su manifestación lingüística? ¿O la manera en que el lenguaje relata la biografía de un personaje? Y los cambios de punto de vista, si todavía suponen la correspondencia entre persona gramatical y persona real, ¿no siguen siendo una presuposición cargada de sugerencias ideológicas? El lenguaje es siempre enigma en Sarduy, contra el cual cada cultura o discurso hace decisiones violentas pero ineludibles. La novela tradicional hace al personaje hombre o mujer, el texto de

Sarduy va a demostrar el mecanismo que lleva a esa decisión que reprime otras posibilidades. La novela del *boom* funciona, en tanto que discurso, a base de esas represiones tácitas. *Cobra* intenta hacerlas explícitas. *Cobra* pretende encarnar nada menos que el subconsciente de la narrativa hispanoamericana. Es por ello, sobre todo, que ha sido reprimida por tantos escritores y críticos, para algunos de los cuales Sarduy es anatema. Sólo después de la sistemática deconstrucción de lo cubano en *De donde son los cantantes* podía emprenderse un análisis tal.

Cobra consiste (pero, claro, esto es una tergiversación, es imposible «describir» un texto como éste sin traicionarlo, pero de eso se trata, según veremos) en dos relatos que se entretejen y repiten a diferentes niveles, a veces literalmente. La separación de esos niveles es difícil porque sus componentes no siempre forman series significativas. Al recorrer el texto de *Cobra* tenemos la sensación de que falta un foco de sentido que cohesione los elementos que lo arman. Además de los relatos, que se dicen principalmente en forma de diálogo, el lenguaje está constantemente lanzando destellos de significación que no son recuperables desde un centro emisor o receptor, que no constituyen unidades de sentido pertenecientes a un sistema superior. Esta característica de *Cobra*, sin embargo, sí tiene un sentido en términos globales. Como ya pudimos observar en *De donde son los cantantes*, uno de los postulados básicos de Sarduy es que la posibilidad de someter el lenguaje a una significación coherente es una ilusión que sólo los textos sagrados pretenden sostener. Pero, a pesar de esta pulverización, podemos discernir el contorno de dos relatos.

El relato principal de la primera parte toma lugar en el Teatro Lírico de Muñecas, burlesco que nos recuerda el Shanghai de *De donde son los cantantes*, pero que también evoca inmediatamente la Farmacia de Platón derrideana; es decir, el ámbito de la escritura y de la farmacopea destinada a la transformación física. En su conocido ensayo, Derrida demuestra cómo Occidente ha reprimido la escritura en favor de la voz, cómo aquélla se asocia al Oriente y encarna en un dios ambiguo que envenena y cura a la vez, y que lleva la cuenta de los muertos.

El protagonista de esta primera parte de la novela es Cobra, la vedette principal, que está enfrascada, con la Señora –dueña del Teatro–, en la reducción de sus pies, que, por su desmesura, son su único defecto físico. Después de probar con varios mejunjes y pócimas, hechos de diversas hierbas, dan con la droga apropiada. Pero ésta resulta tan potente que reduce a Cobra y la Señora a dos enanas, cuyos nombres ahora son Cabrita (luego Pup) y la Señorita. Pero, ahora ocurre un desdoblamiento. Cobra, de tamaño «natural», se va a la India con Eustaquio el Sabrosón, pintor «dérmico» encargado de maquillar a las pupilas del Teatro, en busca de colores para una *Féerie Orientale* que planean. La zigzagueante biografía de Eustaquio –que alterna entre Oriente y Occidente– se nos ha venido narrando también, así como su virtuosismo con el pincel y el pene. En ausencia de Cobra, la Señora trata de que Pup alcance un tamaño normal para reemplazar a su doble en el Teatro. La someten a varios intentos de expansión, hasta que dan con la nieve como último recurso. Es posible que la nieve aluda aquí a la cocaína, por sus poderes de «expansión» de la mente, pero no podemos estar seguros (*snow*, nieve, quiere decir cocaína en el argot norteamericano). Los esfuerzos por agrandar a Pup se narran en detalle. Éstos fallan, sin embargo, a pesar de que casi la matan. Cobra regresa de la India a ocupar su puesto.

Estas aventuras están enmarcadas por una serie de sentencias sobre el «arte de la escritura», que establecen una correspondencia clara entre la farmacopea de la Señora y la actividad escritural. La escritura consiste también en la contracción o expansión mediante figuras retóricas; la alquimia herbolaria de la Señora, su profesión celestinesca, la equiparan perfectamente a la figura del dios de la escritura derrideano; el hecho de que en todo caso (cambio de tamaño, pintura de Eustaquio) las metamorfosis sean corporales, y la procedencia de la técnica sea oriental, también se ajusta al modelo de la Farmacia de Platón. Este elemento derrideano de *Cobra* se va a hacer más claro en la próxima secuencia.

Aquí encontramos que Cobra se ha ido a Tánger en busca del Dr. Ktazob, famoso por sus operaciones para cambiar el sexo de travestís que quieren perfeccionar su apariencia física[1]. La Señora y sus discípulas, en busca de Cobra, pasan por España, donde encuentran a Auxilio y Socorro, los personajes de *De donde son los cantantes*, en su fase toledana. En Tánger, cuatro *pushers* de Ámsterdam en busca de materia prima las dirigen al Dr. Ktazob, «enriquecido por la configuración de nuevas evas y la desfiguración de viejos nazis» (Sarduy 1972a: 96). Son éstos los personajes de la próxima sección de la novela. También en Tánger encuentra Cobra a su rival, la Cadillac, a quien Ktazob ha injertado un pene («la inversión de la inversión», 1972a: 96). Durante la operación Cobra sufre varias alucinaciones que anticipan paisajes del final de la novela (del Diario Indio), y en cuya descripción el lenguaje se va haciendo cada vez más reducido hasta que llega a convertirse en anagramas del nombre del protagonista. Durante la intervención quirúrgica, Ktazob logra que el dolor de Cobra se desvíe a la enana Pup.

Como el Teatro Lírico, Tánger representa el ámbito de las transformaciones, y más específicamente el gozne donde juega la separación y diferencia entre Oriente y Occidente. La escritura, una vez más asociada a la mutilación física ritual, es lo reprimido, por lo tanto en Occidente se asocia su nacimiento, su origen, con el Oriente. Lo

---

[1] Tánger ocupa un lugar especial en la geografía simbólica de Sarduy. Es una especie de bisagra entre Oriente y Occidente, el punto de vista privilegiado desde el cual se puede ver España como el norte. En un breve ensayo intitulado precisamente «Tanger», Sarduy evoca, primero, lugares que visitó con Roland Barthes (a él está dedicado el número de la revista en que aparece el ensayo) –Zoco Chico–, y luego hace una síntesis de las teorías sobre el barroco que habrían de culminar en el libro de 1974. Véase para más detalles Sarduy 1971b.

oriental empieza a adquirir aquí un significado preciso que ya se había perfilado en *De donde son los cantantes*. Lo oriental es lo suplementario, lo que va más allá, porque resulta una invención necesaria de Occidente: lo oriental es la escritura[2]. Por lo tanto, lo oriental se erige sobre la muerte, la escritura por oposición a la voz, que es el origen impoluto. La castración de Cobra tiene, por eso, un significado alegórico complejo: su apariencia, es decir, el sexo que aparenta, su maquillaje, su ser, surge de la falla, de la carencia creada, inscripta por el Dr. Ktazob. La escritura se traza sobre el origen tachado, sobre la negación creada —Cobra cobra ser en esa economía de pérdida y ganancia.

En la próxima sección nos encontramos en una ciudad ultramoderna, donde reaparece Cobra en un tren subterráneo, vestida de negro y violentamente maquillada. Allí la identifica una vieja, que parece ser la Señora, pero en masculino: «Es él» (130). Esta escena nos transporta al mundo de los jóvenes *pushers*, a quienes conocimos en Tánger. Éstos resultan ser un *gang* de motociclistas, adeptos al tantrismo, que se han aliado a un grupo de monjes tibetanos, exilados después de la invasión china. Son Totem, Tigre, Escorpión y Tundra, que en esta parte someten a Cobra a una iniciación ritual que lo(a) mata. Luego hacen con el cuerpo un complejo ritual funerario tántrico, que termina en una nueva sección intitulada Blanco, con una serie de plegarias, dirigidas a cada uno de los miembros del grupo, por alguien que no sabemos quién es. Los motociclistas han aprendido el ritual y otras prácticas litúrgicas de los monjes tibetanos, uno de los cuales se ha convertido en una especie de *majarishi* que expende consejos, reliquias y drogas. Todos viven de la producción y

---

[2] Lo oriental es también el mundo postcolonial, producto del imperialismo europeo del siglo XIX. Aquí anticipa Sarduy lo que será brillantemente expuesto por Edward W. Said en su *Orientalism* (1979). Sarduy ha dado información útil sobre su «orientalismo» en «La serpiente en la sinagoga», entrevista con Julia Kushigian publicada en *Vuelta*.

distribución de drogas. Es evidente que tanto el ritual de iniciación como el funerario, sobre todo en los detalles de la manipulación del cuerpo, repiten los curetajes de la Señora en el Teatro Lírico de Muñecas, y la cirujía sexual de Ktazob en Tánger.

Ya hemos visto la relación de estos rituales con la escritura —escición, corte, creación del surco o falla que sostiene la marca, grafo fijo que significa la ausencia, y que en su hieratismo es augurio de muerte. Vale recalcar el carácter reiterativo del ritual, la repetición en el texto mismo de la novela que lo señala. El sujeto metafórico de Sarduy, según vimos, surge y se esconde tras esas repeticiones, tras esas metonimias que atraviesan el texto a todo nivel, que lo traspasan a él, como a pájaro empalado en los alambres de su jaula. Porque la pasión y transporte de *Cobra* en ambos relatos es la del sujeto metafórico, cuya ausencia, como centro de significado, sentimos en la acepción fuerte y contradictoria de la frase: *sentimos su ausencia*. El punto de fuga, el que huye —Cobra en el metro—, es el sujeto metafórico, el ser marcado, trucidado, que cubre la falla y encarna su síntoma, su reproducción. La escritura es la inmolación repetida (la muerte anunciada) de ese centro, de ese sujeto que se fuga, como el homónimo de Velázquez en el fondo de *Las Meninas* (la fuga será tema obsesivo de *Colibrí*, como veremos, implícito en el origen de la literatura cubana, en la novela antiesclavista, que es literatura de fuga, de cimarronería). Cobra cubre, cobra cobra; pero ¿qué cobra Cobra? La deuda es la falla que se cobra, la pérdida que se salda.

Como *De donde son los cantantes*, *Cobra* termina en el blanco, en lo blanco, que aquí resultan ser las plegarias mencionadas. El blanco es final y principio, página en blanco, meta, y por supuesto alude al célebre poema de Octavio Paz. Pero como la novela anterior, *Cobra* no termina una vez, sino por lo menos dos, ya que si aquélla terminaba con la «Nota» del autor, ésta acaba con el «Diario Indio», donde reaparecen los personajes de la segunda parte, que hacen un peregrinaje al

Tibet. *De donde son los cantantes* terminaba su acción en el llano —en La Habana—, *Cobra* en la loma, en la morada de los dioses.

No sabemos si huyendo del *raid* que pone fin a su negocio de drogas, en el «Diario Indio» aparecen los motociclistas y los monjes tibetanos en un retorno al país natal —el «Diario Indio» es un metaforizado *Cahier d'un retour au pays natal* donde el país es lo más alterado. Doble movimiento: exilio de los jóvenes, regreso de los monjes, que cancela la progresión implícita en el peregrinaje. Es ida y vuelta a la vez. El «Diario» marca en principio un viaje de recuperación, un regreso al Monte; una huida que repara. El Tibet aparece como el ámbito devastado de lo sagrado, el origen del culto. El lenguaje se hace cada vez más impersonal, menos asequible, como si fuese el texto por sí solo el que emprendiera este periplo por el Oriente —recuerdo del de Cobra con Eustaquio, regreso al origen/suplemento. Se intercala en el texto un fragmento del *Diario* de Colón que se intitula «Las Indias», y los personajes visitan un *nightclub* llamado «Las Indias Galantes», alusión a la ópera de Rameau, con sus indios emplumados —dato, por cierto muy carpenteriano, muy *Concierto barroco*. El «Diario Indio» toma su nombre del *Diario* de Colón, primer viaje, viaje del principio, del origen, metaforizado y trastrocado en el *nightclub*; movimiento doble, el texto de Colón es principio, pero está al final, da nombre a un tugurio en lo que son las verdaderas Indias, con las Indias que inventó por equivocación. Camino al Tibet —en la India—, los jóvenes interrogan al Gran Lama exilado, le piden ayuda, lo consultan sobre la mejor manera de alcanzar la divinidad. El Gran Lama, que en su condición actual también vive del tráfico de reliquias y consejos, responde oracular e impenetrable. El texto termina en las nieves de la frontera china, en una desolación total, en la que el único lenguaje posible es el impersonal que el viento dispersa al mover los molinos de plegarias: «Más alto, entre las cimas, quizás el viento haga girar los molinos de plegarias alineados en los muros de los monasterios abandonados, en los altares que la nieve sepulta» (Sarduy 1972a: 262).

Regreso al Tibet, pero a un Tibet del que han huido los dioses frente al avance de los chinos, que representan no ya simplemente su milenario imperialismo, sino una nueva ideología de origen occidental. El «Diario Indio», entonces, traza un regreso a lo sagrado, pero encuentra el Monte vacío o viciado. El ámbito de lo sagrado ha sido ocupado por lo profano, el llano en la loma. La historia –Revolución china– ha penetrado en el templo –es la explosión en la catedral. Los molinos de plegarias diseminan un lenguaje sagrado sin emisor ni receptor, movidos por una fuerza invisible y cósmica. Blanco marcado, repetido, el «Diario Indio» es un final que augura un principio, que *es* un principio. Más allá de las dos historias que se repiten, es el producto de la hipertelia, de lo que excede los fines. Ámbito de la escritura –pene políglota de José Arcadio–, cercenable como el falo de Cobra.

Pero el «Diario Indio» no se queda en tales abstracciones, sino que responde a su momento histórico de forma más directa. La Revolución china, la invasión del Tibet –cuyo significado a varios niveles veremos aquí y en referencia a *Maitreya*– son acontecimientos que enmarcan la acción, la fijan en el tiempo. Pero el «Diario Indio» se escribió a finales de los sesenta, y a ello también responde.

Toda esta historia de los motociclistas y los monjes tiene varios significados, y es una de las formas en que *Cobra* hace una lectura crítica de *Conjunciones y disyunciones* de Octavio Paz. Para poder entender el funcionamiento de *Cobra* como mecanismo de develación del subconsciente literario hispanoamericano, hay que primero ver esta relación con la obra de Paz. Como ya se ha visto, *Conjunciones y disyunciones* es un libro en el que Paz entra en el juego de barajar culturas e historias que había iniciado Spengler, y que Lezama sigue en *La expresión americana*. Embajador en Nueva Delhi, profundamente interesado en la cultura oriental, Paz se pregunta en *Conjunciones y disyunciones* cuál ha sido el intercambio entre Oriente y Occidente. Su meditación también está motivada por el movimiento estudiantil de los años sesenta, la popularidad de las drogas entre los jóvenes, así como ciertas tendencias poéticas occidentales que han buscado en el Oriente una especie de nirvana. El centro de la meditación de Paz lo constituye la manera en que las varias culturas se han ocupado de la división cuerpo-alma. Utilizando procedimientos estructuralistas, Paz establece una serie de oposiciones binarias que abarcan culturas enteras. El método de Paz es muy diferente al de Lezama, quien acercaba elementos de diversas culturas para formar, en esencia, culturas imaginarias. Paz ve en los movimientos juveniles un signo de que las culturas no aferradas a la negación del cuerpo —las orientales— vuelven, o por lo menos sus creencias van a reemplazar las del presente. Escribe Paz en la penúltima página de su apasionante libro:

> El tiempo moderno, el tiempo lineal, homólogo de las ideas de progreso e historia, siempre lanzado hacia el futuro; el tiempo del signo no-cuerpo, empeñado en dominar la naturaleza y domeñar a los instintos; el tiempo de la sublimación, la agresión y la automutilación: nuestro tiempo —se acaba. Creo que entramos en otro tiempo, un tiempo que aún no revela su forma y del que no podemos decir nada excepto que no será ni tiempo lineal ni cíclico. Ni historia ni mito. [...] El regreso del presente: el tiempo que viene se define por un ahora y un aquí. Por eso es una negación del signo no-cuerpo en todas sus versiones occidentales, sean religiosas o ateas, filosóficas o políticas, materialistas o idealistas. El presente no nos proyecta en ningún más allá —abigarradas eternidades del otro mundo o paraísos abstractos del fin de la historia— sino en la médula, el centro invisible del tiempo: aquí y ahora. Tiempo carnal, tiempo mortal: el presente no es inalcanzable, el presente no es un territorio prohibido. ¿Cómo tocarlo, cómo penetrar en su corazón transparente? No lo sé y creo que nadie lo sabe... Tal vez la alianza de poesía y rebelión nos dará la visión. (Paz 1969: 142)

El centro del sistema poético de Paz es ese presente cuya característica principal es siempre la transparencia, pero que a la vez es el reino de la carne y de los objetos con número, peso y medida. Ese presente en el cual el cuerpo no es negado, y en el que sobrevive intacta la capacidad simbólica del lenguaje, es el blanco que persigue su poesía y que todavía encuentra en el Oriente, particularmente en el paisaje. Cito el lugar de *Conjunciones y disyunciones* que aparece como epígrafe del «Diario Indio»: «El cielo se precipita en el estanque. No hay abajo ni arriba: el mundo se ha concentrado es este rectángulo sereno. Un espacio en el que cabe todo y que no contiene sino aire y unas cuantas imágenes que se disipan».

Es revelador ver cómo Paz persiste en una visión romántica del Oriente, lo cual tal vez corrobore su propia teoría en *Los hijos del limo*, según la cual somos producto de un romanticismo tardío porque no lo tuvimos legítimo a su hora. Es fascinante también observar cómo los elementos que constituyen la poética de un gran poeta como Paz, al someterse a la lógica de la prosa, convierten tropos seductores en contradicciones palmarias: si el presente es transparente, invisible ¿cómo puede ser entonces un tiempo carnal? En todo caso, podemos ahora observar con claridad la relación de la segunda parte de *Cobra* y el «Diario Indio» con *Conjunciones y disyunciones*. El *gang* de motociclistas drogados representa ese movimiento juvenil de que habla Paz, en el que se regresa a la liturgia de las religiones orientales y el transporte espiritual de la droga. Podemos observar, sobre todo, que en la novela de Sarduy se insiste en los rituales vinculados al cuerpo, vivo o muerto, a la exaltación de su materialidad. La alianza de los jóvenes con los monjes tibetanos parecería corroborar las aseveraciones de Paz, y harían de la novela de Sarduy una especie de alegoría de las ideas del mexicano. Pero es todo lo contrario.

En *Cobra* hay una interpenetración entre el Oriente y el Occidente, una confluencia del principio y el presente, en que el principio es función del presente, y no a la inversa. Los motociclistas han influido en los monjes tanto como los monjes en los motociclistas. Si nos fijamos bien, en *Cobra* se insiste en la modernidad de los tibetanos. El *majarishi* de la segunda parte es tajante: «No viajo en elefante sino en jet» (Sarduy 1972a: 178). El paisaje del «Diario Indio» a menudo abandona la pureza del blanco para convertirse en rastro, una especie de *wasteland*, ruinas de lo moderno que dejan su marca indeleble en la morada de los dioses: «Con el timbre de las bicicletas y los cláxones, los radios mezclan las voces altísimas, almibaradas, de las sopranos, marimbas y arpas. Hasta los pórticos se amontonan carapachos oxidados, motores rotos, llantas; el zinc chorrea aceite rancio; un olor acre sube del laberinto de chatarra» (Sarduy 1972a: 251). Algunos de los monjes llevan espejuelos, otros toman Ovomaltina (256). Y el Gran Lama, acuciado por los rigores del exilio, venido a mucho menos que un dios, comercia con el culto: «Sí, blancos, melenudos monjes, cumplo mi karma en este cuchitril suburbano vendiendo antiguos tankas de la Orden y traficando cetros de cobre ya verdoso para mantener a los últimos lamas de Bonete Amarillo» (257). El presente en *Cobra* no es transparente, es un tiempo caído, del exilio, en el que se rehacen, se recobran, los símbolos después del golpe devastador de la historia. Es un *bricolage*, como el que vimos en *De donde son los cantantes*, cuyo modelo podría ser aquí la era imaginaria lezamiana, que se hace a base de fragmentos de diversas épocas y culturas, es decir, con jirones de textos que adquieren mayor sentido en la mezcla actual que en los originales de donde fueron arrancados.

En la formulación de Paz sobrevive intacto un tópico de la literatura occidental, adoptado por la hispanoamericana: el Oriente como utopía, América como su realización en la historia. Bellos ensayos de Alfonso Reyes y páginas de la ficción carpenteriana han dado realidad lingüística a ese tópico, que se repite en escritores tan diversos como Onetti y García Márquez, y que ha sido estudiado minuciosamente por Juan Durán en un hermoso libro[3]. Sarduy pone de manifiesto en *Cobra* —y aquí empezamos a ver su función de subconsciente de

---

[3] Durán, Juan (1979): *Creación y utopía: letras de hispanoamérica*. San José de Costa Rica: Editorial de la Universidad Nacional.

la literatura hispanoamericana— cómo se constituye el tópico, cómo forma parte de un proceso de producción del texto. Paz, vatídico, profetiza la posible alianza de la poesía con la rebelión, para hacer encarnar la utopía de un presente que sea como el Occidente supone al mundo oriental. En Paz se suprime no sólo la historia, sino el mecanismo mediante el cual se apuntala la ilusión poética; Sarduy demuestra su constitución lingüística, escritural. Sarduy, histórico, propone que el Oriente de hoy no es el del origen que inventa Paz, sino el del futuro de América: un futuro, que ya vamos viendo venir, de ciudades caóticas, colmadas de miseria y violencia, donde subsisten y renacen cultos primitivos. Esta inversión histórica —el Oriente como futuro de América, no como origen— tiene su modelo probablemente en *Tristes tropiques*, de Lévi-Strauss, donde antes del viaje a Brasil en busca de un principio presente de la humanidad, el antropólogo nos ofrece un capítulo que describe su viaje a Nueva Delhi, espeluznante augurio de lo que serán las ciudades hispanoamericanas. De haberse asomado a la ventana, Paz se habría percatado de que en la región más transparente del aire, el aire ya es, además de opaco, apenas respirable. En Sarduy la modernidad no es sólo imborrable en sus efectos —estamos condenados al tiempo de la recuperación, a cobrar siempre la deuda, no a poseer sin más el caudal—, sino parte de un proceso dialéctico de creación. Lo destructivo, la automutilación que Paz quisiera abolir, es parte de la creación. Nieve carbonizada, blanco manchado, la significación de la escritura en *Cobra* es la clave de su diferencia con Paz, y tal vez con toda la generación del gran poeta mexicano. La escritura no representa en Sarduy simplemente un modo de comunicación, sino aquel mediante el cual se pone de manifiesto el funcionamiento del lenguaje. El lenguaje surge de la diferencia, o en la diferencia, en el corte entre dos elementos que para significar, para ser, tienen que ser el uno distinto del otro. La escritura refleja ese corte, esa negatividad originaria del lenguaje, que nunca es «blanca perla sobre blanca frente», como quería Dante, sino negro sobre blanco, o viceversa. Lo que *Cobra* dramatiza una y otra vez es la ritualización de ese corte, que, al estar en la fundación del lenguaje, está en el principio del ser y de la cultura. Se cobra a partir del corte que anuncia la falla, que la denuncia. El Oriente es para Paz un nirvana posible, para Sarduy es el error inicial de Colón. El origen siempre es múltiple, contradictorio y falaz; su verdad, la verdad de la India de Colón, de Cipango, es estar fundada por el error, que sería aquí la falla del comienzo, la que se tapa en el presente, lo que se tacha pero no desaparece. Por eso mientras que para Paz «nada está escrito» (Paz 1969: 48), para Sarduy todo está escrito, cada signo convoca toda la escritura.

El estrato más profundo en que se manifiesta en *Cobra* esta economía del ser y del lenguaje es en el título mismo de la obra, objeto de varios juegos de palabras en el texto, y que está relacionado a un poema del propio Paz, citado exactamente después del pasaje de *Conjunciones y disyunciones* antes visto, y que reza:

>   *La boca habla*
> La cobra
>   fabla de la obra
> en la boca del abra
>   recobra
> el habla:
>   El Vocablo.
> (Paz 1969: 229)

El poema de Paz describe y dramatiza la generación del lenguaje, que temáticamente aparece como el movimiento circular de la serpiente que se muerde la cola; signo contra signo, que en su propia asociación crean el vocablo. Hay una dialéctica entre la cerrazón del círculo que evoca la cobra, con toda su *o* inicial, y la apertura de la *a*, precisamente en «abra», que significa tanto abrir como espacio, separación, entrada. Flujo y reflujo, apertura y clausura; aire que corre a través de los círculos huecos de las vocales, que lo interrumpe la barrera de las consonantes. Con la excepción de la *c*, sin embargo, las consonantes son fricativas: *b*'s intervocálicas (ya sea *b* o *v* la grafía), *r* y *l*, líquidas africadas por su combinación con la *b* intervocálica. *Cobra*, abra, vocablo: hálito, aliento vital, espíritu en lo que éste tiene de aire o soplo, según las más antiguas teorías. El soplo a través de las grafías de *cobra* crea el lenguaje. Principio, como la cobra misma, serpiente que se encuentra en el origen de todas las teogonías; falo que representa en el psicoanálisis el objeto separable, imaginario, en el origen de la representación. Envidia y ansiedad; movimiento. Pero no hay que olvidar que *cobra* empieza con un corte, con la *o* incompleta que es la *c*, consonante oclusiva que, por supuesto, cierra, corta la columna de aire, inaugura el vocablo con un tajo, echa cimientos de nada a la mansión del lenguaje, retira la base de la erección del vocablo. *Cobra*, origen ornado, desfigurado, sajado. De la lisura de la *o* que se abre sobre la *c* pasamos a la montaña de la *br*, un casi-corte, la *r* es un rodeo alrededor de la *b*, que nos conduce a la apertura de la *a*.

De esa dialéctica irreductible en el origen del lenguaje surge la proliferación de significantes que cubren la falla, el abra: [c]obra, bar[r]oco, braço, [a]barco, [re]cobra, cubre, cobre. Y, la palabra que yace sumergida bajo esta prolija serie de errores: CUBA, que contiene el mismo corte inicial de la *o* inconclusa hecha oclusiva, y la misma fricativa intervocálica. Cuba, significante perdido, objeto de la búsqueda en el lenguaje, palabra elidida en el circunloquio del título de *De donde son los cantantes*. *Cobra*, Cuba deformada en la pronunciación: en el error. El lenguaje de la novela, como el de los personajes, es del exilio, del llano, que recobra en su propia actividad, y a la vez desfigura, la fuente. La obsesión del sujeto metafórico tachado se asoma por los bordes, crea un perímetro de errores que cercan un centro ausente, en fuga, siempre deformado por los múltiples reflejos y ecos que chocan entre sí. Vemos así que el «sujeto metafórico» de la combinatoria lezamiana aparece en Sarduy también motivado por el deseo, pero ese deseo no es la caridad de que habla el autor de *Paradiso*, caridad que suple y aumenta, sino un impulso contradictorio que suma y resta a la vez. La «pasión» de ese «sujeto metafórico» aparece reflejada en los dos rituales de las dos partes principales de *Cobra*. En el texto de la novela, lo elidido y añadido a la vez es el «Diario Indio», que es la escritura.

La era imaginaria de Lezama es en Sarduy una vasta maquinaria que quiere por todos los medios reflejar, manifestar los mecanismos mediante los cuales se engendra el lenguaje. Claro, por la naturaleza misma de ese lenguaje, esa demostración tiene que hacerse aludiendo a otra cosa, sometiendo otro tema a lo que supuestamente hace el lenguaje para constituirse. Es decir, el lenguaje es metafórico —desplaza, se desplaza— aun al aludir a sí mismo. Por ello las operaciones quirúrgicas y los rituales funerarios. Toda la descripción del proceso mediante el cual Ktazob «rehace» a *Cobra*, en que proyecta hacia Pup el dolor, significa la manera en que el lenguaje cubre un significado con otro, o el subconsciente emite un síntoma falso que el analista tiene que interpretar. La castración misma, según ya hemos dicho, es una alegoría del funcionamiento del lenguaje, su juego de negaciones y suplementos. Lezama combina *atributos* de culturas y épocas diferentes, Sarduy quiere presentar cómo se combinan esos atributos y elementos. Sarduy reduce el lenguaje a partículas monogramáticas: COpenhague, BRuselas, Amsterdam, dan, según él, Cobra. Y Cobra, como sugerimos, puede ser una tergiversación de Cuba. Por ello decíamos que todo está escrito en Sarduy.

A esto se suma otra dimensión de la novela: la cosmológica, que refleja la teoría del *Big Bang*. Pup es el nombre de una estrella, «enana blanca», de un tipo de estrella. Habría así una correlación a nivel cósmico entre el sistema estelar, tal y como lo concebimos en nuestra era, y el lenguaje. Es una saturación de la escritura que lo abarca todo, como lo expresa Basilio en *La vida es sueño* de Calderón:

> Esos círculos de nieve,
> esos doseles de vidrio,
> que el sol ilumina a rayos,
> que parte la luna a giros,
> esos orbes de diamantes,
> esos globos cristalinos,
> que las estrellas adornan
> y que campean los signos,
> son el estudio mayor
> de mis años, son los libros
> donde en papel de diamante,
> en cuadernos de zafiros,
> escribe con líneas de oro,
> en caracteres distintos,
> el cielo nuestros sucesos,
> ya adversos o ya benignos.
> (Acto I, versos 624-639)

En Carlos de Sigüenza y Góngora (*Occidental planeta*, *Libra astronómica*), y en Sor Juana (*Primero sueño*), persiste esta visión del universo como una gran combinatoria de signos en movimiento, como el sistema estelar, del que formamos parte —un lenguaje que nos habla. En la cosmología sarduyana hay un hueco negro en el origen de esa combinatoria, que representa la explosión del inicio, y que se equipara, a lo largo de todo el sistema de Sarduy, a la falla, al error, al corte germinativo.

Ya hemos visto cómo *Cobra* denuncia la manera en que lo oriental se convierte en tópico de la literatura hispanoamericana, y cómo ese proceso forma parte de lo que he dado en llamar el subconsciente de la narrativa, o aun de la literatura hispanoamericana. Pero este proceso incluye sobre todo los elementos formales de la novela, según se había propuesto: personajes, argumento, lenguaje. En *Cobra* los personajes —al igual que en *De donde son los cantantes*, pero de manera más radical aún– no tienen dimensión de continuidad o transcurso. Son, en este sentido, como los personajes de la épica, totalmente planos, sin interioridad –todo es externo en ellos, todo visible. Esto se debe a que Sarduy toca fondo, reduce la novela a su funcionamiento. Los personajes concentran, como los épicos, ideas, ideología: son representación, en el sentido más puro. El Cid encarna todos los valores del héroe según las creencias de su época, *es* ellas. Los personajes de Sarduy se forjan en el crisol de los valores puros, sin diluir, de la cultura hispanoamericana y occidental. Cobra y la Cadillac son opuestos correlativos al nivel del sexo artificial que representan. Por eso la Cadillac exhibe un machismo exagerado. El sexo se erige sobre la falla, es una forma de travestismo literario. El Teatro Lírico de Muñecas representa así el lugar de las transformaciones literarias y culturales, donde la escritura/cultura elabora los rasgos de cada individuo según las leyes de una combinatoria cuyo funcionamiento hemos venido observando a varios niveles. Antes de ser Traveler u Horacio, ya se han hecho decisiones culturales sobre estos entes de ficción que son más decisivas que sus características como personajes de *Rayuela*. El machismo latinoamericano parte de un sistema de valores que se ha erigido sobre el lenguaje; *Cobra* no denuncia el machismo sino demuestra su artificialidad, su base en un travestismo inherente al lenguaje mismo.

Otro tanto ocurre con la forma de hablar de los personajes, tan chocantemente artificial en *Cobra*. El personaje en Sarduy está hecho de los diversos discursos que lo atraviesan para traicionarlo y transformarlo constantemente. La novela tradicional, inclusive la del *boom*, hace lo mismo, pero lo reprime. La exagerada artificialidad es una manera de separar el lenguaje de lo que reprime su origen artificial, de lo que lo encubre. Como ya se manifestaba en *Gestos*, lo fingido agrede las leyes de la mímesis, las saca a la superficie. Y la multiplicidad de discursos a través de un mismo personaje desempeña la misma función –es una forma de extrañamiento, una estrategia mediante la cual el lenguaje revela su alejamiento de la fuente. En este sentido el lenguaje de Sarduy es deliberadamente del exilio, del recobro.

Poco queda en pie (menos los pies de la protagonista) después de *Cobra*. Al terminar *De donde son los cantantes*, Sarduy había desmontado la ideología de «lo cubano» para reemplazarla con una versión más plural y dialéctica. En *Cobra* se han puesto de manifiesto los mecanismos de esa dialéctica, como cuando *Gestos* se «saca» el generador. Según ya sugerimos, esta ascesis, esta reducción del legado recibido, y el exterminio del sujeto metafórico, son la contrapartida de la pasión de *Cobra*, de su mutilación. Después de esta rigurosa deconstrucción pasamos con Sarduy a una recuperación de lo cubano, no a través de la ideología originista, sino apropiadamente por el texto de *Paradiso*. *Maitreya*, la próxima obra de Sarduy, va a surgir de un pasaje de la novela de Lezama. Lo cubano es un texto.

3.

> Los chinos dijeron que venían a Tibet a liberarnos del pasado y modernizar el país.
>
> Dalai Lama

En octubre de 1950, las tropas de la República Popular China invadieron el Tibet. Las peticiones de ayuda del gobierno tibetano fueron desoídas por el resto del mundo, y su pequeño ejército de 8 500 hombres fue rápidamente derrotado. El Dalai Lama, de sólo quince años, fue instalado en el poder, pero los generales chinos gobernaban el país ocupado. Durante nueve años el Dalai Lama intentó llegar a un acuerdo con Pekín para suavizar la ocupación. Pero en marzo de 1959, una revuelta en la región oriental del Tibet se extendió hasta la capital. Fue brutalmente reprimida por los chinos, y el Dalai Lama, con 100 000 adeptos, huyó a la India. La antigua civilización tibetana fue sistemáticamente destruida, mientras el líder exilado y sus partidarios se esforzaban por preservarla en el exterior. Con el propósito de conseguir el regreso del Dalai Lama, el gobierno chino permitió que tres delegaciones de exilados visitaran el país para informar al monarca de las condiciones. Regresaron a la India con pruebas de que en el Tibet había habido un holocausto de proporciones insospechadas. Un millón de tibetanos muertos de hambre o en presidio, y los 6 254 monasterios del país devastados, en ruinas. Los exilados encontraron a la población más anti-china y religiosa que nunca[4].

Cuando el Dalai Lama y sus correligionarios empezaron su éxodo en marzo de 1959, ya algunos cubanos habían cruzado el Estrecho de la Florida, huyendo de la Revolución que acababa de ocupar el poder en enero del mismo año. Con el pasar del tiempo, más de un millón de cubanos, a veces de forma espectacular, como cuando el *boatlift* por el puerto de Mariel, atravesaron por aire o mar el mismo Estrecho. Trajeron consigo a Miami instituciones, cultos, objetos litúrgicos. La «santería» cundió en la Florida, Nueva Jersey y Nueva York, donde se instalaron los refugiados. En medio del extraño ambiente norteamericano, y con lo que había disponible, se comenzó un proceso de recuperación y preservación de lo cubano, no disímil del que habían llevado a cabo los esclavos africanos con sus culturas trasplantadas. Miami, Union City, partes de Nueva York se convirtieron en remedos de La Habana de los cincuenta. En las «botánicas» las yerbas del culto se vendían en atomizadores –en spray. Tropas e instituciones soviéticas ocuparon la isla, de donde al parecer habían huido hasta los orishas del panteón afrocubano. *Maitreya* tiende un puente metafórico entre lo sucedido en el Tibet y lo ocurrido en Cuba. *Maitreya* es la novela del exilio.

---

[4] Tomo la información de Dalai Lama, *My Land and My People* (1962), Frank Moraes, *The Revolt in Tibet* (1960), y Lowell Thomas, Jr., *The Silent War in Tibet* (1959).

Como ya se indicó en el primer capítulo, *Maitreya* abre con «la muerte del maestro» —es decir, de un lama tibetano, sacerdote y dios— en el momento de la invasión china, y la huida de los monjes, que abandonan los monasterios. Como *El siglo de las luces* y *Paradiso*, el texto se va a urdir alrededor de la ausencia de una figura tutelar. En la novela de Carpentier se trata del padre de los jóvenes protagonistas; en la de Lezama, la del Coronel José Eugenio Cemí, padre del joven protagonista del mismo nombre. Estas tres novelas empiezan, o su mundo novelístico gira en torno a un problema de sucesión, de un hiato. José Cemí se inclina, corno Esteban en *El siglo de las luces*, al arte, a la poesía, convirtiendo a Oppiano Licario en figura paterna que sustituye al Coronel. Cemí remonta su origen, sortea la falla, por el lenguaje poético que le transmite Licario. Carlos, Esteban y Sofía, solos en la casona habanera después del entierro del viejo comerciante, pronto tienen otra figura paterna: Víctor Hugues, que los lanza a aventuras vinculadas a los movimientos ideológicos y políticos que llevan a la independencia de Hispanoamérica. La novela empieza tras la muerte del padre y termina después de la revuelta del 2 de mayo en Madrid. Es sobre este «espacio contrapunteado», como diría Lezama (1957: 11), que *Maitreya* se despliega como un tejido conjuntivo, que destaca y cubre a la vez esas ausencias —*Big Bang*s, explosiones que ponen en movimiento la historia. Muerte del padre, revolución, hueco negro, *Maitreya* se engendra a partir de la relación que tiende entre esos momentos de dispersión y su recuperación en el presente ficticio del texto. Al hacerlo, la novela de Sarduy acude a un recurso retórico tan antiguo como la exégesis bíblica: la interpretación figural. Pero, antes de pasar al significado de este recurso, hagamos un recuento crítico de *Maitreya*, para ver en mayor detalle cómo se disponen en ella los elementos mencionados.

La acción de la novela empieza, como ya se ha dicho, en las montañas del Tibet, es decir, en las más altas del mundo. Es evidente, dentro de la geografía simbólica de Sarduy, que el Tibet representa el Monte por excelencia, la morada de los dioses. Un lama muere en un monasterio desde el que ya se oyen los disparos de fusiles chinos. En la hora final, el maestro predice que renacerá «junto a las geometrías de un mandala, que se desmoronan devoradas por dos tipos de hongo, cerca de un arroyuelo […] Me encontrarán en el agua, con los ojos cerrados. Seré el Instructor. Un arcoiris de anchas franjas me rodeará los pies» (Sarduy 1978b: 21). Los demás monjes queman el cadáver, en un rito funerario, y huyen del país, hacia la India. Allí encuentran un niño, a quien cuidan dos chinas, las hermanas Leng, cuya descripción a lo largo de la novela corresponde a las muñecas de Marta Kuhn-Weber. Lo encuentran en una bañadera de plástico, con los ojos cerrados para que no les entre jabón. La bañadera, por su forma y colores, corresponde más o menos a la profecía. El niño es sometido a las pruebas prescritas, las pasa todas, y los monjes lo declaran el nuevo Lama, el Instructor.

Marta Kuhn-Weber, *Madame Edwarda*, 1967. Tomado de *Poupées de Marta Kuhn-Weber* (1973). Paris: Imprimerie du Compagnonnage. Con imágenes de Antonio Gálvez y texto de Severo Sarduy.

Pero las Leng, para hurtar al niño a un pobre destino, en «dios sabe qué apeadero tibetano, [sentado en] un trono con tres cojines recubiertos por bandas de brocado, ante una colección de cuños y documentos oficiales» (Sarduy 1978b: 36), atraviesan la India en tren, y van a parar a Ceilán. Allí, en Colombo, fundan un hotel vegetariano, e instalan al niño como atracción principal, sacerdote de una secta budista *ad hoc*, con adeptos y dispensación de reliquias y consejos. Se junta al grupo una sobrina de las viejas, Iluminada Leng, que se dedica a «tarifar por las aceras lo que el destierro y un mes entre lechugas podridas en los mercados flotantes de Hong Kong le habían enseñado a no prodigar por un quítame esta paja» (44). Pero el niño, ya el joven Instructor, un buen día va al mar, donde se encuentra con un grupo de monjes ascetas que se dedican por entero a la meditación. Sube con ellos a un monte, y allí se pone a meditar: «Sin más aliciente que la contemplación nocturna escrutó el cambiante paisaje, lo redujo a palabras, a sombras puras, a círculos imbricados de distintos azules. Así geometrizado lo utilizó como soporte a una meditación sobre la misión que le habían asignado. Comprendió más tarde, siempre aturdido por las estentóreas sonajas, que meditaba sin soporte alguno. Luego: ni con él, ni sin él» (Sarduy 1978b: 51-52). Abúlico, después de esta experiencia, el Instructor se niega a responder a las preguntas de los clientes. Iluminada y su nuevo consorte, el Dulce, se van al darse cuenta de la quiebra del negocio. El Dulce –«antiguo cocinero mandarinal convertido por las viejas al mensaje», pero también pintor de «paisajes estilizados» (53)– e Iluminada se van a Cuba, en un barco que hace escala en Colombo. Mientras tanto, el Instructor se deja morir, las Leng lo someten a un rito funerario parecido al del maestro en la primera parte, y luego se dividen los adeptos en dos sectas que luchan por sus reliquias. Estas regresan una noche al Tibet, donde «sobre un abismo nevado, cerca de dos monasterios vacíos cuyos techos superpuestos disimulados bajo planchas de zinc denunciaban cuarteles chinos, tomaron forma de un cuerpo que se desune, que se va a dispersar como un puñado de yakis lanzados al aire» (Sarduy 1978b: 81). La descripción de los huesos, particularmente de la calavera, es una repetición literal de la del maestro al principio de la novela. Con esto se cierra la primera parte.

La segunda parte de *Maitreya* está dividida en cuatro secciones, intituladas alternativamente «El Puño» y «El Doble», y subdivididas cada una a su vez en dos. Comienza la acción de esta segunda parte con el nacimiento de las Tremendas, mellizas mestizas, en Sagua la Grande, ciudad del norte de la provincia de Las Villas, en Cuba. Allí ha ido a parar Luis Leng, hijo de Iluminada y el Dulce. Sagua la Grande es conocida, entre muchas otras razones, por su colonia china, dedicada al comercio de víveres, la lavandería y la repostería menor. Recuerda Manuel A. García Iglesias «un pequeño local, de una sola puerta, que estaba situado en la calle de Carmen Ribalta frente al hotel Siglo XX, donde confeccionaban las famosas "calabacitas de chino", alegrías de coco –blancas y prietas– motoristas, matahambres, matagallegos, rositas de maíz con miel, boniatillos, tabletas de ajonjolí, y todo lo que se pueda pensar en esas especialidades» (García Iglesias 1980: 18). Desde 1880 contaban los chinos de Sagua con el Casino Chong Wah, que según García Iglesias, tuvo su albergue social ya para 1925. Luego muchas de las «bodegas» (tiendas de víveres) de chinos, como la de los Chong, se convirtieron en parte integral de la vida del pueblo. Es evidentemente por esta razón que *Maitreya* pasa de Ceilán a Sagua la Grande, pero hay más.

Las jimaguas son «recibidas» por Mantónica Wilson, una de tres conocidas parteras de Sagua (las otras: Tranquilina Duquesne y Dolores Hidalgo), a quien, de las tres, cupo en suerte ayudar a nacer al más ilustre de los hijos de la colonia china sagüera, Wifredo Lam, de quien también fue madrina. Es ese «ahijado de la curandera» que «había pintado los muros de un rojo parduzco, seco, sangre rupestre...» (Sarduy 1978b: 88). Varias descripciones en la novela lo son de cuadros de Lam, el más alto representante de la mezcla de lo chino, lo negro y lo blanco en Cuba, cuya obra es la verdadera clave del «orientalismo» de Sarduy[5].

En Sagua, las *ibeyes*, mellizas dioscúricas como Auxilio y Socorro y como las hermanas Leng, descubren que tienen poderes adivinatorios y curativos. Viven de estas facultades en una casona parecida a la de las Leng en Colombo, hasta que, con la primera menstruación, pierden sus poderes. Se dedican al canto y a la ópera china, una de cuyas representaciones es organizada por Cheng Ching, «viuda exilada y autora de cinco revistas musicales, y vestuario directamente importado de Formosa» (Sarduy 1978b: 92). En esta representación –que sólo por la coreógrafa ya recuerda el exilio de los monjes al abrirse la obra– se anticipa un retorno a las escenas del inicio: «Tomadas de la mano [las Divinas] y tiesas llegaban a una región montañosa y nevada, con torres en las cimas y banderines blancos» (93). En Sagua, las jimaguas son seducidas por Luis Leng, que las engatusa «a las dos por igual con el anecdotario ceilanés de sus padres» (94). De Sagua la escena cambia bruscamente a Miami, a donde han ido a parar, evidentemente después de la Revolución cubana, La Tremenda –una de las jimaguas– y Luis Leng, junto con un pintor sagüero enano (a quien llaman los exilados Pedacito de Cuba). Luego llega la Divina, lanzada al parecer desde un helicóptero. Son «adeptas [...] del pequeño atorrante indonesio descubierto en una palangana, que a su paso había diseminado la técnica de la iluminación por el asombro» (Sarduy 1978b: 109). Este culto se lo deben a Luis Leng, que ya desde Sagua tenía un altarito con las dos viejas Leng y el niño. Pero en Miami, las Tremendas también se hacen adeptas al *fist fucking*, es decir, a introducirse en el ano el puño. Pertenecen a la

---

[5] Aparte de la coincidencia étnica entre Sarduy y Lam –hispano-afro-china: cubana– y la convivencia en París, ambos tienen una aproximación litúrgica al arte, y en ambos hay un erotismo agudo en la base de toda creación. Sobre Lam, véase Ortiz 1950a. Agradezco a Enrique Pupo-Walker el obsequio de esta obra, de tan difícil acceso.

«secta naciente del templete a mano: "f.f.a." Fist Fucking of America» (Sarduy 1978b: 110). Se mudan a Nueva York, donde Luis Leng abre un restaurante, Jardín de los Song, que es una parodia del cuento de Borges «El jardín de senderos que se bifurcan». Claro, *song*, son, canción en inglés; jardín de donde son(g) los cantantes.

En Nueva York, las Tremendas se dedican por entero a la nueva secta, que se hace cada vez más rígida en sus preceptos y prácticas, adoptando el vocabulario del marxismo-leninismo en lo tocante a la ortodoxia y militancia. Cuando encuentran a Leng en su tugurio, La Tremenda «desinfla para siempre a la Divina» por celos. Aquí se nos da una biografía completa del chino, donde se revela que es un personaje de *Paradiso*, la novela de Lezama. En efecto, el énfasis es mío, es una paráfrasis del texto lezamiano, mientras que lo que sigue es lo añadido a la biografía de Leng:

> (*Al conocimiento de la cocina milenaria y refinada, unía Luis Leng el señorío de la confiture, donde se había refugiado su pereza en la Embajada de Cuba en París. Había servido, más tarde, mucho pastel y pechuga de pavipollo en North Carolina. De regreso a Cuba, formó al mulato Juan Izquierdo, que añadió a la tradición la arrogancia de la cocina española y la voluptuosidad y las sorpresas de la cubana, que parece española pero se rebela en 1868.* Al triunfo de la revolución, y más por falta de materiales para tratar el carnero estofado de cinco maneras que por convicción o desaliento, habían emigrado, el chino y su alumno, a las fondas criollas de la octava avenida [en Miami], pero, repugnados por el abuso demagógico de la salsa de soja, y por los almíbares y pastas refistoleras con que la cocina cubana trataba de mantener su exhuberancia en el exilio, habían vuelto a París, donde la destreza de ambos para el adobo de los camarones había encontrado merecidas reverencias.) (Sarduy 1978b: 114)

Resulta evidente, pues, que *Maitreya* es una especie de ampliación de un fragmento del texto de Lezama, a lo cual tendremos que regresar. Lo que nos interesa aquí es que Leng, radicado en Nueva York, funda El Jardín de los Song, donde sostiene relaciones con La Tremenda, que ahora canta óperas en una boite boricua del *downtown*.

Reaparecen las hermanas Leng como dos brujas llamadas Las Tétricas, y tratan con aparatos electrónicos de echarle a perder la voz a la Tremenda. Pero ésta va al estudio de un escultor hiperrealista –John de Andrea– que le hace un doble perfecto que atraiga los rayos de las armas empleadas por las Tétricas.

Drogada, la Tremenda patina por una calle neoyorquina de noche, hasta llegar a una fuente en Washington Square. Del agua surge un personaje –un chofer iraní– del que se enamora. Con él aparece, junto con los demás personajes, inclusive el enano pintor sagüero, en el Oriente Medio. En Irán, durante el *boom* petrolero, fundan un emporio de masajes, *fist fucking* y otras prácticas sadomasoquistas para emires enriquecidos. El enano, sin embargo, se propasa con un cheik que lo acusa de abusar de «la tolerancia califal para librarte a un manejo de trastienda y violar los anales del imperio» (Sarduy 1978b: 161). Son apresados y conducidos a través del desierto.

Se instalan en un viejo Hotel de France, probablemente en Argelia, donde luego de tomar un brebaje la Tremenda y el enano ven las letras del nombre del profeta chisporrotear. El enano prepara la escena, en la que el chofer iraní penetra a la obesa –por donde dictan las rectas reglas de la secta–, que al poco tiempo pare un engendro con membranas entre los dedos. Al final, entierran al engendro y al enano juntos, y la Tremenda, que ha desaparecido, reaparece en Afganistán, donde es objeto de un culto local. Pero ella huye al sur, para ilustrar «la impermanencia y vacuidad de todo» (Sarduy 1978b: 187).

Maitreya es la obra de Sarduy donde mayor tensión existe entre la proliferación de detalles nimios a todo nivel y los bloques más grandes que la configuran. De ahí que el recuento anterior sea una reducción, aunque necesaria, brutal de la novela. A diferencia de *Cobra*, donde el proceso de ascesis va limitando la prosa a una serie de rígidas fórmulas, *Maitreya* despliega todo un registro de recursos retóricos y fónicos que persiguen una belleza literaria bastante convencional, con la diferencia de que éstos son tantos que abruman y hacen perder el sentido global de cada unidad y de la obra en general. Esta crisis del sentido y su relación con las partes que componen la obra, aun a la más ínfima escala, es claramente uno de los temas principales de la misma, y está vinculada a su vertiente oriental, así como su relación con la obra de Lezama y la tradición literaria cubana. La crisis surge del hecho de que, a pesar de la riqueza de detalles, las unidades mayores muestran su contorno, invitándonos a interpretaciones generales de la obra que sometan todos los detalles dispersos a una focalización de sentido —si bien, como hemos indicado, resulta evidente que violentamos el texto al hacerlo. De todos modos, para poder analizar esta tensión, tenemos que observar esos contornos que asoman sus bordes tras la proliferación de detalles. Como en *De donde son los cantantes* y *Cobra*, las configuraciones más visibles y sugestivas son geográficas.

Por sensibles que seamos a los pormenores estilísticos y alusivos de *Maitreya*, no podemos dejar de observar que en ella se conjugan, de manera sistemática, momentos históricos y lugares geográficos llenos de significación. Si observamos los dos mapas contiguos de la página anterior, no resulta difícil comprobar que la primera y segunda partes de *Maitreya* son, en lo que respecta al desplazamiento de los personajes, reflejos especulares una de otra. Es más, según se indica en los mapas, podemos percibir el siguiente juego de alternancias entre islas y continentes: los personajes salen de un continente (Asia) y van a una isla (Ceilán), mientras que en la segunda parte salen de una isla (Cuba) para pasar a un continente (América del Norte), de donde van a una isla (Manhattan), y de ahí de nuevo a un continente (África/Asia). Si nos fijamos ahora en el mapa de la página siguiente notaremos que, además de las repeticiones ya vistas, hay una especie de circularidad en el periplo de los personajes, circularidad que no se

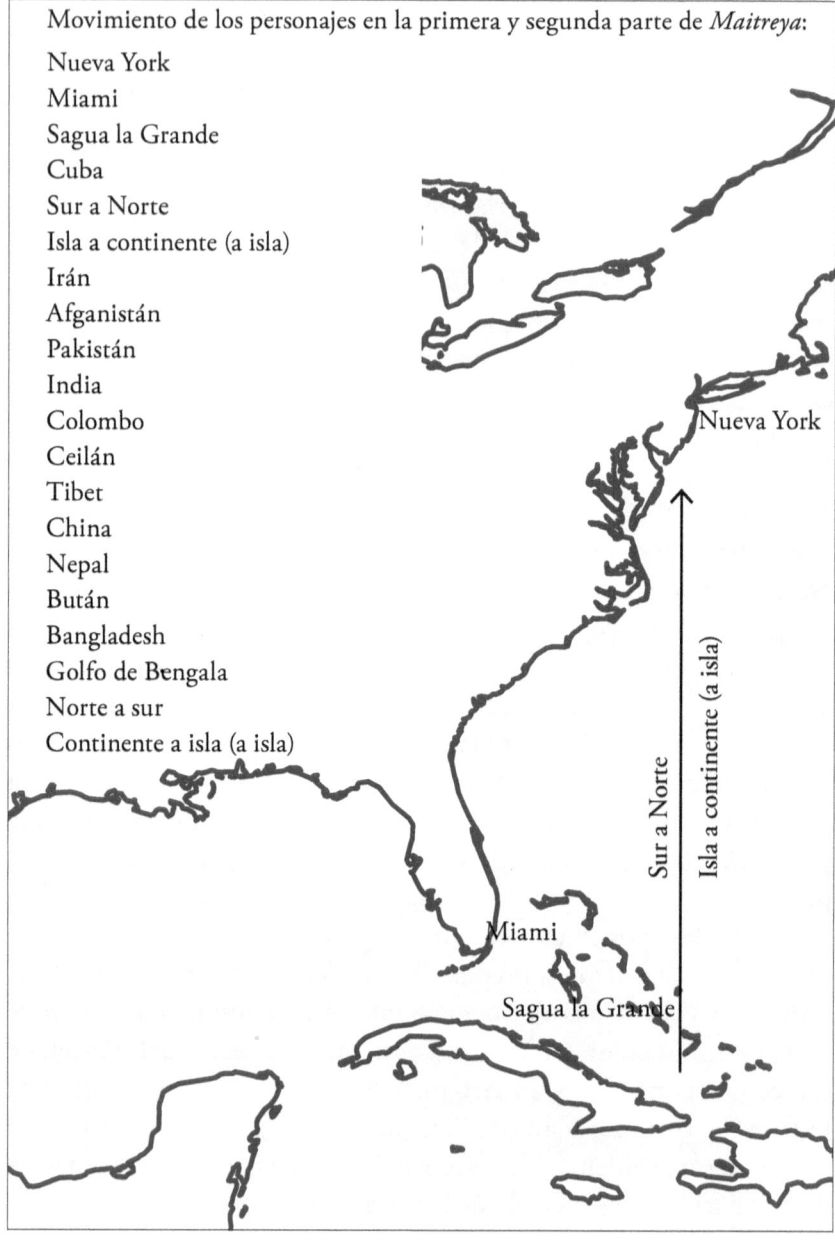

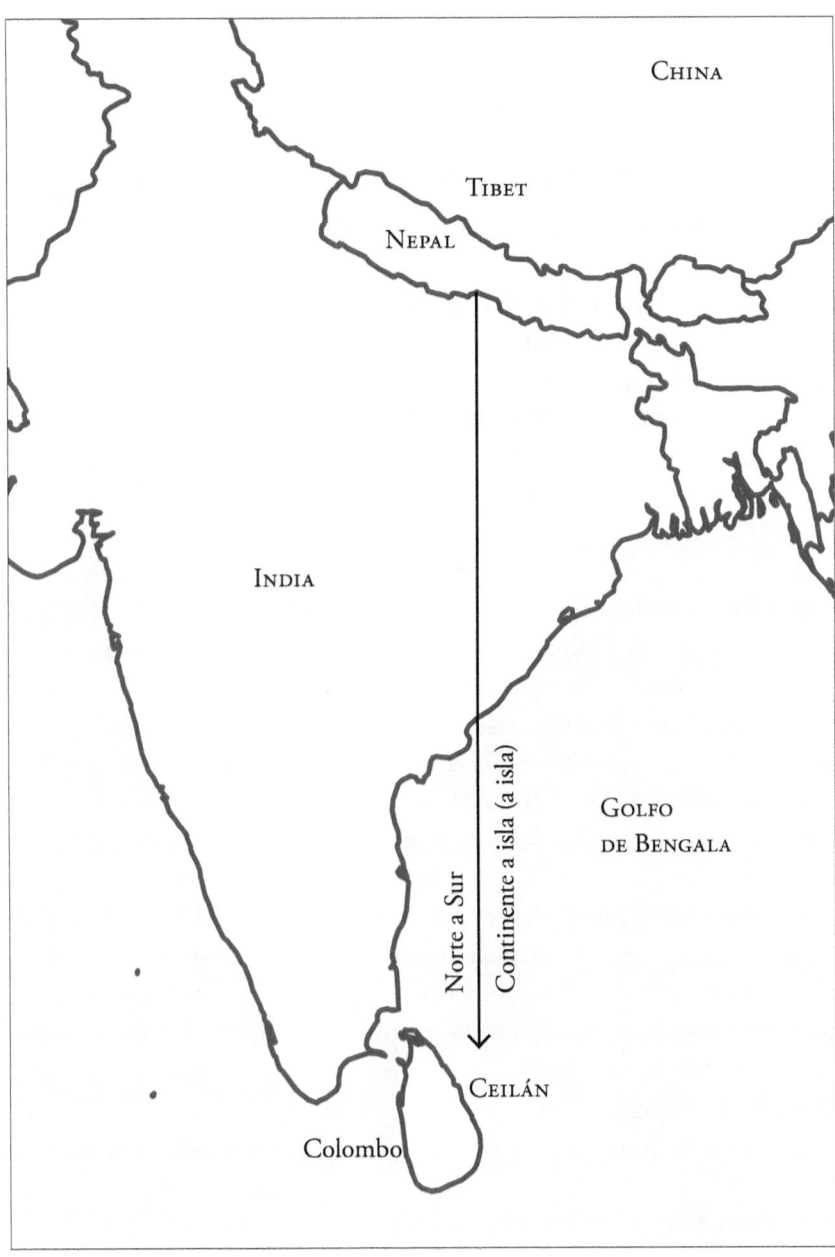

cierra al final, ya que éstos no regresan al Tibet. Si traducimos el viaje a la geografía simbólica que ya hemos podido discernir en Sarduy, la novela empieza en el monte, que en este caso es la cordillera más alta del mundo, y termina en el llano, que aquí es o el desierto, o las estepas nevadas de Afganistán. Hay aquí una circularidad implícita, ya que vamos del blanco al blanco, del vacío al vacío, del principio/final al principio/final, de la muerte a la muerte, que es tal vez la clave de este barajar geográfico —el viaje es superfluo, no conduce a un lugar diferente, sino que nos regresa al punto de partida, o quizás nunca salimos del punto de partida. Las repeticiones en que se basa el cotejo de lugares geográficos crea esta impresión de inmovilidad, contra el desplazamiento vertiginoso de los personajes por el mapa. Ceilán y Cuba se parangonan no sólo por ser islas cercanas a continentes, sino también por una serie de coincidencias como la existencia de palmas y la importancia de la industria azucarera. Es más, toda la India —por las mismas coincidencias— es en Sarduy una representación de Cuba, y el Oriente en general, como ya se ha dicho en varias ocasiones, la realidad del error de Colón, que quiso ver en Cuba Cipango. Por lo que si seguimos con este mareo de conceptos e imágenes, los personajes, al pasar de Ceilán a Cuba, pasan del Asia real pero quimérica de Colón, al Asia equivocada, pero descrita como tal, que es América. No desentona el que la capital de Ceilán se llame Colombo, ni que el pueblo cubano al que van los personajes —Sagua la Grande— tenga una gran colonia china, y sea la cuna de Wifredo Lam, el gran pintor cubano afro-chino. Si, como habíamos visto, el Oriente es en Sarduy el origen falso, mortal, su presencia a lo largo de *Maitreya* es constante, desde el Oriente «verdadero» hasta el Oriente de las fondas chino-cubanas de Sagua la Grande y Manhattan, como la «Asia de Cuba».

Este vasto montaje geográfico tiene su contrapartida histórica en la serie de revoluciones cuyos ecos afectan a los personajes, impulsándolos en sus movimientos por el mapa. La novela empieza con la

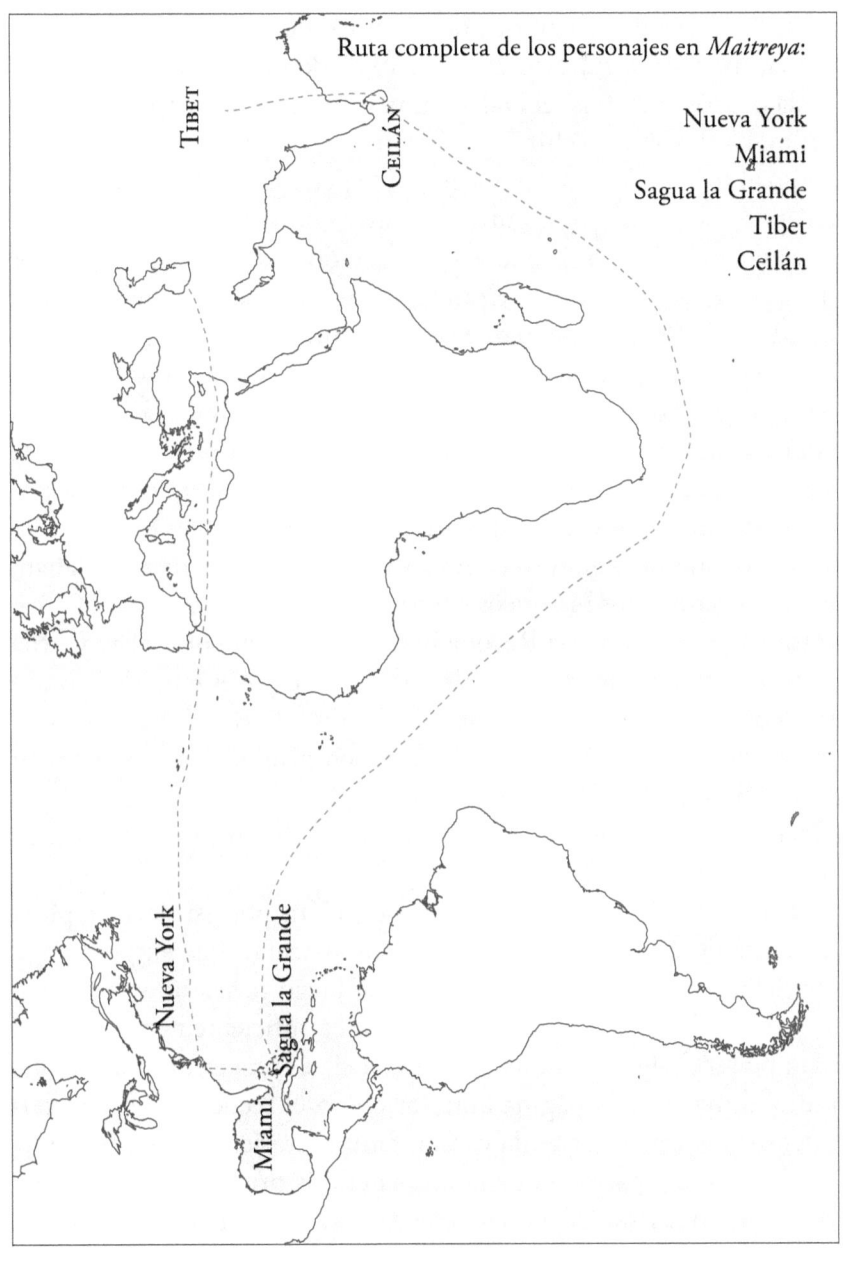

invasión china del Tibet, que ocurre poco después de la Revolución china, en 1950, según se indicó. En 1959, después de la revuelta contra la ocupación china, el Dalai Lama y miles de sus adeptos se van al exilio. La Revolución china, por lo tanto, sólo aparece por sus efectos, como el sonido de una detonación, que percibimos después de ver el chispazo del estallido. Lo mismo ocurre con la Revolución cubana, que es la próxima por la que se ven afectados los personajes. Después de las escenas en Sagua la Grande, pasamos bruscamente a Miami, donde de la Revolución lo que vemos es un gran mural pintado por el enano, que contiene en una esquina la imagen de unos barbudos en la jungla. Por último, en 1970 pasamos a Irán, donde la revolución contra el Sha echa a perder el negocio de masajes y otras prácticas de los personajes. Los personajes siempre existen, pues, en los bordes de la explosión histórica, en su *après coup* o contragolpe. En el exilio. Tenemos entonces que, así como los paisajes se repetían y barajaban, los acontecimientos históricos hacen otro tanto. China, Tibet, Cuba, Irán: empezamos por la Revolución china, que es comunista y exila a los dioses; pasamos a la revuelta en el Tibet que es religiosa, contra la ideología de origen occidental; pasamos a la Revolución cubana, que termina entronizando el marxismo leninismo, y terminamos con Irán, donde se hace una revolución religiosa contra la injerencia de Occidente. Hay, por lo tanto, al nivel histórico la misma circularidad que vimos en el geográfico.

Estas unidades mayores de significación, por así decir, repiten un mensaje único: la reiteración, la circularidad que surge de una aparición repetida de la diferencia, que luego revela no serlo. Todo se parece al final, todo se repite, nada es suficientemente distinto para poder designarse único. La diferencia es una estrategia. Lo que tanto el mapa de la página anterior como el recuento de acontecimientos históricos recuerda es una figura retórica que se me antoja más propia del barroco que la propia elipsis propuesta por Sarduy: el retruécano. Esta figura, cuyo centro es, por cierto, generalmente una elipsis, enfrenta dos imágenes especulares cuya única diferencia es la inversión. El propio mapa de la página 180 parece una proporción, que en términos matemáticos vendría a ser el equivalente del retruécano: la India es a Ceilán, como Cuba es a los Estados Unidos. Recordemos la definición de la figura, acudiendo al *Diccionario de la Academia*: «Inversión de los términos de una proposición o cláusula en otra subsiguiente para que el sentido de esta última forme contraste o antítesis con el de la anterior». Este proceso de inversión hace que la «esencia» de cada miembro dependa por completo de su posición —que ésta sea, por lo tanto, efímera y aparencial, un simulacro. El funcionamiento del retruécano, figura helicoidal, es lo que articula las formas mayores y las menores, lo que da unidad formal al texto de *Maitreya*. Es también la figura que mejor expresa el trasfondo budista de la obra, particularmente la idea central de éste sobre el carácter fenoménico de la realidad. La interpretación figural dará el sentido, el retruécano la forma.

En *Maitreya* el budismo desempeña un papel análogo al de las religiones afrocubanas en *De donde son los cantantes*[6]. Es un modelo histórico de textualidad contra o sobre el cual se urde el texto de la novela. El budismo es pertinente en *Maitreya* desde el mismo título: *Maitreya* es el buda futuro, que aparecerá al cumplirse las profecías, en un momento de plenitud paradisíaca. En términos occidentales *Maitreya* es una profecía milenarista, de ahí el carácter figural de la novela. Como tema o escenario histórico, el budismo representa en

---

[6] Mis magros conocimientos del budismo provienen de un libro citado por el propio Sarduy, las *Buddhist Scriptures*, escogidas y traducidas al inglés por Edward Conze. Es decir, mis conocimientos son como los de los personajes de Sarduy; del momento y atrapados al vuelo en la diáspora. Uno de los temas de Sarduy es que —contra lo que sugiere Paz— nuestro conocimiento de lo oriental es siempre de profanos.

esta obra la ruina de las religiones tradicionales ante el avance de la modernidad y la recuperación de lo sagrado desde el exilio, tema que como ya se ha indicado se repite en la obra de Sarduy. En *De donde son los cantantes* Dolores sufre un destino afrocubano al causar la irritación de los orishas, y Auxilio y Socorro están unidas por el mito de los «jimaguas» o «ibeyes» yorubas. El libro mismo, en su división cuatripartita, es como el cosmograma bakongo estudiado, y el color blanco —simbólico de la muerte— es de gran significación en la novela. El budismo también da la clave para la interpretación del argumento de *Maitreya* y la factura de los personajes. El budismo sostiene que la persona es una serie de estados mentales que no están necesariamente unidos por un ser continuo subyacente; hay varias transmigraciones o resurrecciones. El estado de nirvana se alcanza mediante la aniquilación del deseo, de la sed, que pone fin a las transformaciones. Los personajes evolucionan en *Maitreya* por una serie de cambios de este tipo, no según el convencionalismo del desarrollo de la novela tradicional, como se pudo observar en el resumen del argumento. El tema de la muerte del autor, de su eliminación, se resuelve aquí también en relación a esta doctrina budista, que está vinculada a la idea central de la impermanencia de todo. En *Cobra*, según se vio, la muerte del autor está implícita en el lacerante sacrificio ritual a que se somete al protagonista. En *Maitreya* se ha eliminado la violencia del corte. El impulso inicial —la voz del maestro— es un sonido inarticulado (*om*, en el cántico ritual), el viento que atraviesa su calavera, que asume la forma de una concha marina. Espiral del comienzo, en cuya estela se van diseminando y expandiendo las sílabas, los fragmentos, igual que los huesos del maestro lanzados al aire; tiro de dados, como el de Mallarmé (los dados se hacían de hueso), que no va a abolir el azar sino que va a acatar su autoridad contingente, *ad hoc*. Ese tiro de dados/huesos, por cierto, está en el inicio de *Maitreya* en otro sentido; repite una escena crucial de *Paradiso*, la de la tirada de los yaquis, a la que se alude en la cita ya vista del retorno de las reliquias, y que según Lezama fue el origen de *Paradiso* en su mente. Aquí establece *Maitreya* un paralelismo entre la doctrina budista y la teoría cosmológica del *Big Bang*. Las partículas están en expansión, como las sílabas del lenguaje según el tantrismo —esta expansión determina la gordura de los personajes de la segunda parte, las Tremendas, cuyo modelo pictórico, por supuesto, es la obra de Botero. El texto de *Maitreya* es, a su vez, una expansión o ampliación de un fragmento del de Lezama. La biografía de Luis Leng dilata el fragmento de *Paradiso* antes citado. Este efecto de expansión repercute en escenas donde evidentemente el personaje ha tomado una droga, o también cuando una escena relativamente amplia se refleja en una superficie pequeña, como cuando toda la habitación se dibuja en una gota de semen sobre el glande de Leng[7].

La posible interpretación de *Maitreya*, aun como alegoría del budismo, choca contra dos preceptos doctrinales del mismo: el primero es que Buda se negó a dar respuesta a las preguntas que la tradición occidental considera fundamentales (unidad del ser, límites del universo, realidad de la existencia); el segundo, más cerca del tantrismo, afirma la relativa autonomía del fragmento, dudando de la posibilidad de integrarlo a un todo coherente y armónico. De este modo, el todo sería como una enorme galaxia de la que sólo podemos ver parte, con la cual tenemos que contentarnos, sin aspirar a abarcarla toda. Sarduy ha dado este método como manera de leer *Paradis*, la obra de Philippe Sollers; un regodeo en las sílabas y sus combinaciones que rehúsa pasar a segmentos sintácticos mayores, divididos, cortados por reglas de puntuación que remedan la respiración humana, y que así pretenden naturalizar la escritura: «*Paradis* remite por lo tanto a modelos paleográficos planos, sin ficción de

---

[7] Sobre el tantrismo me he informado en *Conjunciones y disyunciones*, y sobre todo en *The Tantric Way: Art, Science, Ritual*, de Ajit Mookerjee y Madhu Khanna (1977). El paralelismo entre el tantrismo y la ciencia contemporánea en Sarduy proviene de este libro, citado en el trabajo de Sarduy (1978d) sobre Sollers.

profundidad, figuración sin fondo de iluminaciones, grafía continua, filigranas y arabescos, oro ensartado que suscita una lectura sin cortes entre las palabras, escanciada, no por los conceptos que éstas simulan, sino únicamente por las leyes de su propio ritmo» (Sarduy 1978d). Sarduy pide, para este tipo de texto, una lectura en *close-up*, como si nos acercáramos demasiado a una pizarra para perder de vista el todo, y con la nariz casi sobre el encerado, leyéramos las palabras dentro del campo visual limitado que nos quedara. La negativa a responder a preguntas trascendentales, y la insistencia en la autonomía del fragmento, o de los núcleos formados por varias partículas, parecen obviar la posibilidad de interpretar la obra, de sacar de ella un tema o mensaje al que se sometan todos sus componentes. De ser así, tendríamos que leer *Maitreya* como la expansión de un pasaje de *Paradiso*, texto sagrado que representaría aquí la tradición recibida, el canon. *Maitreya* es otra versión de *Paradiso*, ya que según vimos, en la doctrina budista Maitreya, el tiempo de Maitreya, es una figuración del paraíso: *Paradiso/Maitreya*. Antes que alegoría del budismo, *Maitreya* parecería ser una práctica textual del mismo, aplicada a la tradición literaria. Pero aun esto se complica, porque a diferencia de *Paradiso*, *Maitreya* sí está dividida en períodos sintácticos por una puntuación convencional, y los fragmentos mayores sí parecen apuntar a significados rescatables, como la reiteración de paisajes y acontecimientos estudiada revela, aun si estos significados son negativos.

    Pero incidamos en esta lectura de *Maitreya* como continuación de *Paradiso*, o mejor, como expansión de un pasaje del texto de Lezama. La escena a que nos referimos más arriba es aquella en que Rialta, madre de José, se pone a jugar a los yaquis con sus hijos pequeños, poco después de la muerte de su marido, el Coronel José Eugenio Cemí. Hay insinuado un complejo juego numerológico en este deslumbrante texto, ya que a medida que Rialta lanza la pelota, va recogiendo un número creciente de yaquis, hasta que, con el doce, tiene la visión, como si un álgebra superior determinara la forma que ésta toma:

> Las losas eran para los cuatro jugadores de yaquis un cristal oscilante, que se rompía silenciosamente, se unía sin perder su temblor, daba paso a fragmentos de telas militares, precisaba ríspidos tachonazos, botones recién lustrados. Desaparecían esos fragmentos, pero instantáneamente reaparecían, unidos a nuevos y mayores pedazos, los botones iban adquiriendo sus series. El cuello de la guerrera se iba almidonando con más precisión y fijeza, esperaba el rostro que lo completaría. Rialta, tranquilamente alucinada, iba aumentando en la progresión de los yaquis, se iba acercando al número doce, como quien adormecida sube una escalera, llevando un vaso de agua con tal seguridad que sus aguas permanecen inmóviles. El contorno del círculo se iba endureciendo, hasta parecer de un metal que se tornaba incandescente. De pronto, en una fulguración, como si una nube se rompiese para dar paso a una nueva visión, apareció en las losas apresadas por el círculo la guerrera completa del Coronel, de un amarillo como oscurecido, aunque iba ascendiendo en su nitidez, los botones aun los de los cuatro bolsillos, más brillantes que su cobrizo habitual. Y sobre el cuello endurecido, el rostro del ausente, tal vez sonriéndose dentro de su lejanía, como si se alegrase, en un indescifrable contento que no podía ser compartido, ver a su esposa y a sus hijos dentro de aquel círculo que los unía en un espacio y en un tiempo coincidentes para su mirada. Penetrando en esa visión, como dejada caer por la fulguración previa, los cuatro que estaban dentro del círculo iluminado tuvieron la sensación de que penetraban en un túnel; en realidad, era una sensación entrecortada, pues se abría dentro de un instante, pero donde los fragmentos y la totalidad coincidían en ese pestañeo de la visión cortada por una espada. (Lezama 1968: 216)

La cifrada visión de Rialta configura la imagen del Coronel, sobre el espacio cuadriculado del piso, como si las partículas dispersas de la imagen paterna se ensamblaran impelidas por la geometría mágica del juego. Es notable que la figura del Coronel se rehaga de abajo hacia arriba, quedando por un momento como decapitada. Al reescribir esta escena en *Maitreya*, Sarduy también separa la cabeza del cuerpo del maestro, según ya indicamos. Sarduy repite además el movimiento de ascensión de los yaquis, que en el aire dispersan el cuerpo paterno. La bóveda craneana es templo y morada del logos; la cabeza signo de identidad, depósito de conocimiento y vehículo de la voz. La convergencia y dispersión de los yaquis en Lezama y los huesos en Sarduy señalan la ruptura y continuidad de la tradición recibida. Los yaquis-huesos son como las sílabas de un texto mayor que restauramos a la vez que diseminamos –*corpus* al que restituimos la cabeza perdida, al que regresamos su semblante. La visión de Rialta, momentánea conjunción de guarismos, sugiere que persiste un logos ordenador tras la muerte del Coronel, que el texto no está decapitado.

En Sarduy, la cabeza, volátil y en expansión, disemina todos estos significados, los amplía como una foto que agrandamos tanto que los puntos negros rebasan los contornos de las formas. El parentesco del texto de Sarduy con el de *Paradiso* es evidente; un anticipo de la novela publicado en *Vuelta* 16 (véase Sarduy 1978e) que contiene este fragmento está dedicado a Lezama. Después de incinerar el cuerpo del maestro, los discípulos ponen los huesos sobre un tapiz de lana blanca, «sin perturbar su orden», y luego de agitarlo como si tamizaran, los lanzan al aire.

> Los restos subieron primero a igual nivel, girando rápidamente sobre sí mismos, homóplato-bumerang blanco, hasta la altura de un granero, o de un chörten de piedras apiladas; quedaron un instante sus pendidos sobre el vacío, fijos, como una banda de pájaros boreales ante un peligro; luego iniciaron a distintas alturas, según su peso, un descenso lento. La cabeza, como un planeta desorbitado que al caer volviera al estado de lava, de cal o de nácar, en un despliegue helicoidal y luminoso, quedó convertida en una concha marina, tornasolada y gigante. La cabeza, como un planeta arrancado a su ley que al caer volviera al estado de lava, de cal o de nácar, en un despliegue helicoidal

y luminoso, quedó convertida en una concha marina que soplada por el aire, emitía un sonido invariable y sordo, vibración carbonizada de un estampido remoto. Un sonido que fue tornando hacia lo grave, hasta que, seguido por una lluvia de cartílagos, granizos roncos, se apagó en el círculo de un OM. (Sarduy 1978e: 23)

Si la escena de los yaquis, según declaró Lezama, fue la que puso en movimiento la composición de *Paradiso*, Sarduy regresa a ese momento original al comenzar su novela, sometiendo la tradición, la voz del maestro, a un ritual de dispersión y recuperación. Es de notar que la cabeza volante traza una figura helicoidal en el espacio, especie de retruécano visual, que convierte la cabeza elidida del Coronel en concha marina por la que mana un sonido sin hiatos. Podemos imaginar un Magritte en que el busto, con guerrera, del Coronel tuviera encima no una jaula, sino una enorme concha marina, y cuya boca fuese la cavidad rosada, pero hacia el fondo oscura, enmarcada por la espesa valva. El fragmento sobre Leng convertido en *Maitreya* es la práctica expansiva que la teoría implícita en este pasaje esboza. El texto es la ampliación del fragmento de otro mayor, a la vez que una inversión. La expansión es de *un* fragmento de ese texto mayor, lo cual parece establecer una relación de dependencia, muy familiar en la tradición postromántica. Este *statu pupilari* parecería condenar el nuevo texto a la ironía, tropo mayor de esa tradición. Pero precisamente la fragmentación del maestro —de su cuerpo, yaquis, huesos— le resta un significado global, lo condena, en vez, al espejeo del retruécano, o de la figura helicoidal. Porque el fragmento, al ampliarse y convertirse en el nuevo texto, es superior a la partícula de donde surge. Desde un aspa de la hélice, *Paradiso* es *Maitreya*; desde la otra, *Maitreya* es *Paradiso*. El viento impersonal que atraviesa la calavera/concha es el mismo que mueve los molinos de plegarias en las cimas nevadas del Tibet. Estos molinos son la metáfora más común del propio texto en la obra de Sarduy: signos en rotación. Yaquis, huesos, sílabas, todo está en expansión, todo es atravesado por un viento cósmico que logra abolir al sujeto metafórico, que lo difumina sin sacrificarlo. Así cualquier fragmento de *Paradiso* puede convertirse en una *Maitreya*. El budismo es lo que inspira a Sarduy a este desmantelamiento del tropo mayor del postromanticismo, la ironía[8].

La eliminación de la ironía equivale a la abolición de la perspectiva en pintura, a quitarle al cuadro ese punto de fuga donde se encuentran la intención del pintor y del espectador, que repite la posición de uno en el otro. La ironía surge cuando hay un desajuste entre ambos focos, sugiriéndose que la intención del autor sobrepasa o se queda corta en su actividad significativa. La ironía supone un saber trascendental que informa las figuras. De ahí precisamente que en *Maitreya* se parodie a Borges –ese maestro de la ironía a través de su cuento «El jardín de senderos que se bifurcan». El tugurio de Leng en Nueva York, El Jardín de Song, ofrece una perspectiva que junta los senderos en el último cuarto donde cocina Leng sus recetas chino-cubanas: «El enano y las otras gasolinas, viendo a su máximo líder perderse en los senderos, que se reúnen en el último cuarto, del Jardín...» (Sarduy 1978b: 115). El texto de Sarduy pretende alcanzar una superficialidad absoluta, que niegue el saber trascendental que la teología negativa de Borges siempre supone. El texto elimina, de esta manera, la intertextualidad, ya que para que ésta exista tiene que haber una jerarquización temporal, o de otra índole, que diferencie los textos que se juntan. Ni ironía ni parodia

---

[8] En un lúcido ensayo, Gustavo Pellón demuestra cómo Sarduy, tanto en *Cobra* como en *Maitreya*, se vale de un recurso llamado por el crítico «indecisión paradigmática» para manifestar un proceso de ironía interminable, una indecisión permanente ante las opciones que el lenguaje ofrece. Pellón ve con claridad que este nirvana postestructuralista –el término es de Kristeva, a quien critica con razón– es posible sólo temáticamente, ya que en el despliegue, en la actuación o *performance* del discurso, sí se hacen decisiones. Para desvirtuar el idealismo kristeviano, Sarduy presenta una versión desacralizada de las religiones orientales, como se ha venido exponiendo aquí. Véase Pellón 1983.

—sin anterioridad o diferencia son imposibles—, *Maitreya* aspira a alcanzar un nirvana textual, que corresponde a su título. No hay carencia, no hay deseo. Por eso la ausencia de sacrificios y de violencia en esta novela, en contraste con *Cobra*. Sin embargo, como hemos visto, hay argumento en la novela, un antes y un después que se articula en base a las profecías del maestro al morir y sus sucesivas reencarnaciones, hasta el nacimiento del monstruo al final de la obra. Es aquí donde entra en juego la llamada interpretación figural.

Como en las anteriores novelas de Sarduy, la genealogía no vertebra la obra, no marca el tiempo. Los personajes aparecen o desaparecen siguiendo otras reglas de reproducción: el Instructor tiene dos nacimientos, el mítico que le atribuyen los monjes, y el desconocido por las Leng, que lo han recogido de un hospicio. No hay vínculo de sangre. Luis Leng sí nace de Iluminada y el Dulce, pero su apellido señala una genealogía matrilineal, cuyo origen desconocemos, ya que Iluminada es una sobrina de las viejas de antecedentes inciertos. Las Tremendas nacen unidas como pareja dioscúrica, pero no sabemos de quién. El chofer iranio que funge de padre del engendro que pare la Tremenda por vía estrecha se le aparece a ésta en una fuente del Washington Square. No sabemos su procedencia. En el texto surge del agua como una figura mítica, pero sabemos que su aparición se narra desde la perspectiva de la Tremenda, y que ésta anda drogada. Como hemos visto, estas transformaciones podrían ser transmigraciones, según la doctrina budista; tal vez todas estas metamorfosis de los personajes sean reencarnaciones del Maestro, y hasta podría suponerse que toda la obra es su sueño después de la muerte. En todo caso, existe una relación entre los diversos incidentes de la novela que milita contra el aparente desorden de los fragmentos, aunque ésta no se valga ni de la metáfora de la genealogía, ni de la metáfora de la causalidad narrativa. Esa relación es, apropiadamente, figural.

Parafraseando a Auerbach, cuyo ensayo «Figura» es la exposición más completa del proceso, la profecía figural implica la interpretación de un acontecimiento terrenal a través de otro[9]. El primero significa el segundo; el segundo cumple y completa el primero. Ambos continúan siendo acontecimientos históricos; sin embargo, ambos vistos así tienen algo de provisional e incompleto. Apuntan el uno al otro, y ambos anuncian algo futuro, algo que todavía no ha llegado, que será el suceso real, presente, definitivo. Esto no ocurre así únicamente en las prefiguraciones del Antiguo Testamento, que señalan la encarnación y la proclamación del evangelio, sino que éstos son en sí también figuras, la promesa del final de los tiempos y del verdadero reino de Dios. Por lo tanto la historia, con todo su poder concreto, permanece siempre como figura, oculta y necesitada de interpretación. A esta luz, la historia de ninguna época tiene jamás la autosuficiencia práctica que, desde el punto de vista tanto del hombre primitivo como de la ciencia moderna, reside en el hecho cumplido, fáctico. Toda la historia, en vez, queda abierta y sujeta a interpretación, apunta a algo que todavía no se revela del todo, y por lo tanto lo provisorio del suceso en la interpretación figural es fundamentalmente distinto de la falta de definición de los acontecimientos en la visión moderna del desarrollo histórico. En el concepto moderno de la historia, el acontecimiento provisional es tratado como un paso en un proceso horizontal ininterrumpido; en el sistema figural la interpretación se busca siempre desde arriba. Los acontecimientos no son considerados por su relación ininterrumpida de unos con otros, sino desgajados, cada uno individualmente, cada uno relacionado a otro que ha sido prometido pero que no está aún presente. Mientras que en la visión moderna el acontecimiento es siempre autosuficiente y constatable, al paso que su interpretación es incompleta, en la interpretación figural el hecho queda subor-

---

[9] El ensayo de Auerbach apareció originalmente en *Neue Dantestudien*, pero traduzco y parafraseo de la versión en *Scenes from the Drama of European Literature: Six essays* (1973). La University of Minnesota Press sacó una nueva edición de este hermoso libro en 1984, con prólogo de mi buen amigo Paolo Valesio.

dinado a una interpretación que está totalmente asegurada desde el principio. El acontecimiento surge según un modelo ideal que es esencialmente un prototipo situado en el futuro, y hasta ahora solamente prometido. Este modelo situado en el futuro e imitado en las figuras recuerda nociones platónicas, pero las figuras nos llevan aún más lejos, porque cada modelo futuro, aunque incompleto como historia, está ya cumplido en Dios, y ha existido por toda la eternidad en su providencia. Las figuras que los encubrieron, y la encarnación en que reveló su significado, son por lo tanto profecías de algo que siempre ha sido, pero que seguirá oculto a la humanidad hasta el día que pueda contemplar al Salvador *revelata facie*, tanto con los sentidos como con el espíritu. Por lo tanto las figuras no son sólo provisorias, sino además la forma provisoria de algo eterno e intemporal. Anticipan no sólo al futuro concreto, sino también algo que siempre ha sido y siempre será, o algo que tiene que ser interpretado, que en efecto será cumplido en un futuro real, que siempre está presente, cumplido en la providencia de Dios, para quien no existen distinciones de tiempo. Esta cosa eterna está ya figurada en las figuras, siendo por lo tanto la realidad fragmentaria y provisoria, y la realidad encubierta y eterna.

La trabazón de acontecimientos en *Maitreya* obedece a un plan figural, cuyo cumplimiento es el engendro que pare la Tremenda al final de la obra. Cada acontecimiento existe en función de otro que anuncia, y ambos son en virtud de un cumplimiento al final. Ya hemos visto la serie de «nacimientos» que anuncia el del hijo de la gorda por vía caudal. Es casi literalmente, o demasiado literalmente, una profecía escatológica lo que excreta la Tremenda. Por lo tanto el plan figural deviene nadería barroca; el fin de los tiempos es esta figura de la mierda. Es decir, lo provisorio de la figura, de las figuras, no se cumple, como en Auerbach, contra la promesa del reino de Dios, sino que ese reino se hace concreto en su esencial vacuidad, o mejor, putrefacción. El tiempo de *Maitreya* es el presente del texto, cuya figura es el engendro, el monstruo que pare la Tremenda, monstruo hecho de partes diversas, figura de la muerte y de la disolución definitiva. El sentido de esta versión de la figura es vasto en términos de la literatura hispanoamericana, cuyo tono profético, desde Colón, es una de sus características fundamentales. América como utopía que cumple las figuras del Viejo Testamento y de la literatura clásica es uno de los temas de grandes ensayistas hispanoamericanos como Alfonso Reyes. Aquí América es cumplimiento de la profecía, figurada en el mundo oriental por el que fue tomada al principio. Pero el cumplimiento de esa profecía sigue siendo un presente caído, fenoménico, mixto. El *ghetto* internacional de los países postcoloniales, devastados por la modernidad, esa profecía de bienestar y progreso que arrasa los templos para crear un basurero cósmico. El tiempo de *Maitreya* es el presente del texto, que es el tiempo del exilio, del llano de donde han huido los dioses. Como el Buendía con la cola de cerdo que nace al final de *Cien años de soledad*, el monstruo que pare la obesa anuncia el apocalipsis, por eso nace un «cordero con cara humana» y hay terremotos al final de la novela de Sarduy. Desde un aspa de la hélice, de la forma helicoidal, la figura cumple y completa la otra; el Oriente es el poniente. Desde la otra aspa, el poniente es el Oriente. Retruécano, visión barroca del fin de los tiempos como principio de los tiempos. Anillo de Moebio. Origen orlado. *Maitreya* es *Paradiso*, *Paradiso* es *Maitreya*. Origen recuperado.

4.
> Al pasar por Alemania
> me dijo un sabio francés;
> en la costa americana
> alumbra el sol al revés.
>
> (Petenera)

Creo que nuestro comentario de *Cobra* y *Maitreya* nos permite ya esbozar una síntesis del sistema de Sarduy. Hemos visto que hay una geografía simbólica que se manifiesta como una alternancia entre monte y llano, entre lo sagrado y lo profano. La misma alternancia parece darse entre Oriente y Occidente, con el mismo significado. El Oriente es lo sagrado, el Occidente lo profano; aquél es lo permanente, éste lo histórico. La obra de Sarduy pretende juntar ambos espacios en uno que representa, por supuesto, una mezcla; yo quisiera ver esa mezcla como algo inconcluso, que preserva las diferencias, pero que por ello mismo motiva un deseo de recuperación. Los signos del presente caído están imantados por el ansia de ser sagrados. Esta ansia aparece siempre frustrada. Los signos carecen de permanencia, son vacíos, moldes huecos. Esto se debe a que el origen que podría garantizar su solidez se revela siempre falso, un simulacro que apenas encubre la muerte, la aniquilación. Los nacimientos poco usuales de los personajes, sus agrupaciones no tradicionales, y ciertamente no filiales, señalan esa ruptura genealógica. Esa falta de genealogía le sustrae a personajes y signos la pertenencia a familias de significación, o a categorías, por así decir. Reina una mezcla que nunca llega a ser caótica, pero que sí pone en entredicho la relación entre el signo y su contexto o procedencia. En medio de la proliferación aparece insistentemente la figura del autor, del creador, ya sea directamente como tal, o reflejado en algún personaje protagónico como *Cobra*, cuya posición central lo hace hipóstasis del ser en general. El autor se revela a veces mediante alusiones a sí mismo, o a textos que sólo un cubano de más o menos su formación puede recordar. Así, por ejemplo, lo que parece una alusión dispersa a una «almohadilla de olor» (1972a: 199) en *Cobra* es parte de «La niña de Guatemala», poema de Martí que todos aprendimos en la escuela: «Ella dio al desmemoriado, / una almohadilla de olor». Estos simulacros de autor o figuras centradas aparecen ya sea sometidas a un ritual de sacrificio, o sepultadas por la avalancha de textos. En *Cobra* ocurre lo primero; en *Maitreya* el proceso es lo opuesto, pero en ambos se sufre una sacralización que marca la presencia, a la vez que decreta su desaparición. En *Maitreya* tal vez esa figura, ese ser sacralizado que es el engendro al final, sea una hipóstasis del autor a la vez que una imagen de esa deidad cubana creada por Lezama, el Ángel de la Jiribilla. Estos rituales marcan una nostalgia de significación cuyo origen es romántico, por mucho que simultáneamente se niegue su sentido trascendental. El hecho parece ser que, en la era de exilio en que vivimos, según Sarduy, todo texto, para ser, tiene que estar tocado por este deseo de sentido que no puede ser sino trascendental.

Es inútil considerar la validez de las teorías de Sarduy sobre el barroco que sirven más bien de soporte a su ficción, y a su retorno, con Lezama, al barroco de Indias, y desde luego su antecedente en Góngora y Quevedo. Las razones para este retorno se encuentran, a mi modo de ver, en la historia literaria más que en la cosmología. Octavio Paz nos ha hecho ver en *Los hijos del limo* que en español no tuvimos poetas románticos de primera fila, y que por lo tanto, al buscar los poetas de vanguardia un lenguaje innovador, moderno, tuvieron que acudir a los barrocos. Los poetas barrocos habían llevado a cabo la última revolución poética en el idioma. Por ello, como ya vimos, le atribuye Lezama al barroco un carácter creador, afín al de la poesía romántica alemana e inglesa. El ingenio barroco –el ingenio descrito por Gracián– es la capacidad de creación en el lenguaje, de ruptura y expansión, que la literatura moderna busca como impulso para su continua fundación de la literatura. Pero hay más. Paz nos ha hecho ver también algo que José Arrom ya había esbozado, y que empalma con las teorías de Lezama: la rareza, la extrañeza de la estética barroca es paralela a la rareza del criollo[10]. Ser ingenioso, en el sentido barroco, significa también ser raro, como lo fue Góngora. El señor barroco de Lezama se siente raro, distinto, nuevo. La estética del barroco es la del ser raro, la de ser raro. Éste es el origen de lo americano, del ser nuevo y secundario por excelencia. De aquí surge el barroco de Sarduy. Por eso las rupturas genealógicas, los nacimientos dudosos, la rareza de sus travestís, la persistente transgresividad de sus actividades, como ha señalado Adriana Méndez Rodenas (1983). El barroco es la modernidad rara –excéntrica– de la periferia de Europa.

---

[10] «Lo que resulta la "extrañeza" de su teatro en relación con el de sus contemporáneos españoles, en buena parte pudo haber sido efecto de su formación americana», dice José J. Arrom refiriéndose a Juan Ruiz de Alarcón, en su *Esquema generacional de las letras hispanoamericanas* (1977: 59). Son recomendables las páginas 53 a 93 de este libro para entender el origen y desarrollo del Barroco de Indias. Paz escribe: «En el siglo XVII la estética de la extrañeza expresó con una suerte de arrebato la extrañeza que era ser criollo. En ese entusiasmo no es difícil descubrir un acto de compensación. La raíz de esta actitud es la inseguridad psíquica. Ambigua fascinación: a la inversa de los franceses de ese mismo siglo, los criollos se percibían a sí mismos no como la confirmación de la universalidad que encarna cada ser humano sino la excepción que es cada uno» (Paz 1982: 86).

Los veo tan galantes

Lo que más me asombraba era el inacabable mimetismo de la naturaleza virgen. Aquí todo parecía otra cosa, creándose un mundo de apariencias que ocultaba la realidad, poniendo muchas verdades en entredicho. Los caimanes que acechaban en los bajos fondos de la selva anegrada, inmóviles, con las fauces en espera, parecían maderos podridos, vestidos de escaramujos: los bejucos parecían reptiles y las serpientes parecían lianas, cuando sus pieles no tenían nervaduras de maderas preciosas, ojos de ala de falena, escamas de ananá o anillas de coral; las plantas acuáticas se apretaban en alfombra tupida, escondiendo el agua que les corría debajo fingiéndose vegetación de tierra muy firme; las cortezas caídas cobraban muy pronto una consistencia de laurel en salmuera, y los hongos eran como coladas de cobre, como espolvoreas de azufre, junto a la falsedad de un camaleón demasiado rama, demasiado lapizlázuli, demasiado plomo estriado de un amarillo intenso, simulación, ahora, de salpicaduras de sol caídas a través de las hojas que nunca dejaban pasar el sol entero. La selva era el mundo de la mentira, de la trampa y del falso semblante; allí todo era disfraz, estratagema, juego de apariencias, metamorfosis.

Alejo Carpentier (1985: 227-228)

I.

> ir más allá es un regreso
>
> Severo Sarduy (1985: 41)

En sus textos recientes Sarduy se abisma en la rareza de la ruta recorrida; se trata una vez más de un riguroso análisis de la tradición americana en que se forja su obra, al que se añade ahora una reflexión sobre su propia vida como escritor. ¿Qué quiere decir ser escritor hispanoamericano? ¿Cómo se puede hacer una obra tan heterodoxa como la suya desde el interior de una tradición cultural en la que las estructuras de poder y autoridad son tan rígidas? ¿Qué relación existe entre el poder y la escritura, entre la autoridad y el discurso literario? ¿Dónde se ubica Sarduy respecto a la modernidad y a la postmodernidad, y qué revela esa posición sobre la actual narrativa hispanoamericana? Éstas son las preguntas que se hacen los últimos libros de Sarduy, pero no, por supuesto, en el tono tan abstracto que tienen aquí. Por el contrario, si algo resalta en el tramo más reciente de la ruta de Sarduy, si algo es visible en el *camino* que toma en los años ochenta, es el sesgo concretamente autobiográfico. Los regresos a América no están mediatizados por el Oriente, sino que será el Nuevo Mundo mismo el visitado, tanto literal como literariamente. No Nepal o Nueva Delhi, sino Camagüey o Caracas, San Juan o Ciudad México; no el Tibet, sino la selva suramericana.

A principios de los ochenta Sarduy viaja a Caracas a un congreso literario concomitante con la concesión del Premio Rómulo Gallegos, que se otorga cada cuatro años a escritores americanos por una novela publicada durante ese período, y que han ganado, entre otros, Gabriel García Márquez, Carlos Fuentes y Mario Vargas Llosa. Es una de varias visitas de Sarduy a América Latina en los últimos años. También irá a México, a Puerto Rico, a Buenos Aires, a Río. Pero el encuentro con la América del Sur, y con Caracas en especial, fue de singular importancia. En Caracas Sarduy se aproxima a la América de *Doña Bárbara* y *Los pasos perdidos*. Porque Caracas no es sólo la ciudad de Rómulo Gallegos, sino también la de Alejo Carpentier. Fue al pie del Monte Ávila que Carpentier, entre 1945 y 1959, escribió algunas de sus obras más importantes, pero muy en especial *Los pasos perdidos* (1953), esa suma crítica de la literatura hispanoamericana que surgió en parte de viajes que hizo el autor por la selva venezolana[1]. Venezuela representó siempre para Carpentier una síntesis de lo americano. También lo será para Sarduy, a través de la novela de su compatriota y maestro.

En Caracas, además, Sarduy se encuentra con miembros de la delegación cubana que habían significado mucho para él en sus primicias, como Cintio Vitier y Fina García Marruz, sobrevivientes del grupo Orígenes y un vínculo vivo con Lezama, que acababa de morir. También comparte con escritores caribeños que lo admiran y sobre los cuales ha ejercido influencia, como el puertorriqueño Luis Rafael Sánchez[2]. El viaje a Caracas contribuye a la recuperación de la temática americana más tradicional, cuyo centro es la naturaleza y cuyo paisaje es obsesivamente la selva. *Colibrí* (1983) es el producto de esa recuperación. Este periplo textual a la selva en busca de los orígenes de la tradición literaria hispanoamericana es paralelo al que hace el protagonista de *Los pasos perdidos* en busca de sus propias raíces y de su capacidad de creación. Carpentier publicó su gran novela a los cuarenta y nueve años; *Colibrí* sale a los cuarenta y ocho de Sarduy.

La reflexividad de la novela de Carpentier, que se basa en una lacerante introspección del autor en la que vida y obra se funden y confunden, tiene su contrapartida en todos los textos recientes de Sarduy. La ruta andada tiene ya suficiente densidad literaria e histórica

---

[1] Para los detalles sobre la composición de *Los pasos perdidos*, véase Carpentier 1985, mi edición de la novela, publica por Cátedra.

[2] En su *La guaracha del Macho Camacho*, Luis Rafael Sánchez incluye un personaje, el psiquiatra Severo Severino, que es claramente alusivo a Sarduy.

como para convertirse en una especie de facticidad ineludible que se impone como relectura y fundamento de lo que pueda seguir. La muestra más clara de ese proceso es *La simulación* (1982a), libro de ensayos publicado precisamente en Caracas, en el que resalta, desde la primera página, la presencia de la vida de Sarduy como objeto de especulación. Pero el ejemplo más pulido de esa autorreflexión es el libro de poesía *Un testigo fugaz y disfrazado* (1985), que sorprende sobre todo por lo tradicional de su versificación: son sonetos y décimas con claros ecos gongorinos y quevedianos. Junto con lo autobiográfico, ese sometimiento a las formas tradicionales es la marca más visible de los textos de Sarduy en estos años. Ambos están relacionados, según se verá.

El retorno a formas literarias convencionales tanto en *Colibrí* como en *Un testigo fugaz y disfrazado* refleja un fenómeno histórico de innegable impacto: la dispersión del grupo Tel Quel, y con ésta cierta retirada en el plano de la teoría y la experimentación. A este repliegue sin duda contribuyeron las muertes de Roland Barthes, Michel Foucault y Jacques Lacan. Pero el cansancio de la teoría se había ido haciendo cada vez más aparente en la obra de éstos, sobre todo en la de Barthes, que como la de Sarduy, y muy probablemente influida por ella, deriva paulatinamente hacia lo autobiográfico y estético. El último Barthes se desembaraza del tono neutro, científico, de su fase semiótica para producir una autorreflexión marcada temática y formalmente por el erotismo. En esta recurva a lo literario tal vez se tratara, después de todo, del reconocimiento de que la teoría, por importante que fuera, había sido lo menos interesante en la obra de los *maîtres penseurs* de la crítica francesa; que eran las obsesiones de Foucault con los marginados (prisioneros, pervertidos sexuales), el estilo joyceano de Lacan (neologismos, juegos de palabras, cierta liturgia lingüística), renuente siempre al metalenguaje científico, y la mirada pasmadora de Barthes (del cuerpo, del contorno de los objetos y de los espectáculos), lo más perdurable y aprovechable para la literatura. Todo esto tiene su eco en Sarduy, pero es a la vez contraeco de su propia obra. En muchos sentidos la transformación de la capilla parisina es una especie de recaída a o en Sarduy, porque había sido él sobre todo quien había proyectado sistemáticamente la especulación de *Tel Quel* al plano de lo literario, que era aquel donde decían que querían terminar, pero sin atreverse, los teóricos del grupo. A él derivarán todos, desde el Lévi Strauss de las overturas al Derrida de *Glas* y *Carte postale*. Hasta los más tenaces y tediosamente sistemáticos, como Kristeva y Todorov, aun en su atildado francés de extranjeros, tomarán ese rumbo. El agotamiento de la teoría lleva a una recuperación de formas y temas convencionales —a lo anecdótico en *Colibrí*, a la selva, a la rigurosa métrica de *Un testigo fugaz y disfrazado*. Pero se trata también —una vez más, aunque de manera muy distinta— de un regreso al origen. No a un origen desierto, en blanco, sino a un origen *formado*; es decir, a las formas antes de la demolición de los experimentos anteriores, a las formas legadas por la tradición, por el poder y la autoridad. La forma es una disciplina del escritor que abandona el efebismo literario, que es ya, aun para sí mismo, una tradición, y que se ve forzado a considerar una vez más, como en *Maitreya*, el peso de la obra de los maestros, y su propia condición de maestro.

De la misma manera que *Escrito sobre un cuerpo* y *Barroco* reflexionaban sobre los temas de etapas anteriores de la ruta de Sarduy, *La simulación* dramatiza los de la etapa más reciente. Digo dramatiza porque, como en ensayos anteriores, Sarduy rehúsa generar un metalenguaje que pretenda escapar al discurso literario. Así como en *Escrito sobre un cuerpo* aparecían personajes de la ficción sarduyana, en *La simulación* se inserta toda una escena de *Maitreya* (aquella en que John de Andrea hace dobles de los personajes) que tiene que ver con el tema discutido. Pero, además, en *La simulación* Sarduy incluye viñetas de su propia vida que reflejan los temas del libro; como en *Barthes par lui même*, Sarduy es el principal objeto de análisis en *La simulación* porque el libro persigue lo que hace peculiar y suya la obra escrita. El Sarduy en Sarduy. El disimulo, la simulación, precisamente, aparecerá como lo que distingue su obra, y aquello que por extensión motiva la actividad de todo individuo, sobre todo del artista.

La tesis central del libro es que hay una «pulsión simuladora» implícita en el instinto de muerte cuyo resorte es biológico. Lo «natural» —también en el sentido de lo «normal»— sería siempre entonces lo simulado. Es decir, suponemos con automático platonismo que la copia es lo débil, lo secundario, lo parasitario, mientras que el modelo es lo primario, lo fuerte, lo natural. Sarduy invierte este hábito mental: la copia es lo más fuerte porque es lo que pone en movimiento, lo que genera la capacidad subversiva, cambiante en el modelo, que sólo sobrevive en la copia. Esta pulsión simuladora se manifiesta, según Sarduy, en lo que él llama la agresión de la copia contra el original. El travestí supera a la mujer en «femineidad», sus «afeites» (valga la palabra) hacen resaltar lo más violento, lo más mortal en ésta. El exceso de la copia es el suplemento-real; lo óntico es siempre la adición, que se suma, restándole al original. Ser es (di)simular, hurtarle el cuerpo al poder mimetizándose de sus formas, haciéndolas subversivas y letales para él. Es aquí donde entrará en juego (en *Colibrí*) la naturaleza americana, que vendría a fundamentar, con su exhuberancia mimética, este proceso de inflación de la copia, o copia de la copia (que ya vimos en *Maitreya*, especialmente en los personajes boterescos).

Sarduy basa estas aseveraciones en estudios estadísticos que «prueban» que la actividad mimética de ciertas mariposas, que antes se creía era una estrategia de camuflaje defensivo, es totalmente inútil, como no sea simplemente producto del ansia de desaparecer, es decir, de morir. Puro gasto. El exceso es parte de un impulso biológico. Los travestidos juegan a la muerte al disimular lo que son, que es la única forma que tienen de realmente ser. Hay en esta teoría de Sarduy, curiosamente, cierto eco de un vitalismo finisecular que tuvo gran influencia en la obra de Ortega y Gasset, sobre todo en las teorías de éste sobre el carácter deportivo de la cultura –la cultura es lo que no obedece a necesidades materiales, es lo que las excede. Hay una diferencia notable, no obstante, que al nivel de la historia de las ideas habría que atribuir no a Ortega sino a Heidegger y Bataille, ya que aquí el exceso es a la vez el ser y su impulso hacia la muerte, el ser para la muerte. Este carácter autoaniquilador le da a la versión que ofrece Sarduy del arte americano (y del artista americano) un talante de mascarada mortal que lo vincula, desde luego, al Barroco. Porque evidentemente la especulación de Sarduy sobre la secundareidad, sobre la primacía de la copia, sobre la pervivencia del modelo en ella, tiene que ver con el arte y el ser americanos en general, con la rareza del criollo que vimos en el capítulo anterior. El arte americano es travestismo, espectáculo barroco. Lo americano sería aquí no ya lo secundario, sino aquello que *es* siendo secundario, y que al copiar lo europeo, al incorporar y asimilar visiblemente su forma, le da una vida que es tal vez la única que puede tener en la actualidad. Las viñetas basadas en la vida de Sarduy, sobre todo la primera, traen al plano más concreto posible estas consideraciones.

En ella relata Sarduy una escena de su niñez, que toma lugar en un Camagüey descrito en términos lezamianos con ribetes de Amelia Peláez. Es época de Carnaval. Sarduy y su padre se disfrazan. El padre, envuelto en una sábana, se viste de fantasma, el niño de mujer. La pareja no podía ser más sugestiva. Al vestirse de mujer el niño cancela su parecido con el padre, lo tacha de la manera más subversiva posible en el ámbito hispanoamericano. El padre, a su vez, se ha transformado en imagen de la muerte. La viñeta es una minúscula alegoría barroca de la temática en *La simulación*. La burla carnavalesca revela un estrato profundo de la cultura en el acto de encubrirse, y que está reñido con la ideología oficial. El disimulo, el disfraz, hace irrumpir –paradójicamente– la verdad, o por lo menos su simulacro. El modelo, la forma, lo tradicional, entrega su movimiento, su hálito, a la copia, que vive de él mediante esa forma de parasitismo. El modelo, vaciado, es ahora imagen de la muerte, forma fija. Al entrar en el juego del libro disfrazado de sí mismo, Sarduy asume como autor el riesgo de su teoría. Claro, disfrazarse de sí mismo es también una forma de simulación, tal vez la más eficaz. No hay exhibicionismo en *La simulación*, pero tampoco reticencia o anuencia, como en los ensayos de los escritores mayores de la tradición, digamos Borges, Fuentes, Paz o el propio Lezama.

Es mediante un proceso similar de proyección de lo personal a otro registro, de disimulo de la especulación narcisista, que Sarduy traspone sus teorías al ámbito de su propia obra. En otras palabras, es evidente que al escribir sobre Saura, Marta Kuhn-Weber o Botero, Sarduy está hablando de forma oblicua, o a través del eco, sobre sí mismo. Sarduy se disfraza de estos artistas, que tanto han significado para su obra, permitiéndose de esa manera mirarse en el espejo de su teoría. Podría suponerse, por ejemplo, que la siguiente cita sobre Saura resume lo que Sarduy propone sobre el / su arte en *La simulación*:

> Suscitar la venganza del modelo. Es decir, rescatar la energía iconoclasta, la subversión de la figuración clásica, el nerviosismo y la blasfemia que estaban contenidos en él, y que la copia irreverente despierta, provoca: teratología apenas disimulada de *Las Meninas*, caballos de seis patas que una radiografía de Velázquez revela, ratones de *Las Hilanderas*, rostros retorcidos de Rembrandt, potro fosilizado y saltador del príncipe Baltasar Carlos. El modelo y su copia desfigurada, el monumento y su parodia, la operación y su blasfemia, pasan a un registro; lo que importa es el momento que sigue, lo que se produce cuando el modelo corroído, deformado por su interior se venga, se hace monstruoso, cambia su carga sacramental, que el Poder había canalizado en el sentido de su Cultura, en energía sacrílega. La obra clásica, en esta economía de agresiones, no está asimilada a una superficie muerta, marmórea, sino a una topología dinámica, presta a responder, a ripostar, a ir más lejos que el interlocutor

en el espacio del anti-clasicismo. Es como si *Las Meninas*, terminada la copia de Picasso, multiplicaran, elevaran al cuadrado sus disimetrías para marginar la recreación picassiana y arrinconarla en el *boudoir* de la estética dulzona, decorativa y amanerada. Saura trabaja con estas venganzas. (Sarduy 1982a: 123)

Donde Sarduy escribe Saura y Picasso podemos leer Sarduy y Lezama, Sarduy y Paz, o Sarduy y Carpentier. En *Cobra* el modelo parodiado quedaba desfondado, la escritura tachaba, o pretendía tachar su antecedente para exhibir su novedad; aquí el antecedente se rescata. Se trata de una nueva recuperación del Barroco, arte en que las formas no son abolidas, sino por el contrario ampliadas y multiplicadas; se trata, además, subrepticiamente, de una negación del ansia de novedad romántica, una aceptación de la anterioridad como potencia subversiva. Es curioso, no obstante, el uso que Sarduy hace aquí del término «clásico», ya que Velázquez no es clásico, ni existe en realidad un clasicismo en el arte hispánico. Sarduy, evidentemente, importa el término de las teorías francesas, tal vez específicamente de Foucault. Lo interesante es que el modelo a que alude Sarduy es *ya* barroco, es ya producto de deformaciones. El travestí, para volver a esa figura central en la obra de Sarduy, es una apoteosis de la forma, que devela las posibilidades subversivas inherentes a ésta —es copia y parodia de un modelo femenino que moviliza. El travestí no es nunca nudista. En esta fase reciente de Sarduy perdura la forma, la horma, como estructura a la vez organizadora y deformadora, último simulacro de la autoridad paterna y de la muerte, travestida en una belleza tan convencional que engatusa y ciega. Es ésta la dialéctica que subyace en la rigurosa versificación de *Un testigo fugaz y disfrazado*.

El título es ya una lectura temática del libro. *Testigo*: el que ve, el que observa, el que fija o pasma con la mirada. Pasmar en Cuba quiere decir interrumpir a una pareja, estar presente cuando uno no debe, estorbar, «cortar» a los protagonistas del acto amoroso. Muchos de los poemas del libro describen escenas sexuales a las que tenemos acceso a través de la palabra, que se plasman y pasman en el verso. *Fugaz*: porque todo es mutación y cambio. Instante, fijeza. Las formas muestran sus contornos en la luminosidad de un instante. El mediodía, no la noche, es, con su efímera plenitud, la hora preferida de estos poemas. No es la noche de los sentidos sino el exceso de luz que ciega por su destello cromático. *Disfrazado*: nada existe sino haciéndose pasar por otra cosa; vestir el cuerpo para hurtárselo a la muerte, dejarla con lo visible falaz. Sólo que lo falaz es el cuerpo mismo, porque la piel, plagada de signos, es ya una «heráldica en abismo» (Sarduy 1982a: 50), el amor una escritura corporal, una gimnasia que, como la versificación de estas décimas y sonetos, da forma a lo transitorio, lo atrapa por un instante.

Pero, desde luego, la prosodia es sólo aparentemente convencional. Como en los cuadros de Saura, la copia pone en movimiento las subversiones implícitas en el modelo, que aquí es esa compleja máquina, la poesía del Barroco, en especial sonetos y décimas. Los poemas de Sarduy ponen de manifiesto la capacidad deformadora de éstos a través de varios mecanismos verbales que, como sutiles pero firmes aparatos de ortopedia o masoquismo, fuerzan a desviarse de los moldes tradicionales. Por ejemplo:

> Ni la voz precedida por el eco,
> ni el reflejo voraz de los desnudos
> cuerpos en el azogue de los mudos
> cristales, sino el trazo escueto, seco:
>
> las frutas en la mesa y el paisaje
> colonial. Cuando el tiempo de la siesta
> nos envolvía en lo denso de su oleaje,
> o en el rumor de su apagada fiesta,

cuando uno en el otro se extinguía
la sed, cuando avanzaba por la huerta
la luz que el flamboyant enrojecía,

abríamos entonces la gran puerta
al rumor insular del mediodía
y a la puntual naturaleza muerta.
(Sarduy 1982a: 13)

Sería desacertado proyectar este soneto contra un esquema poético convencional, digamos un soneto de Garcilaso. El modelo aquí es ya un poema como «Amor constante más allá de la muerte» de Quevedo, o el de Góngora a la tumba de El Greco, en que la forma renacentista ya ha sido sometida a violentas distorsiones. Como en el caso de estos sonetos barrocos, el de Sarduy rompe el ritmo, la cadencia de la respiración; como los poemas de Góngora y Quevedo, el de Sarduy es difícil de «respirar». No podemos declamarlo sin alterar la confluencia normal de aliento y frase. El encabalgamiento nos fuerza a marcar el verso –para preservar la rima– en momentos difíciles, casi diría torpes para el compás de la oración, que busca en ese ritmo la alianza de sonido y sentido. Aquí sonido y sentido se separan, amenazando con convertirse en puro ruido lingüístico, hasta que, como en una especie de contragolpe, se juntan de nuevo, pero con un retraso que provoca la reflexión. Pienso, sobre todo, en los dos primeros versos del segundo cuarteto.

Desde luego, la alteración del aliento del verso es una manera de jugar con el tiempo real del poema, el tiempo de su dicción, que es el del lector a la vez que la huella del tiempo del autor. El desfase marca la distancia, la diferencia, la apertura del diálogo entre ambos, y refleja la temática erótica y temporal del propio poema. La gimnasia prosódica y erótica son prácticas que buscan el acoplamiento y armonía de elementos materiales (lenguaje, cuerpo) tanto en el espacio como en el tiempo, que luchan contra el desequilibrio, el descoyuntamiento físico y temporal-rítmico. Gimnasia, danza de cuerpos y vocablos. De esto trata el poema, donde se persigue una plenitud amorosa en el mediodía insular; en la siesta, la sexta hora perfecta en la redondez luminosa de la isla. Contra esa plenitud obra el tiempo de la sombra (descrita como luz enrojecida) desplazándose por el huerto, que en su movimiento gasta el tiempo, como los amantes sus cuerpos; obra contra ella también el que la plenitud, en su precisa perfección, se torne naturaleza muerta, es decir, cuadro que fija, congela, enmarca y aniquila.

Lo eficaz en el soneto de Sarduy es que pone en juego las desarmonías, desplegándolas en su propio proceso de deformación. Esto se anuncia desde el primer cuarteto, en que el eco —no al revés— es el que anuncia la voz, y los cuerpos son devorados por el azogue de los espejos; contraste entre lo inquieto, movedizo del mercurio y la capacidad del espejo para fijar, para pasmar en la mirada. También se manifiesta el juego de contrarios en el choque entre la ondulante gimnasia de los cuerpos y el trazo seco que los dibuja. La lubricación como figura del juego entre partes es uno de los tropos preferidos en *Un testigo*; el roce de los cuerpos genera dolor y calor que la lubricación mitiga o no según esté presente. La lubricación falta entre los miembros opuestos de los oxímoros, a nivel verbal, generando un destello de sentido. En el verso en cuestión la sequedad del trazo revela que la fijeza de su línea inmoviliza de dolor. Más abajo vemos que el acto amoroso es de tal intensidad que cada uno de los amantes extingue su sed en el otro, lo cual quiere decir también que se roban lo líquido, lo lúbrico, que se secan el uno al otro. A esta nadería barroca Sarduy ha añadido, o ha extraído de sus modelos, el carácter homosexual del amor; amor que se deshace en su juego entre placer y dolor, en el espejeo de su inherente narcisismo, sin otra función, sin otra meta que su propia actividad. Claro, el amor homosexual viene a ser aquí metáfora de todo eros, de todo deseo, lectura radical de la tradición petrarquista que llega a su cenit con Góngora y Quevedo. Todo amor, aunque da vida instantánea, es para la muerte. Es así que los poemas de *Un testigo* practican con sus antecedentes barrocos el tipo de lectura que Sarduy encuentra que los cuadros de Saura hacen de la obra de Velázquez.

Podemos contrastar la estrategia de Sarduy con la de Octavio Paz en *Blanco*. Como se sabe, *Blanco* «lee» el mencionado soneto de Quevedo «Amor constante más allá de la muerte» («Cerrar podrá mis ojos la postrer / sombra que me llevare el blanco día»). Paz dispersa las palabras del soneto, haciéndolas multiplicarse y vagar por la página como en una explosión mallarmeana de sílabas —explosión que vacía la página, que la vuelve al blanco, que es meta, final, y metafinal. Como en la versión que Picasso da de *Las Meninas*, la forma inicial del cuadro ha sido (se supone) abolida por mecanismos convencionales de la modernidad, que se instaura como principio, en todos los sentidos, en la obra de Paz. Sarduy va más allá al «preservar» la forma y hacerla rendir su propia, inherente potencialidad de subversión. De esa manera Sarduy rescata del Barroco esa capacidad de preservación y distorsión que observamos en las reescrituras que Góngora hace de sonetos de Garcilaso. La esencia del neobarroco será esa capacidad transmutadora de formas, nunca la abolición de éstas. En la narrativa, un buen ejemplo de esto es *El siglo de las luces* de Carpentier, con su aparente factura convencional, que precariamente oculta toda una serie de retorcimientos cronológicos. Es el mismo proceso que observamos en los sonetos de Sarduy.

En las décimas ocurre otro tanto, pero la décima tiene un trasfondo algo diferente, por el hecho de que es la estrofa preferida de la poesía campesina cubana. Sabemos, además, que hubo decimistas entre los familiares de Sarduy, y que en 1959 publicó unas «décimas revolucionarias» en el periódico *Revolución*. No podemos pasar tampoco por alto que Lezama escribió décimas, e incluyó algunas en *Paradiso*. Por lo menos podemos afirmar que el retorno a esta estrofa es el mejor ejemplo de regreso a ese origen «formado» de que hemos hablado, ámbito de las formas primigenias (en la cultura, en la memoria), que son, paradójicamente, complejas –origen barroco, no romántico. La décima –técnicamente la espinela– cubana encarna un Barroco populachero que está en la fundación del Barroco de Indias y su legado, que ha sido cuantioso, por ejemplo, en ciertas artesanías mexicanas, en fiestas religiosas y, por supuesto, en los disfraces de Carnaval. En las décimas de *Un testigo* Sarduy extrema aún más los encabalgamientos y los juegos con la prosodia, y hay en ellas (también, pero en menor grado, en los sonetos) más humor. Amor, humor, juego mortal; el humorismo no está ausente de la poesía amorosa de Sor Juana, para no hablar de Quevedo. El soneto y la décima no tienen por qué ser serios o solemnes, y no lo fueron en el Barroco. Pero la décima, por su historial en Cuba, por estar hecha de versos de arte menor (octosílabos), y por ser, en fin, más breve, se presta más a la ligereza. Las décimas son más aptas para el alarde de ingenio, más dadas al concepto gracianesco breve y agudo, con frecuencia cómico, al despliegue de destreza técnica. En ésta, por ejemplo, se saca a relucir toda la temática vista antes en el soneto analizado, pero se nota una ingeniosidad, un *wit* inherente a la figura misma de la inversión en que se basa (a duras penas):

> No acudas a linimento,
> alcanfor, miel o saliva,
> que atenúen el momento
> de más ardor. No se esquiva
> con ardid, ni se deriva
> esa quema: se convierte
> en su contrario. Divierte
> el placer así obtenido
> por el sendero invertido:
> más vida cuanto más muerte.
> (1982a: 37)

Hay en esta décima, además de lo ya visto en el soneto, un regreso al origen trovadoresco, cancioneril de la poesía amorosa: el «contrastar opósitos» típico de esa poesía, en especial el binomio vida-muerte, que pasa a la mística, sobre todo a Santa Teresa y San Juan. Sólo que aquí se ha llevado al plano puramente físico (algo ya presente en Quevedo), y se ha hecho amor homosexual. Como el soneto, la décima simula un tradicionalismo mediante la forma, que oculta violentas transgresiones. El humorismo («sendero invertido») no es escarnio de un tipo peculiar de eros, ni su celebración, sino una especie de ajuste de cuentas con la muerte, que acecha en todo deseo.

Un testigo fugaz y disfrazado plasma una temática y la dramatiza en el ejercicio del ritmo y la rima —formas visibles, concretas, que hacen la dialéctica entre lo nuevo y la tradición inevitable, y a la vez, casi *pre*visible el retorno al Barroco. En la novela, donde tal rigidez formal no forma parte del legado de la tradición, el proceso de movilizar esa temática es más complejo y, a mi ver, enriquecedor. No existe, por lo pronto, ese plano «real» en que el aliento de la lectura oral pone en marcha las armonías y desfases del lenguaje. *Colibrí*, texto mayor de este tramo de la ruta, despliega todas estas cuestiones en el contexto de las centrales de la literatura hispanoamericana.

2.

pájaros de La Habana

Federico García Lorca

De todas las transgresiones contra la tradición literaria hispanoamericana en los últimos años, ninguna tan radical como la que ésta sufre en *Colibrí*. En esta última novela, Sarduy abandona la temática visiblemente cubana de su obra anterior para enfocar el tema central de la literatura hispanoamericana desde que ésta cobra conciencia de sí: el de la relación entre la naturaleza y la cultura del Nuevo Mundo. Desde los cronistas de Indias, desde los grandes libros de viajeros del siglo XIX y el *Facundo*, desde las *Silvas* de Bello hasta el *Canto General* de Neruda y *Los pasos perdidos* de Carpentier, la naturaleza americana, con su singularidad y exuberancia, ha sido el emblema de lo nuevo, de lo distinto, de lo inédito –de lo raro. ¿Cómo pensar la naturaleza americana? ¿Cuál es su lugar en la historia natural? La narrativa de América, su historia, será la relación de esa rareza, tanto en Fernández de Oviedo, que piensa a partir de los esquemas fijos de la neoescolástica, como para Hegel, que ya piensa el mundo natural como historia, si bien titubea sobre dónde ubicar la naturaleza americana, si al principio o al final de ésta. El tema de la naturaleza le ha dado a la literatura americana tanto la marca de lo nuevo, de lo moderno, como, por acumulación, de lo estable y fáctico; la tradición americana es la tradición de lo nuevo. Esta paradoja es el origen de *Colibrí*.

En *Colibrí* Sarduy abandona la geografía figural de sus novelas anteriores –Oriente / Cuba– para desplegar un mapa hecho de los lugares comunes de la novela de la selva hispanoamericana. Es un mapa simbólico como el de *Los pasos perdidos* y *Cien años de soledad*: el río, el estuario, la selva, el abra, el claro en el bosque, y como contraste, la ciudad. A partir de esta cartografía literaria Sarduy desmonta los componentes más elementales, más de fundación, de la cultura hispanoamericana –abre su arcano más profundo, donde se imbrican el sexo y el ser, la lengua y las actividades sociales. La novela de la selva constituye el estrato épico de la literatura hispanoamericana, lo que relata el origen y evolución de los personajes de fundación y sus valores. Es, como en *Los pasos perdidos* (Santa Mónica de los Venados) y *Cien años de soledad* (Macondo), la historia de la creación de las ciudades, del nacimiento de los héroes que la llevan a cabo. La novela de la selva, inclusive el *Canto General*, narra las nupcias del hombre americano con la naturaleza virgen del Continente, y cómo de la lucha amorosa entre ambos surge la cultura hispanoamericana. En su viaje a la selva el escritor hispanoamericano encuentra esos orígenes épicos y se encuentra a sí mismo, por cuanto la temática de la naturaleza lo legitima como parte de la tradición. De eso se trata en *Los pasos perdidos*, y de eso tratará *Colibrí*: origen de la tradición, origen de la figura del autor, componentes básicos de la autoridad sobre la cual se erige la literatura como institución en Hispanoamérica.

Colibrí, y podemos percibir inmediatamente la medida de la transgresión, es una mezcla de épica y pastoral *gay*, que gira en torno al problemático paso de la adolescencia a la madurez; es decir, el momento en que el individuo, aculturado (sometido a códigos, al Otro), entra a formar parte de la sociedad. Es un mundo preheroico, un mundo, digamos, antes de que José Arcadio Buendía se case y funde Macondo. Desde luego, en *Colibrí* se desmontan también los mitos que sostienen el mundo *gay*, según podremos observar. Lo pastoril representará una versión más de la utopía americana, mientras que lo épico será una epopeya invertida (valga la palabra), cuyo fin será la creación de un héroe que basa su poder en la sumisión autoritaria del Otro. En breve, el héroe es una versión de los antecedentes del dictador hispanoamericano, que resulta ser una perversión de las ofrecidas por la literatura hasta la fecha.

La fijación en el tránsito de la adolescencia a la madurez refleja un proceso de arqueo, de balance en la obra de Sarduy; el paso de una postura de escritor joven, que practica la novedad como terrorismo y emblema propio, a la del escritor maduro, que ya ha consolidado una posición, y cuya novedad se ha convertido en un discurso reconocible, en una especie de facticidad. Con *Colibrí* termina el efebismo literario de Sarduy, con este libro se despoja de la máscara del artista adolescente. Lo cubano como tema ha sido rebasado con *Maitreya*, la deuda con Lezama parece haber sido saldada con esa biografía alucinante de Luis Leng. Los experimentos más claramente marcados por las teorías telquelianas quedaron atrás con *Cobra*. Esto no quiere decir que no haya vestigios de esas dos temáticas, pero sólo como objetos de lectura. *Colibrí* decanta no sólo figuras de lo hispanoamericano, sino también de lo ya conscientemente asumido como sarduyano.

Esta especularidad o autorreflexión queda plasmada en la primera oración de la novela: «Bailaba entre dos espejos, desnudo, detrás del bar» (Sarduy 1983: 13). Los dos espejos multiplican al infinito la imagen del protagonista; la desnudez destaca, dada la identificación del autor con el protagonista, el autoanálisis. En efecto, las imágenes de Sarduy en la novela van a ser múltiples, aunque derivadas sobre todo de dos figuras: el protagonista y el narrador. Estas dos figuras, por supuesto, son proteicas. El narrador habla a veces en masculino y otras en femenino, el protagonista parece ser a veces sólo la proyección del deseo de otros personajes. De todos modos, las peripecias de ambos reflejan elementos conocidos de la biografía de Sarduy, como en el caso de *La simulación*. El texto de *Colibrí* es como una galería de espejos en los que se reflejan imágenes del autor que a la vez que lo multiplican le roban la original. No sabemos, por supuesto, quién es, de veras, Sarduy, como no sea la proliferación misma de figuras de sí, tan inasibles como el propio colibrí y tan producto de la ilusión de movimiento que éste proyecta. Desde luego, no es sólo esta obsesión narcisista la que controla el texto; a ella se suman varios estratos alegóricos de significación que incluyen temas americanos relacionados a la naturaleza.

La acción en *Colibrí* empieza en un lugar típico de la ficción sarduyana: un emporio, cerca de un gran río, donde se celebran amañados combates de lucha libre entre jóvenes apuestos, para deleite de ricachos y militares adictos al cuero y la disciplina. Como al final de *Maitreya*, estamos en el mundo inflacionario de los petrodólares y el contrabando de drogas, el mundo del lujo y el desperdicio, de lo suplementario. La Casona se encuentra al borde de la selva, y está presidida por La Regenta (también la Canosa, etcétera), madama cuyo sexo de origen es desconocido. Dada a gestos imperiosos y órdenes inapelables, la Regenta (¿reina interina?) rige el local con mano de hierro, asistida por un enano que hace de árbitro en los arreglados combates, un gigante correlativo, y una serie de decoradores y cocineros que completan la empleomanía del local. La Madama y su emporio tienen sus antecedentes en *La vorágine* y *La casa verde*; el mito de la selva, y el del Dorado, al que se alude en la propia figura del protagonista, en *Los pasos perdidos*.

A este lugar llega Colibrí de la selva. Es joven, bello en extremo; rubio, casi blanco el pelo. Su procedencia se desconoce. Como tanto personaje de Sarduy parece haber nacido *ad hoc* para la ficción. Lo bautizan Colibrí por el ademán de vuelo que hace al saltar la talanquera, y por la agilidad con que esquiva las llaves de sus contrarios. La primera pelea de Colibrí es contra un japonés obeso como luchador de sumo, que no logra atrapar al joven, y que en su afán por hacerlo se descalabra contra la pared del fondo, sobre la que está pintado un mural de temática invernal. Colibrí se convierte en héroe del cuchitril, cotizado por las «ballenas» (los «cetáceos», etcétera), vale decir, por los clientes adinerados que frecuentan el local. Pero la Señora se ha enamorado locamente de él, por lo que Colibrí huye a la selva, perseguido por los agentes de la Madama. En la jungla se encuentra con el Japonesón y se hacen primero amigos y luego amantes. Los cazadores los encuentran y se separan en la huida. Colibrí se esconde en la capital, en un tugurio donde se dedica a la pintura de pulgas amaestradas. Allí lo vuelven a encontrar los esbirros de la Regenta, pelea de nuevo con el Japonesón, y con el gigante, metamorfoseado en espigada monja que lo agrede con una navaja con mango de crucifijo (homenaje a Buñuel). Pero Colibrí logra escapar una vez más, internándose en la selva, en viaje parecido al del protagonista-narrador de *Los pasos perdidos*. En lo más profundo vuelve a encontrar a sus persecutores —están también en el origen, en la fuente, que no es pura, que también contiene violencia. Estos lo devuelven a la Casona, adorándolo ahora como si fuera una divinidad. Regresan todos al Emporio, que se ha convertido en asilo para orates benignos y viejos. Colibrí, que ha comenzado a demostrar dotes de mando, quema el tugurio para luego armarlo de nuevo, pidiendo que traigan jóvenes que animen, como antes, las funciones. La circularidad del relato es evidente. Al final Colibrí remplaza a la Regenta, revelando así retrospectivamente el origen de ésta.

Por supuesto, como hemos visto en *Cobra* y *Maitreya*, toda descripción de un relato sarduyano es una violenta reducción. Además del argumento que acabamos de resumir, hay otro(s) no menos importante(s). Este segundo relato, que tiene que ver con el origen y factura del texto que leemos, se bifurca en dos: por un lado tenemos la lucha del narrador con las decoradoras del tugurio, que le usurpan control del texto, llenándolo de detalles que el narrador no quisiera incluir, y aportando versiones falaces del relato (claro, no sabemos al fin cuál es la original). Por ejemplo, la importante relación del viaje al origen, al centro de la selva, es una de las (per)versiones avaladas por las decoradoras, que describen la jungla en términos de los Alpes, y le dan un ambiente forestal germánico. Por otro lado tenemos las escenas sobre la adolescencia del narrador, en las que el padre lo acusa de afeminado, y lo insta, ahora que ha alcanzado la virilidad, a hacerse hombre. El sesgo autobiográfico de este nivel no es discutible. La decoradoras se refieren al narrador como «Severo». El padre llega a decirle al narrador que él no es sólo hombre, sino de «los Sarduy» (1983: 129), entre los cuales, protesta, no ha habido «pájaros» (homosexuales en Cuba). Es evidente que el relato –el texto de la novela– es una continuación de los juegos «poco viriles» de que el padre acusa al narrador. El narrador se identifica a sí mismo en femenino en otras partes de la novela, y sus descripciones de personajes masculinos son hechas desde una perspectiva abiertamente –por no decir, teatralmente– homosexual. Por este lado el estrato autobiográfico empalma con la identificación entre autor y narrador. La identificación con el protagonista es también clara y a dos niveles, uno

Llegada de Colibrí–escape–captura–Regreso de Colibrí
───→
RELATO

Llegada de C.   Regreso de C.
─────────→   ─────────→
Narrador   Narrador

        Escape de C. (selva)
        ─────────────────→
        Decoradores

        Relato del Narrador
        ─────────────────→
        Narrador

A diferencia de *De donde son los cantantes*, en que hay un cierto paralelismo entre los varios relatos, y *Cobra*, donde ocurre lo mismo, en *Colibrí* la forma, el sesgo principal del relato no varía, a pesar de que distintos narradores lo narran. La concatenación de incidentes se retiene, en sus bloques mayores, a pesar de las tergiversaciones. En las novelas anteriores hay una relación metafórica entre las diversas partes del relato; aquí es metonímica, excepto en el relato del narrador, del que sólo tenemos un fragmento, pero que refleja el del protagonista.

referencial y lingüístico, el otro argumental y analógico. Si «pájaro» quiere decir homosexual en Cuba y colibrí es un pájaro, de ello sigue que si el narrador es pájaro es como el protagonista. Todo el trayecto del protagonista adquiere múltiples sentidos una vez que asociamos Colibrí = pájaro = Sarduy. Al nivel del argumento la identificación no es menos clara. Mortificado por los cambios que las decoradoras le han impuesto al relato, el narrador decide quemar el manuscrito, tal y como Colibrí quema la Casona. Colibrí = Narrador = Sarduy. Desde luego, lo que surge de este juego de espejos es que sujeto y objeto se confunden en sus funciones. ¿Cuál es producto de cuál? Y si ambos se confunden ¿de dónde surge el deseo, qué mueve el relato? De nada que sea real; todo es proyección del deseo, inclusive el Otro, que es figura del Uno, o su reflejo; multiplicaciones y metamorfosis infinitas del deseo. El juego de espejos mata.

Es por lo tanto violar el sentido último del texto —que es precisamente establecer el sentido como una especie de glosolalia, de deslizamiento de significados alegóricos contradictorios o no— buscar un *masterplot*, una historia-base que controle las demás. No obstante, parece imponerse una. El carácter de ritual de paso que tiene la historia de Colibrí es apenas discutible. Efebo, el protagonista escapa a la selva, desde donde regresa a la Casona para asumir el poder, una vez que ha alcanzado la mayoría de edad. Tal vez sea conveniente recordar aquí un pasaje de *El pensamiento salvaje* que sintetiza las características del ritual de paso:

> Todo etnólogo no puede menos de sentirse impresionado por la manera común que tienen, a través del mundo, las sociedades más diferentes de conceptualizar los ritos de iniciación. Así en el África, como en América, Australia o la Melanesia, estos ritos reproducen el mismo esquema: se comienza por «matar» simbólicamente a los novicios quitados a sus familias, y se les esconde en el bosque o en la maleza donde pasan por las pruebas del más allá; después de lo cual «renacen» como miembros de la sociedad. Cuando se les devuelve a sus padres naturales,

simulan éstos todas las fases de un nuevo parto, y proceden a efectuar una reeducación que versa inclusive sobre los gestos elementales de la alimentación o del vestirse. (Lévi-Strauss 1964: 383)

Hay muchos detalles, como el endrogamiento del protagonista, su viaje a lo más profundo de la selva, su origen incierto, que vinculan a Colibrí con personajes de mitos que giran en torno a rituales de paso o iniciación, como el de Edipo, el de Perseo o el de Buda. En la novela, la Casona evidentemente representa la sociedad, la aculturación, el sometimiento a los códigos por los que se rige una economía que permite la circulación del deseo. Colibrí es separado de la Casona hasta que sufre las pruebas del más allá, con lo que regresa a ocupar el lugar de la Señora, el centro del poder desde el cual se organiza la representación (lugar análogo al del narrador, e implícitamente al del autor). Claro, la Casona es el ámbito de la simulación, lo cual la hace un símbolo perturbador de la sociedad, que resultaría ser así la suma de las *dis*imulaciones colectivas e individuales provocadas por el poder.

Si la Casona, unidad colectiva y cultural, *domus*, hogar, representa la sociedad, es mediante una deformación (implícita ya en el aumentativo, que recuerda la lógica suplementaria, boteresca) reveladora de su trasfondo: la sociedad, la cultura, está basada en el poder, en la disciplina y humillación del otro, en su sajamiento y marca —pero ¿no es el otro el mismo? No hay libertad carnavalesca en este tugurio, la mascarada barroca se basa no en el intercambio —intertextualidad/intersexualidad— sino en el apoderamiento, aunque sea fingido, porque todo es fingido. La belleza etérea de Colibrí es un espejismo debido a su juventud, al hecho de que todavía es sólo objeto de deseo. Colibrí es pura visibilidad, belleza aparencial, proyección del deseo. La lucha entre el Japonesón y Colibrí, el acoso del joven por la Regenta, remite al mito de Polifemo y Galatea, a la muerte de Acis a manos del monstruo (mito repetido por la bionda

Fay Wray a manos de King Kong); el pleito es la representación del deseo desorbitado que persigue la belleza ideal, inasible, que únicamente puede poseer deformándola o aniquilándola. O mejor, deformándose y aniquilándose. Los cimientos de la Casona se hunden en esta contradicción en la base del eros en Occidente, o tal vez del deseo en general. Éste es el fondo de la selva, el origen que persiguen Rivera, Gallegos y Carpentier; el principio de la escritura americana. Su proyección histórica es el mito del Dorado, es decir, del rey cuyo cuerpo ha sido cubierto por las arenas de oro. Colibrí, rubio, casi blanco, encarna ese mito, que no es más que la versión americana del deseo; pero ese deseo áureo pronto revela su otra cara. Esa cara es anal y excrementicia. Mortal.

Estas contradicciones son las que transforman la Casona en Asilo. La cultura como código que estabiliza y regula las proyecciones del deseo es siempre alienante, por cuanto sólo sirve para desplazarlo hacia lo representable, lo cual equivale decir tergiversación, desfiguración. Lo representable lleva dentro el instinto de muerte y sus estragos. El doncel virginal está abocado a una mayoría que se traduce en virilidad, en disciplina, en machismo hispanoamericano. La figura de Colibrí al final es la del dictador hispanoamericano, como lo había sido antes la Regenta –todos figuras de la *autor*idad. Es en esa adolescencia presexual –por eso objeto de deseo, como en la cultura griega, que tanto forma parte de cierta mitología *gay* en Occidente– en la que también se encuentra el narrador en la parte del relato sobre su juventud. La escritura viene a ser así un proceso contradictorio que refleja la oposición y complicidad entre deseo y muerte, deseo y desfiguración, antes vista. Por un lado es refugio en que perdura la adolescencia, por otro es disciplina, control de la representación: Colibrí y la Regenta todo uno, como el abrazo grotesco-erótico del protagonista y el Japonesón. En el relato el narrador se queda fuera del juego, fuera de la Casona, como le recuerda amargamente Colibrí al final, en pugna con su pegajoso doble. Fuera del juego, el escritor pretende perdurar en una alteridad que supuestamente lo salva de la aculturación, lo conserva fáusticamente joven, y le permite incidir en el mito de lo nuevo, de lo perfecto, de lo distinto, de lo homosexual como utopía acrónica. Pero no resulta así.

La elusividad congénita y programática del narrador, su narcisista juego de espejos, también pone de manifiesto la contradicción. La «rareza» del mundo *gay* surge de un deseo narcisista, pasmador y autoaniquilante –la rareza es lo fijo, es lo mismo repetido hasta que, como las alas del colibrí, desaparecen o dan la impresión de inmovilidad, la muerte sobre la cual éste se alza, precariamente y en éxtasis. Los espejos devoran al narrador, sus múltiples versiones se cancelan unas a otras, se roban vida. Lo homosexual se convierte aquí en metáfora de lo erótico en general, y más específicamente de la naturaleza transgresiva de éste. La manía persecutoria de la Señora, en la que cae también Colibrí, es la marca de esa desviación sadomasoquista, que en su vertiente marcial sería la sublimación más visiblemente hispanoamericana del eros. Si la Casona es «espejo cóncavo del cosmos» (1983: 28), ese cosmos se erige sobre el deseo siempre desfigurador y excesivo, sobre ese más allá que es la cultura, que es la suma imperfecta de todas las desviaciones, no una normalidad benigna y estable. La naturaleza es monstruosa, su reproducción siempre deformadora.

Ambos modelos de representación, la Casona como teatro erótico y como manicomio, son precarios y carecen de principio organizador omnisciente. Aún regida por la Regenta, la Casona está compuesta de focos diversos de representación, no sólo en lo que respecta a los jóvenes luchadores, sino también a la conducta de una galería de personajes que quieren imponer cada uno su criterio «estético». Por ejemplo, además de las decoradoras, los cocineros dan una relación estilo narrador deportivo de los encuentros, atenta a la retórica de ese tipo de representación. Esto refleja, a su vez, la situación del autor en la ficción. Su «voluntad» no es la que rige, sino que los personajes

| La señora | : | Casona | ∴ | Narrador | : | Ficción |

| Narrador | : | Ficción | ∴ | Dictador | : | Sociedad |

ERGO

| La señora | : | Casona | ∴ | Dictador | : | Sociedad |

ERGO

| La señora | = | Dictador | = | Narrador |

| Casona | = | Sociedad | = | Ficción |

se le encaran, exigiendo modos distintos de arreglar el decorado y cambiando aun las escenas más importantes, como la del viaje a la selva. La situación es análoga a la del director del Shanghai en *De donde son los cantantes*, que no puede más que pedir «atmósfera china» a sus muchachas. La ficción es la locura organizada (manicomio) o la organización alocada (teatro). La Casona y el Manicomio son representaciones parciales, manifiestamente incompletas, de la sociedad hispanoamericana y de la ficción que la refleja.

Esta interpretación alegórica no agota, ni con mucho, la posibilidades de lectura que ofrece *Colibrí*. Para seguir con el elemento autobiográfico que la novela invita a tomar en cuenta, podemos suponer que la sección en que Colibrí, en la ciudad, se dedica a pintar pulgas amaestradas, es una versión del exilio del propio Sarduy y su actividad como escritor. La descripción que se hace de las pulgas –algunas son mamboletas– es una parodia de los personajes de Sarduy y sus actividades más notorias. Si continuamos con la asociación Colibrí = pájaro = Sarduy, este exilio de la Casona –de esa Casa de (las) Américas– podemos entonces inferir que la novela esconde el relato del destierro del propio autor. Las posibilidades de convertir en *roman à clef* la novela se hacen entonces tentadoras: ¿quién será esa Regenta que manda en la Casa de las Américas? Podríamos ver también la Casona y su decadencia como una alegoría del destino del grupo Tel Quel, lo cual nos llevaría de nuevo otra lectura de la obra como *roman à clef*: ¿quién sería, en este caso, la Canosa?

Pero esta multiplicidad de lecturas alegóricas, esta capacidad del texto para metamorfosearse, que es a su vez reflejo del protagonista y de las varias imágenes del autor, no es sino producto de su relación con la tradición literaria americana, con los modelos que ésta ha legado, sobre todo los que se manifiestan a través de la temática de la naturaleza. ¿Cuál es, después de todo, la postura de *Colibrí* frente a esa tradición, a esos modelos? La respuesta a esta pregunta es crucial porque encierra la versión que Sarduy da del mito de lo nuevo que la novela proyecta a través del protagonista, y también porque el mito de lo nuevo es el mito americano por excelencia. Adriana Méndez Rodenas, en una brillante reseña de *Colibrí*, dice lo siguiente respecto a cómo la novela trata a sus modelos:

> El viraje que representa *Colibrí* se muestra con mayor fuerza en la copia-simulacro hecha a la novela de la tierra. No se trata ya de un impulso paródico que ataca a los modelos precedentes del «alto realismo». Más bien, el texto de *Colibrí* se *confunde* con su parodia; mata irreverentemente a *Doña Bárbara* (la Regenta del relato), a *La vorágine* (la «mona blanca» evoca el cruce del río de Arturo Cova al escaparse del reino cauchero). Los textos de fundación latinoamericanos (Rubén Darío, Aimé Césaire, Lezama Lima), como estas novelas, han sido rotos en su unidad o coherencia representativa, y las frases parodiadas aparecen en *Colibrí* a manera de residuos o sobras de una tradición literalmente desechada. [...] *Colibrí* es una página en préstamo de la novela de la tierra. pero escrita al revés. La «guerra de las escrituras» proclamada en *Colibrí* no es tanto una batalla frontal, sino un «darse por vencido». Sarduy ondea la bandera blanca de la página para rendirse el texto enemigo —el realismo y el costumbrismo— en el intento de que ese otro escrito invada al vacío, al hueco representativo. En *Colibrí*, la parodia es una capitulación o, lo que es lo mismo, un simulacro. (Méndez Rodenas 1985: 400-401)

Como en los poemas de *Un testigo fugaz y disfrazado*, en *Colibrí* se preserva el modelo, que sirve de soporte a lo nuevo; el origen es la forma de la anterioridad, no su ausencia, es su prolongación, su ampliación, y también su desfiguración. El ansia de novedad típico de lo americano, y de la modernidad, privilegia lo anterior como soporte. Como hemos visto ésta es la esencia del barroco y del neobarroco. Vuelta al modelo, disfrazarse del modelo, de la temporalidad que éste encarna, de la muerte (como el padre de Sarduy en la viñeta vista). Sólo que, claro, como en los poemas estudiados, lo que lo nuevo logra, si es realmente nuevo, es despertar las posibilidades de subversión en el modelo; no es simplemente entregarse a él, sino movilizarlo. Y el modelo revela tergiversaciones, perversiones perturbadoras en *Colibrí*. El mundo épico de *Doña Bárbara*, *La vorágine* o aun *Los pasos perdidos* muestra su envés. La naturaleza es un código atravesado por el deseo, un deseo que se manifiesta como un travestismo perpetuo y deformador, que genera un espejeo constante de significados. Al final, en fin, *Colibrí* corrobora la autenticidad, la autoctonía del mito de lo nuevo, pero sólo para revelar a la vez las contradicciones que lo constituyen. El arte americano, el artista americano, está condenado a la novedad, pero ésta no representa un escape de lo viejo, de lo antiguo, de lo anterior, sino una especie de danza de la muerte con él. El efebismo de que se autoacusa Sarduy en la novela es una proyección inevitable de esa dialéctica, y es lo que llena de riesgo su empresa literaria de una forma que los escritores del *boom*, salvo en alguna que otra obra reciente, no se han atrevido a probar.

Podemos resumir diciendo que lo moderno equivale a lo neobarroco, porque lo moderno, en el ámbito hispanoamericano, incluye una preservación del modelo –que, como en el barroco, es una apoteosis de la forma, de lo formal– que no está exento de implicaciones ideológicas pero que parece formar parte de una ineludible dialéctica. A nivel autobiográfico esa ansia de novedad provoca un efebismo que Sarduy proyecta como una especie de homosexualidad inherente a la creación; no bisexualidad andrógina del origen, sino narcisismo autodestructivo pero necesario para el acto de creación. Es ésta la imagen que Sarduy da del artista americano adolescente, y la relación que establece entre el escritor y la cultura hispanoamericana. Es una relación necesariamente transgresiva, contestataria más allá del nivel político.

3.

> No te aflijas, Bruno, no importa que se te haya olvidado poner todo eso. Pero, Bruno —y levanta un dedo que no tiembla— de lo que te has olvidado es de mí.
>
> Julio Cortázar, «El perseguidor»

¿Puede verse la obra de Sarduy como paradigma de la última novela hispanoamericana, de eso que ya algunos dan en llamar el post-*boom*? Es evidente que la prudencia debe inclinarnos a responder que es demasiado pronto para establecer tales demarcaciones, que el presente es difícil, si no imposible de historiar. Si el *boom* existió fue a causa de factores culturales, políticos y económicos que hicieron que un grupo de novelistas se reconociera como algo homogéneo, por diferencias que hubiera en sus edades y formación. Hoy, sin embargo, no existen tales condiciones. Lo que sí subsiste es una enorme vitalidad en la ficción hispanoamericana, con los escritores del *boom* (salvo Cortázar, desde luego) y otros periféricos al fenómeno que han seguido escribiendo con gran vitalidad y éxito. Continúan saliendo grandes obras de la imaginación de Mario Vargas Llosa, Carlos Fuentes, Gabriel García Márquez, Guillermo Cabrera Infante, José Donoso y Augusto Roa Bastos, entre los mayores, y de la de Manuel Puig, Miguel Barnet y Reinaldo Arenas, entre los más jóvenes (a este grupo pertenece Sarduy por su edad). Si hay un post-*boom*, tiene que incluir algunas de las obras de todos estos escritores, ya que todos trabajan en el mismo tiempo presente, en condiciones similares. Claro, algunas de las obras de los mayores siguen repitiendo las características de las del *boom*, sobre todo las de Vargas Llosa y Fuentes. Si tomamos el post-*boom* como algunas de las obras producidas por los protagonistas del *boom* después de las célebres novelas que los consagraron, además de aquéllas escritas por el grupo joven, tal vez entonces podamos discernir algunas características en común que nos sirvan tan sólo para intentar hacer una muy provisional descripción de él. Arriesguemos algunos deslindes a partir de Sarduy, sin pretender convertirlo en paradigma. Pero antes, y para ver el fenómeno del post-*boom* en un contexto que lo aclare un poco, consideramos los rasgos de un movimiento del que sin duda forma parte: el postmodernismo, o la literatura postmoderna. Veremos el postmodernismo a través de lo propuesto por el gran novelista norteamericano John Barth y el teórico francés Jean-François Lyotard.

En un ensayo necesariamente autobiográfico, ya que él mismo ha sido considerado como uno de los principales escritores postmodernos, Barth medita sobre la distinción entre modernos y postmodernos (véase Barth 1985). Para empezar afirma algo que debía tenerse presente al hablar del post-*boom*: que el postmodernismo es inevitablemente epigonal, tanto continuación como ruptura, y que de ninguna manera puede consistir en una negación del modernismo. Entre los grandes modernos, Barth incluye a T. S. Eliot, William Faulkner, André Gide, James Joyce, Franz Kafka, Thomas Mann, Robert Musil, Ezra Pound, Marcel Proust, Gertrude Stein, Miguel de Unamuno y Virginia Woolf. Entre los postmodernos Barth incluye (además de sí mismo, con el debido escepticismo), a los norteamericanos William Gass, John Hawkes, Donald Bartheleme, Robert Coover, Stanley Elkin, Thomas Pynchon y Kurt Vonnegut, Jr. Fuera de los Estados Unidos Barth dice que algunos incluyen a Samuel Beckett, Jorge Luis Borges, el último Nabokov, los autores del *nouveau roman*, Michel Butor, los escritores del grupo Tel Quel, el inglés John Fowles, y al «argentino expatriado Julio Cortázar». Barth proclama, además, que no se apuntará «a ningún grupo literario en el que no estén el colombiano Gabriel García Márquez y el italiano semiexpatriado Italo Calvino». A estos dos, como veremos, sobre todo al primero, Barth los considerará como los mejores exponentes de la literatura postmoderna. Debe ser evidente que a nuestros efectos la nómina de Barth es algo confusa, si incluye a Borges, García Márquez y Cortázar en la misma categoría, aunque hay que aclarar que él sólo habla de incluir a los norteamericanos y a García Márquez y Calvino. Los otros son nombres que han sido mencionados por la crítica. Barth, resumiendo trabajos de críticos norteamericanos como Robert Alter y Gerald Graff, toma la literatura moderna principalmente como una crítica del orden social de la burguesía del siglo pasado y la visión del mundo que ésta promovía. Por lo tanto el recurso artístico central consistió en invertir deliberadamente las convenciones del realismo burgués mediante tácticas tales como la sustitución del método mítico por el realismo, y la manipulación del paralelismo entre la contemporaneidad y la antigüedad. Barth alude aquí, haciéndose eco de Graff, de lo dicho por Eliot respecto al *Ulises* de Joyce. Otros recursos fueron «la ruptura radical del flujo lineal de la narración; la ruptura de las expectativas convencionales sobre la unidad y coherencia de argumento y personajes y el consecuente "desarrollo" del tipo causa-efecto; el despliegue de yuxtaposiciones irónicas y ambiguas, capaces de poner en duda el "significado" moral y filosófico de la acción literaria». A esto añade «la adopción de un tono de autoburla epistemológica contra las ingenuas pretensiones de la racionalidad burguesa; la oposición de la conciencia interior al discurso objetivo, racional y público; y una inclinación a distorsionar subjetivamente para mostrar cómo se desvanecía el mundo social objetivo de la burguesía del siglo XIX». De su propia cosecha, Barth añade a esta lista dos elementos más: 1) «la insistencia de los modernos —tomada de sus antepasados románticos— sobre el papel especial y generalmente alienado del artista en su sociedad o fuera de ella; el artista antihéroe, sacerdotal y autoexilado de James Joyce; el artista de Thomas Mann, como charlatán o medicastro; el artista de Franz Kafka, como anoréxico o insecto»; 2) «el primer plano en que los modernos colocan el lenguaje y la técnica, en contraste con el tradicional "contenido" claro y honesto». Las obras modernas son además, según Barth, difíciles, creando la necesidad (¡*touché*!) de catedráticos, de una «industria sacerdotal de explicadores, anotadores y cazadores de alusiones, que ejercen de mediadores entre el texto y el lector».

La narrativa *post*moderna, según los profesores leídos por Barth

> [...] pone simplemente su énfasis en la autoconciencia y en la autorreflexión «en acción» del modernismo, con su espíritu de subversión y anarquía culturales. Opinan [los catedráticos] que, con resultados diversos, los escritores postmodernos hacen una narrativa que cada vez gira más sobre ella misma y sus procesos, y cada vez menos sobre la realidad objetiva y la vida de este mundo. Para Gerald Graff, también, la narrativa postmoderna sencillamente conduce hasta sus extremos –lógicos y cuestionables– el programa antirracionalista, antirrealista y antiburgués del modernismo, pero sin tener un adversario válido (ya que ahora, y en todas partes, los burgueses han hecho suyos los adornos del modernismo convirtiendo sus desafiantes principios en *kitsch* masificado), ni las sólidas amarras del realismo cotidiano contra el que se define. (Barth 1985: 17)

Como puede inferirse del tono, a Barth no lo convence del todo esta descripción del postmodernismo, que de ser certera haría de «la literatura postmoderna [...] realmente una especie de decadencia pálida y agónica que no tiene más que un mínimo interés como síntoma» (1985: 17). Para Barth «el programa adecuado para el postmodernismo no es una simple extensión del programa moderno descrito anteriormente, ni una simple intensificación de ciertos aspectos del modernismo, ni –al contrario– una total subversión o rechazo tanto del modernismo, como del llamado premodernismo, el realismo burgués "tradicional"» (Barth 1985: 17). No es demasiado explícito Barth sobre los pormenores de su programa. A lo que más énfasis da es a que las obras postmodernas sean asequibles a un mayor número de lectores, ya que las novedades de la modernidad «son más o menos moneda corriente y adulterada», y porque ya «no necesitamos más *Finnegans Wake* o *Pisan Cantos* con una legión de catedráticos tras ellos para explicárnoslos». Y, sobre todo, la narrativa postmoderna debe narrar historias. Sus ejemplos preferidos son Calvino (*Las cosmicómicas*) y García Márquez (*Cien años de soledad*). Este último es «un postmoderno ejemplar y un maestro del arte de narrar historias».

No creo que los esquemas propuestos y debatidos por Barth sean inmediatamente aplicables a la narrativa hispanoamericana, pero sí me parecen adaptables de manera instructiva. No cabe duda que lo que Barth y sus fuentes llaman literatura moderna corresponde a la novelística del *boom*, en especial *Rayuela* de Cortázar (no los cuentos, que serían, tal vez, postmodernos), *La muerte de Artemio Cruz*, *El obsceno pájaro de la noche*, *Tres tristes tigres*, novelas todas profundamente marcadas por Joyce, por Faulkner y por la poesía. En ellas predominan las rupturas del argumento, el énfasis en el lenguaje, en el fluir de la conciencia, la alusividad, la ironía, la autorreflexión que indaga sobre lo que es la literatura. En ellas también aparecen proyecciones del artista como ser alienado, sacerdotal, enfermo –Horacio, los tristes tigres, Estrella, Morelli. En ellas se hace burla del racionalismo burgués, y se busca, en un subjetivismo a veces ayudado por la droga, un plano más profundo de autoconocimiento, y de conocimiento de la cultura como categoría superior que invalida las falsas y alienantes manifestaciones de la sociedad postindustrial. De ser así, por supuesto, tendríamos que admitir que existe un atraso por parte de la literatura hispanoamericana, que lo moderno irrumpe, por lo menos en la narrativa en la época en que ya predomina lo postmoderno en Norteamérica y Europa. Aunque mejor sería decir que, más que un atraso, la literatura hispanoamericana simplemente sigue otro ritmo. En todo caso, me parece plausible decir que moderno equivale a *boom*, y que por lo tanto, postmoderno equivale a post-*boom*.

Ahora bien, ¿qué versión de lo postmoderno es aplicable al post-*boom*, en especial a Sarduy? ¿La de los catedráticos o la de Barth? No creo que sean antitéticas, sino complementarias. Lo crucial es lo relativo al regreso de las historias, de la narratividad. Creo que el programa de intensificación de los experimentos del modernismo sí lleva a una narrativa que cada vez gira más sobre sí misma y sus procedimientos, lo único es que se descubre que éstos son también narrativa, no metadiscurso o conocimiento. Esto, me parece a mí, es lo que ocurre tanto en *Cien años de soledad* como en las obras más recientes de Sarduy. Lo que es ya irrecuperable es la noción de que existe un metadiscurso, una matriz narrativa «que se rompe» y que al hacerlo genera un conocimiento profundo de la literatura o del autor. En esto la narrativa postmoderna, inclusive la hispanoamericana del post-*boom*, confluye con la descripción que Jean-François Lyotard hace del conocimiento en general en la era postmoderna (véase Lyotard 1979). Lyotard insiste en la preeminencia de los relatos, de la narrativa, como matrices locales de conocimiento, que no se conectan a matrices superiores que los o las explican. Los procesos de la narrativa puede que no sean toda la vida real, pero sí son parte de ella, y lo que la narrativa postmoderna hace es abolir la nostalgia de totalización. La novela del *boom* aspiraba a ser total, y aunque fallara e hiciera de esa falla espectáculo, lo cierto es que la posibilidad de totalización era un factor importante. Creo que podemos regresar ahora a Sarduy, a la novela del post-*boom*, y a las categorías prometidas.

Apoteosis de la narratividad. Las obras del *boom*, según acabamos de apuntar, sobre todo *Rayuela*, pusieron en entredicho el argumento, sometiéndolo a veces a una pulverización que no le permitía, ni aun al lector más tenaz, reconocer el hilo de la historia. En Sarduy esta etapa corresponde a *De donde son los cantantes* y *Cobra*. A partir de *Maitreya* hay un regreso del argumento, del relato, de la historia como elemento vertebrador del texto. Lo mismo se observa en Cabrera Infante si contrastamos *Tres tristes tigres* con *La Habana para un infante difunto*. En la primera hay varios hilos argumentales que se entretejen o no, mientras que en la segunda hay un desarrollo lineal. Las novelas-testimonio de Barnet y las obras de Puig nunca practicaron el tipo de ruptura narrativa que encontramos en muchas de las del *boom*. Ahora bien, como hemos visto en *Colibrí*, este retorno del relato no significa que haya un regreso a la novelística tradicional ni mucho menos. La diferencia mayor se encuentra en cómo se arma el argumento en estas obras del post-*boom*. Se trata de una diferencia de discurso narrativo. En la novela tradicional el hilo narrativo estaba garantizado por la presencia centralizadora de una voz autoral que llevaba el relato de un acontecimiento a otro, explicando cómo se imbricaban las diferentes partes, y haciendo que toda la historia se relacionara o que reflejara una serie de valores sociales, siendo el más importante el concepto del tiempo y del devenir histórico. El recurso –la voz del narrador– nos asegura por qué ocurre lo que ocurre y a causa de qué. En las novelas del *boom* la voz autoral se fragmenta, pero no pierde su autoridad, ya que las figuras del autor siempre encarnan valores literarios que suponen una posible unidad anterior o subsiguiente. El cronista en *Terra Nostra* es Cervantes, en *Rayuela* Morelli es un teórico de la novela; además, se supone una unidad suministrada por el lenguaje mismo y su capacidad para establecer vínculos significativos independientes de toda historia, como en la poesía. En la última novela hispanoamericana la concatenación de incidentes se da independiente de todo metadiscurso, de toda categoría global, inclusive el lenguaje, que postule un orden significativo. Cuando el autor aparece en la obra, como en *La guerra del fin del mundo*, esa apoteósica sinfonía de narratividad, lo hace como un personaje más de la ficción, sin poderes superiores (es un mero periodista, medio cegato por añadidura). Cuando aparece en *Colibrí* es un pintor de pulgas amaestradas. Además, el relato, la sucesión y concatenación de incidentes se da en estas novelas independientemente de quién narra, según vimos en *Colibrí*: el relato es más importante que el lenguaje o el narrador.

Ausencia de metadiscurso. Las novelas del *boom*, aun las más audaces, contenían un metadiscurso crítico, literario, político o cultural. Por ejemplo, *Rayuela* trae su propia teoría literaria explícitamente formulada en el «Tablero de Instrucciones» y en los fragmentos de «morelliana». Además, *Rayuela* todavía está marcada por el gran tema de la literatura hispanoamericana moderna: la búsqueda de identidad cultural y la definición de la cultura hispanoamericana. Oliveira busca su identidad como argentino; las dos partes de la novela dan la dialéctica de la argentinidad (Europa-América). *De donde son los cantantes* fragmentó en tres relatos el tema de la identidad cubana, y en *Colibrí* se reduce a relato el de la identidad hispanoamericana, en tanto que reflejo de una naturaleza que, por encima de éste, le da sentido. Sin posibilidad de totalización, la novela del post-*boom* abandona la *saudade* de la identidad, o de la cultura como matriz narrativa que la contenga y dote de significado.

Esta eliminación de los metadiscursos se da sistemáticamente en Sarduy mediante la presentación de sectas religiosas locales, hechas *ad hoc* de los girones de grandes sistemas religiosos. Lo que Lyotard identifica al nivel del intercambio de conocimiento en la era postmoderna se da en Sarduy a través de este privilegio de relatos locales que son la suma posible del conocimiento, y por lo tanto objeto de adoración. En *Colibrí* esto reaparece, con un sentido menos específicamente tercermundista, mediante la alusión a Jim Jones y el holocausto de la Guayana, que se cierne como símbolo del resultado de la modernidad.

Eliminación de la reflexividad irónica. La marca de la modernidad en las obras del *boom* la daba la tan llevada y traída reflexividad novelística, que al incluir en la ficción la historia de cómo se escribe la novela crea una composición en abismo que borra las fronteras entre realidad y ficción. La figura del autor hace un espectáculo de su sufrimiento ante tal ambigüedad, que le resta importancia y tiende a anularlo como fuente de la creación y de conocimiento último. El autor es inmolado a las leyes del lenguaje o de la literatura que son superiores a él. Claro, la mala fe del proceso es evidente. La novela del post-*boom* no le da tal oportunidad al autor, quien no sólo aparece como parte de la ficción, sino como un personaje más que no controla los acontecimientos. No hay forma de suponer que su conciencia sea superior al relato mismo, y generalmente no aparece como figura literaria. En Sarduy las figuras del autor no son sólo débiles, sino deliberadamente ridículas, como el marihuanero director del Shanghai, en *De donde son los cantantes*, o en *Colibrí* el pintor de pulgas amaestradas. Horacio, Melquíades, y hasta los personajes de *Tres tristes tigres* aparecen cargados de literatura. La obra de Sarduy parodia la reflexividad de la novela del *boom*, que se basa en la todopoderosa figura del autor, esa proyección de la ironía romántica.

Superficialidad. Hay una deliberada superficialidad en las novelas del post-*boom*. Ni el lenguaje en sus giros y juegos, ni los personajes ni la figura del autor prometen un conocimiento profundo. Todo es color, narratividad, acción. Esto se observa en una gran ausencia en Sarduy: el flujo de conciencia. No hay representación del flujo de conciencia autoral o de personajes que pretenda mostrar la conciencia antes del lenguaje, ya sea mediante rupturas sintácticas, reiteraciones o cualquiera de los recursos legados por la modernidad, sobre todo siguiendo los modelos de Joyce y Faulkner. El lenguaje de Sarduy, como el de Puig, como el de Barnet, no se aparta de los convencionalismos de la gramática y la retórica. Es más, en el caso de Sarduy y Puig se extreman. Es el origen formado al que se regresa en toda ruta de autoindagación.

Alegoría e historia en *De donde son los cantantes*

> Ir más allá es un regreso
>
> Severo Sarduy

I.

En el 2013 se cumplieron veinte años de la muerte de Severo Sarduy. Es hora tal vez de empezar a hacer un balance del valor de su obra, que ha caído un poco en el olvido; de preguntarse qué va a quedar de ella en las antologías e historias rigurosas de la literatura latinoamericana y hasta occidental. Llevo ya cuarenta años escribiendo sobre Sarduy, con frecuencia defendiéndome de aquéllos que lo denigran, como Mario Vargas Llosa, por razones que para ellos deben parecer válidas –Mario es el anónimo «connotado novelista latinoamericano» que me hizo la pregunta «¿todo un libro?», cuando le dije que escribía uno sobre Sarduy, viñeta con la que abría la primera edición de *La ruta de Severo Sarduy* (1987). También llevo años escuchando rumores de los que se preguntan si Sarduy no fue un fenómeno de su momento –*boom*, estructuralismo, postestructuralismo, Derrida, Lacan, Barthes, Foucault, todos muertos como él–, que ya ha pasado. Semejantes juicios, explícitos, implícitos o tácitos, así como las meras omisiones, llegan hasta a sembrar la duda en mí mismo.

Fui, me complace confesarlo, un interlocutor fraterno pero a veces escéptico de Severo, además del último lector y corrector de sus manuscritos después de *De donde son los cantantes*, que es de

1967. No me animaba siempre a acompañarlo en algunos de sus entusiasmos, sobre todo los lacanianos, ni menos de sus rechazos, en particular el de Alejo Carpentier, que tenía algo de edípico o de angustia de la influencia a mi ver. En parte esta renuencia mía se debía a que hay algo rebelde en mí que me obliga a defender mi independencia ante los autores que estudio, inclusive Carpentier, como he documentado en mi libro sobre nuestra correspondencia (González Echevarría 2000). Es el espacio libre de la hermenéutica y el juicio de valor. Pero también mi formación académica, que es (modestia aparte) muchísimo más vasta que la que Severo tuvo, inclusive en literatura francesa, por no hablar del barroco español, me inclinaba a la cautela. No obstante, había y hay algo seductor en la obra de Sarduy: un genio raro, enigmático, misterioso y difícil. Me atraían esas matronas envejecidas que luchan contra la decadencia física, que protestan contra el paso del tiempo en un discurso en que lo *kitsch* está teñido de melancolía; esos travestis frenéticos, pintarrajeados, poseídos por deseos intensos que los impulsan a aventuras extravagantes y conflictivas; esos machos alardosos que engolan la voz para afirmar una masculinidad dudosa y ansiosamente confeccionada; esa amalgama barroca de ornamentos que aspiran a colmar el vacío, la labor de joyería neobarroca de su prosa.

De todo eso aprendí yo a estudiar la obra de Calderón de la Barca (escribía yo cuando nos conocimos mi tesis doctoral sobre *La vida es sueño*) y sus travestis desde una perspectiva inusitada, atrevida, que le daba la vuelta a los ponderados estudios de calderonistas anteriores, empeñados en reflejar en sus textos una austeridad solemne que le atribuían por hábito al gran dramaturgo y poeta madrileño. Y Severo, pienso, aprendió de mí algo de Góngora y el barroco español, el epígrafe lezamiano de *Colibrí* que le facilité («el colibrí, señor del terrón, pasa del éxtasis a la muerte»), la frase «la muerte vestida de verde jade», que le regalé en urgente llamada telefónica desde la Florida, cuando una señorona cubana venida a menos en el exilio me describió así lo que era trabajar para ganarse la vida. A mí se me ocurrió en seguida que se había escapado de una novela de Severo. Severo usó la frase como título del capítulo dos de Colibrí, novela que nos dedicó a mí y a su padre. También compartíamos y así preservábamos la «picuería» (cursilería) cubana de los años cincuenta, la barroca terminología sexual caribeña; el relajo codificado en frases hechas. Algo de todo esto luego aparecía en sus textos, como yo mismo, que fui incorporado a sus ficciones con pseudónimos indescifrables, excepto para nosotros dos.

Regreso a la obra de Sarduy tal vez para justificarme a mí mismo la atención que le he dedicado a lo largo de tantos años y explicarme la influencia que tuvo sobre mi propio trabajo. También me anima mi persistente y tal vez anacrónico interés por la cuestión de cómo juzgamos y valoramos las obras literarias actuales, las que nos salen al paso todos los días, como en su momento me salieron al paso a mí las de Severo. Mi cometido sigue siendo, como dije en el prólogo a mi ya remoto librito *Relecturas* (1976), leer obras modernas, contemporáneas, «como si fueran ya clásicas» (14), leer a Sarduy como leo a Cervantes y a Shakespeare (los profesores universitarios leemos a los contemporáneos a la vez que impartimos clases sobre los clásicos; yo estoy dando este semestre dos cursos sobre Cervantes y participo en un seminario para la facultad sobre el teatro de Shakespeare). Me inspira también una casi innata propensión a ver con desconfianza todo aquello que se declara nuevo, y por ello distinto y mejor.

La satírica novela de Jorge Volpi, *El fin de la locura* (2003), donde se burla de la fascinación que ejerció Lacan entre sus crédulos discípulos latinoamericanos, pone en entredicho retrospectivamente los arrebatos lacanianos de Sarduy. Creo también que se ha apagado el embeleso que causó la temática homosexual de su obra, cuyas supuestas transgresiones ya no asombran a nadie a estas alturas, y a las que el propio Severo no prestaba mucha importancia como programa, excepto de vida. Se insistió demasiado en el humorismo de su obra, que no es tan persistente como en la de Cabrera Infante, pongamos por caso, y que cae más bien dentro del tono juguetón con que lidió Severo con todos los temas escabrosos, restándoles trascendencia, y en eso consistía la seriedad de su reacción ante ellos —ninguno nos iba a salvar de la muerte o de la tragedia implícita en toda sexualidad. Severo no se interesaba en los movimientos reivindicatorios gay, y los norteamericanos, especialmente, le parecían burgueses en esencia, carentes de un espíritu lúdico o demoníaco en un sentido retozón, y por lo tanto no verdaderamente transgresivos. No va a salvarse Sarduy por ningún motivo que no sea el valor de sus libros. También se ha extinguido con el pasar del tiempo y la mengua de la memoria de los que lo conocimos, el aura personal, un poco lorquiana, de Severo, cuyo carisma era legendario; su capacidad de imitación jocosa y paródica de otros escritores y artistas de cine y televisión, los cambios de voz que había aprendido haciendo radio, que le permitían pasearse por todo el registro sonoro desde el falsete hasta los bajos graves y profundos. Excepto en los momentos que exigían compostura, en persona Severo era un espectáculo. Ese sí que ha desaparecido.

Nos queda la obra.

2.

A pesar del aire de experimentación desenfrenada que rodea a *De donde son los cantantes* lo sorprendente es que, desde su título mismo, la obra parece concentrarse en un tema tradicional, hasta convencional, de la literatura latinoamericana del siglo XX: la identidad del país de origen del autor. Brilla por su ausencia, tras el circunloquio del título, la palabra Cuba, que es *De donde son los cantantes* (aunque, más concretamente, y atendiendo a su fuente en el conocido «son» de Miguel Matamoros, la respuesta a la pregunta que también puede ser el título, es una paradoja o adivinanza: «son de la loma y cantan en llano»). Por si hubiera alguna duda, la «Nota» al final, que explica que las tres historias que componen la novela corresponden a las tres culturas que se «han superpuesto para constituir la cultura cubana» (235, cito por mi edición crítica de la novela, 1993), hace clara la intención de la obra. Esas culturas serían la española, la africana y la china. La identidad nacional es el tema de la novela regionalista, o «de la tierra» (*Doña Bárbara*, *La vorágine*, *Don Segundo Sombra*), y de no pocas novelas del llamado *boom*, como *Rayuela*, *La muerte de Artemio Cruz*, *La ciudad y los perros*. Pero difícil sería confundir *De donde son los cantantes* con la obra de Rómulo Gallegos, José Eustasio Rivera o Ricardo Güiraldes, como tampoco con la de Julio Cortázar, Carlos Fuentes o Mario Vargas Llosa. ¿En qué difiere la novela de Sarduy de las de estos escritores si su asunto principal sigue siendo el mismo? ¿Cuál es el valor de su originalidad, si es que la tiene?

En *De donde son los cantantes* Sarduy renunció a muchos de los recursos de la novela, no ya la tradicional, sino también la de vanguardia —entre nosotros la del *boom*. *De donde son los cantantes* no tiene personajes que podamos reconocer como tales, aun si pensamos en los de Proust, Joyce o Faulkner, y todos los latinoamericanos que le preceden o fueron sus contemporáneos. Los personajes de Sarduy carecen de rasgos propios que nos recuerden a personas vivas; son producto de combinatorias lingüísticas del estilo «auxilio-socorro» o juegos de palabras, como los que rodean el nombre de *Cobra*. Son como pronombres; no tienen personalidad ni mucho menos interioridad o psicología. No se expresan de forma ni remotamente normal, en un lenguaje vulgar o culto, pero familiar e inteligible y típico de una clase social o grupo. Hablan, se comunican, a veces chillan, en frases hechas y lugares comunes, algunos tomados de la publicidad o los medios en general y también de la literatura. La franja cultural que Sarduy dignifica, en la que actúan sus personajes, es la de una chusmería (vulgaridad) en que todas las fuentes tradicionales de cualquier cultura que provengan han sido transformadas para crear una síntesis de un mal gusto provocador y programático. Los personajes sarduyanos carecen de familia, no hay padres, madres, hermanos; no hay generaciones de Buendías. La sucesión se logra mediante el aditamento improvisado al grupo de nuevos individuos, ya sea al teatro lírico de muñecas, a un sanatorio de enfermos de SIDA, a un emporio de lucha libre, a una procesión o comparsa. No conozco un proceso de deshumanización más radical en la literatura moderna o del pasado reciente o clásico (como no sea las *Soledades* de Góngora).

Las novelas tradicionales y las de vanguardia tienden a ubicarse en paisajes como la selva, el llano, la pampa, o ciudades que les son familiares al lector, como París, Dublín, México, La Habana o Buenos Aires, pero no las de Sarduy. Sus obras prescinden de paisajes, entornos, escenarios o ambientes que sean reconocibles por alusiones culturales conocidas; con frecuencia son producto de la *ékfrasis*, descripciones de cuadros de pintores famosos, como Wifredo Lam, Mark Rothko o James Ensor. Es decir, el contexto físico de la acción ya ha sido convertido en arte. El argumento novelístico, aun en el caso de una obra tan compleja como *Rayuela*, se puede entender y seguir: el «lado de allá» y el «lado de acá», «encontraría o no a la Maga». La novela de Cortázar, a pesar de su intrincada envoltura formal, es lo que en inglés se llama un *quest romance*, una historia de búsqueda, pesquisa, exploración –una aventura en pos de algo. En esto *De donde son los cantantes* y las novelas de Sarduy en general no se apartan tanto de la herencia mimética porque hay búsqueda y hasta seguimiento, acecho o acoso en ellas, pero de una forma vaga y abstracta, en que es muy difícil a veces discernir qué es lo que quieren los personajes, a no ser que son motivados por el deseo en el sentido más amplio posible. El ansia o anhelo que los impulsa no es del todo manifiesto, como el de Juan Preciado, que llega a Comala a buscar a su padre, Pedro Páramo.

Dadas estas rupturas del pacto mimético, por así llamar a las expectativas del lector, ¿cómo es que *De donde son los cantantes* puede plantear el asunto de la identidad cubana? Pienso que la respuesta es que lo logra contraponiendo dos figuras que voy a llamar la alegoría y la historia. La alegoría es una añeja figura retórica, su primera definición se remonta a Quintiliano, mientras que lo que tildo de historia reclamará algún comentario. La alegoría, de *allos* (otro) y *agoreuein* (hablar), discurso del otro, es en primera instancia una metáfora sostenida, más específicamente una metáfora que remite a un sistema de significados, no a un significado único. La codificación del significado en la alegoría existe fuera del autor y es anterior a él y al texto. El código generalmente procede de una institución, como por ejemplo el cristianismo, o de cualquier otra doctrina o filosofía. Por eso ha sido repudiada por el romanticismo y el post-romanticismo, que favorecen el símbolo, porque se supone que remite a la interioridad del autor y cuyo significado, difuso, es a la vez único y múltiple, no está sometido ni a un encadenamiento ni a un código. Si en la alegoría el significado proviene del exterior del autor y se plasma en un sistema que lo precede, el símbolo emana del autor y su significado es simultáneo a él. Éste, a su vez, se expande indefinidamente en espera del lector que lo incorpora e interpreta en su propia interioridad. Paul de Man sugirió, en un memorable ensayo, «The Rhetoric of Temporality», que ese rechazo romántico de la alegoría era ilusorio o hasta engañoso, que la alegoría se agazapaba en todo supuesto simbolismo, reflejando de esa manera una temporalidad con respecto a su significado, que siendo siempre anterior manifiesta una distancia del autor similar a la de la ironía, que es su figura correlativa. Ambas dicen otra cosa.

En cualquier caso, en la tradición de lengua española tenemos los autos sacramentales, sobre todo los de Calderón, que son obras alegóricas basadas en la más estricta doctrina cristiana, pero cuya temática agota el registro narrativo de la tradición occidental, desde la mitología clásica y los relatos bíblicos hasta el relativo a complejas cuestiones doctrinales como el libre albedrío. Pero los autos, por su naturaleza visual y teatral, explotan un aspecto insospechado de la alegoría, que encarnan la doctrina –el significado– de manera clara y comprensible al público iletrado, al pueblo. La alegoría tiene su vertiente popular hasta en las artesanías tradicionales, y en la Cuba que Sarduy vivió en los shows de Tropicana, montados por el gran Rodney (a quien él incorpora en *De donde son los cantantes*), coreógrafo famoso del cabaret que fue una especie de Cecil B. DeMille del género.

Pero no nos engañemos: la alegoría, en el momento en que Sarduy escribe, tiene mala fama por anacrónica, porque se la ve asociada a la literatura panfletaria, partidista, y porque remite a significados fijos, predecibles –no son significantes que flotan, como prescribe el estructuralismo y el post-estructuralismo, cuya interpretación depende del lector, que es libre al leerlos y darles significado. (Entre los escritores del *boom* esto quedó expresado en la idea machista de Cortázar del lector «hembra» y el lector «macho», que nadie recuerda ya, pero que estuvo muy de moda). El significante, en la alegoría, señala significados tan «sólidos» que pueden representarse materialmente, como en los autos. Lo que sí tiene la alegoría que concuerda con la ideología literaria de los sesenta es que esos significantes nunca son lo que aparentan en sí, sino que siempre son la expresión de un discurso otro, y también que no son producto de la conciencia creadora del escritor. Todo el sistema freudiano, por ejemplo, es programáticamente alegórico, aunque no su aplicación a la práctica del psicoanálisis.

La historia tiene tres dimensiones en *De donde son los cantantes*. Una es el relato de los acontecimientos políticos recientes en Cuba que, no olvidemos, está pasando por un proceso revolucionario en que la misma naturaleza del cambio político está siendo radicalmente renovada. Ese relato tiene una dimensión literalmente espectacular en la que teatraliza la renovación, y en la que los protagonistas se declaran «históricos». Está hecho de actos públicos multitudinarios, de líderes vestidos en el traje de su rango y rol –comandantes, barbudos, milicianos–, con poderosos aparatos de megafonía y televisados en vivo. Se trata de una historia vigente, actual, con todo lo que esto tenga de oxímoron. Otra dimensión sería el residuo de procesos históricos anteriores que afloran tras la primera –la historia viva–, remitiéndola a la Historia, con mayúscula, ya sea la cubana o la universal, dándole un viso irónico al poner de manifiesto que la novedad es una ilusión. Aquí la Historia, precisamente por su mayúscula, se desliza hacia la alegoría. La Revolución, también con mayúscula, es una «revolución», un dar la vuelta otra vez, un regreso. La tercera dimensión es el concepto tras el diseño de esa historia tal y como ha sido formulado por pensadores a los que Sarduy pudo haber tenido acceso precisamente por el contexto histórico en que surge *De donde son los cantantes*. Esta sería la dimensión ideológica o filosófica de *De donde son los cantantes*, la que le daría forma tanto a la alegoría como a la historia, el subtexto estrictamente textual.

Mi análisis se va a centrar en la tercera parte de *De donde son los cantantes*, intitulada «La entrada de Cristo en La Habana.» La primera, «Junto al río de cenizas de rosa», la parte «china», transcurre en el Shanghai, pornográfico burlesco habanero, y narra las aventuras de Flor de Loto, bella vedette perseguida por el General, gallego libidinoso que no sabe que su amada es un travesti. La segunda, «La Dolores Rondón», la parte «africana», es sobre la mulata de ese nombre que seduce a un político habanero; Dolores, que es (como Sarduy) de Camagüey, llega a encumbrarse con éste, pero todo se viene abajo y termina muerta, en la tumba que lleva como epitafio la décima en que se basa toda la historia. «La entrada de Cristo en La Habana» vendría a ser la parte «española», y la síntesis de todas. Auxilio y Socorro aparecen en las tres partes haciendo comentarios pertinentes e impertinentes, una especie de coro ubicuo y descocado, pero en la tercera tienen un papel protagónico.

3.

Esta sección final de la novela, cuyo título proviene del cuadro de Ensor «La entrada de Cristo en Bruselas», narra las aventuras de Auxilio y Socorro que persiguen a Mortal por la Andalucía musulmana, a través del Atlántico hasta llegar a Santiago de Cuba, y de Santiago siguen en procesión hasta La Habana, llevando en andas una imagen de Cristo. Mortal es un gallego joven, rubio y bello que Auxilio y Socorro, «tristes hermafroditas» (178), desean. Es una figura de Dios u Objeto de Deseo que proviene de las secciones anteriores, habiendo surgido de la décima de Dolores Rondón en que se basa la segunda («ve, mortal, y considera»). La imagen de Cristo, que lo representa en esta tercera parte, la sacan de la sacristía de la catedral de Santiago; es un muñeco tosco de madera de coyunturas flexibles, con bisagras, que se va desbaratando a medida que la procesión o comparsa se desplaza gradualmente de oriente a occidente a lo largo de Cuba, camino a La Habana. Cuando llegan a la capital, donde los recibe una multitud y los vigilan helicópteros, nieva. En ese momento, en medio del baile, la imagen de Cristo empieza a hablar sobre su inminente deceso y a dar opiniones lapidarias sobre la muerte. La acción concluye con una balacera desde los helicópteros.

En este esbozo omito innumerables detalles significativos para poder dar una idea general de lo que sería el argumento o trama. Por ejemplo, en Andalucía el discurso del narrador y los personajes, se apropia de versos de San Juan de la Cruz; el deseo de Auxilio y Socorro se expresa en términos de la mística española –algo de lo que el narrador se da cuenta y por lo que pide excusas. Sabemos, desde luego, que San Juan trasvasó a «lo divino» el erotismo garcilasiano, derivado de Petrarca y la retórica del amor cortés. La travesía del Atlántico se narra aprovechando ecos textuales del diario de bitácora de Colón. La descripción de la catedral de Santiago y su pasado musical viene de *La música en Cuba*, de Carpentier (1946). (Hay ecos en todo esto, ay Severo, del relato de Carpentier «El camino de Santiago»). Auxilio y Socorro se van metamorfoseando y adquiriendo nuevos motes burlescos a lo largo del relato: las Flamencas, las Moritas, las Murciélago, las Majas, las Pálidas, y así sucesivamente. En el período andaluz encuentran un tapiz con la historia y figura de Mortal, por el que se pelean y que en la pugna parten en dos, para luego zurcirlo torpemente, imagen evidente de la evolución del texto de su propia historia. (Esto parece sacado de *Los trabajos de Persiles y Sigismunda*, de Cervantes, pero yo sé que Severo no lo había leído). El narrador, «Yo» en el texto, ofrece comentarios sobre éste y otros momentos reflexivos, siempre en un tono de guasa, sobre todo cuando alude a sí mismo. El texto se sabe serio en su temática, pero burlón en su práctica, y predomina la típica ironía novelística que distancia al narrador de su discurso.

La ausencia de personajes en el sentido tradicional o aún experimental y de vanguardia, o de grupos de estos organizados en simulacros de familias, constituye una ruptura no ya con el pacto mimético sino con las posibilidades de que la ficción remede ni aun remotamente lo que Doris Sommer ha llamado una ficción fundacional en su *Foundational Fictions: the National Romances of Latin America* (1991). No hay en *De donde son los cantantes* una genealogía genética basada en el modelo patriarcal que representa la patria, la nación, a pesar de esa «Nota» suplementaria sobre la superposición de culturas en Cuba. Tampoco hay un ser, la representación de un carácter que refleje, como en el caso de Doña Bárbara o aun de los Buendía –todos esos militares– a un cubano típico de cualquier clase, ocupación, raza o sexo. El ser en Sarduy es una estructura dinámica de fuerzas armónicas y conflictivas a la vez, que remiten a tradiciones culturales –Auxilio y Socorro son ibeyes, gemelos dioscuros yorubas–, que llevan nombres que los articulan entre sí por razones lingüísticas, que pueden aludir a dichos cubanos («auxilio, socorro, un viejo sin gorro»), o son como funciones de un subconsciente que nunca llega a ser consciente. No hay un José Cemí que crezca y se desarrolle en el vacío dejado por la muerte del Coronel. El trayecto de los personajes sarduyanos, a pesar de que la respuesta al título de la novela, «son de la loma y cantan en llano», puede verse como alusión al del los guerrilleros que han tomado el poder luego de bajar de la Sierra Maestra, no tiene nada de marcial. La violencia bélica sólo aparece al final. Pero la ruta tiene sentido y la fundación que persigue *De donde son los cantantes* es anterior y más profunda que la sugerida por esos elementos.

El diseño alegórico de la tercera sección de *De donde son los cantantes* es evidente: su forma es la peregrinación, el viaje con destino a un lugar privilegiado (Meca) al que se llega después de salvar múltiples obstáculos y sufrir numerosas aventuras. Es el modelo de la épica clásica –*La Odisea*, *La Eneida*–, de obras de corte religioso como la *Divina comedia* y *Pilgrim's Progress*, y también de la novela bizantina, como la mencionada *Los trabajos de Persiles y Sigismunda*. Los peregrinos –*per-agro*, por la tierra– buscan algo trascendental y recorren vastos territorios plagados de lugares simbólicos donde son tentados o amenazados, pero perseveran hasta disfrutar la sublime plenitud de la llegada, que con frecuencia conlleva una revelación. Esto lo explotan al máximo Dante y John Bunyan (1628-88); el primero hace que su peregrino alcance el Paraíso, y el segundo la Ciudad Celestial, con calles pavimentadas de oro y edificios de piedras preciosas. Pero Eneas funda Roma y los personajes de Cervantes, tras largos, laboriosos recorridos, que empiezan en las nieves árticas, arriban a la ciudad eterna al final de sus trabajos –por eso el peregrinaje también se puede llamar romería–. En la ficción moderna tenemos versiones de este modelo en *Heart of darkness*, *La voie royale*, *Los pasos perdidos*, y otras novelas que yo he denominado «libros de la selva». En ninguno el perfil es tan obviamente alegórico como en *De donde son los cantantes*, en la que el modelo del argumento como peregrinaje parece ser una referencia clara a los textos clásicos mencionados y hasta como declaración de su propia génesis.

Hay, además, en *De donde son los cantantes* otro marco alegórico manifiesto, en este caso de contenido; es un marco que contiene otro marco. El exterior se refiere al desplazamiento de la historia de este a oeste, de España a Cuba, realizado en concreto por la figura de Colón. Una vez los personajes en Cuba, este movimiento adquiere un viso patentemente cristiano, en parte por la llegada a Santiago de Cuba, meta idónea de un peregrinaje, pero sobre todo por la incorporación al relato de la imagen de Cristo que Auxilio y Socorro transportan en procesión hacia La Habana. Esta tosca efigie alude a debates sobre la representación de Dios en imágenes que se remontan a la Biblia, y más en particular a la España del siglo XVI y las disputas sobre el asunto entre el catolicismo y el protestantismo, y se insertan en la novela en la temática de la representación artística que el narrador mantiene viva a lo largo del texto, como se vio en el relato del tapiz. La tosquedad del objeto y su gradual desmoronamiento aluden a las dificultades de la representación, sobre todo de algo tan sublime como el mesías. Hay que tener siempre presente que se trata de una imagen de Cristo, ni más ni menos. El marco alegórico interior alude a la formación de la cultura cubana como producto de ese desplazamiento de oriente a occidente, que parte precisamente de una Andalucía musulmana, es decir, oriental, que como el cristianismo, también tiene su origen en el oriente. Ese substrato oriental se occidentaliza en la travesía a Cuba. Todo esto, debe ser ya transparente, tiene un trasfondo ideológico hegeliano que se erige en aun otro marco alegórico de *De donde son los cantantes*. Como todos sabemos, Hegel proponía que la Historia se trasladaba de oriente a occidente, donde le esperaba al Espíritu un reconocimiento de sí apoteósico que vendría a ser como una especie de culminación de la historia.

Este hegelianismo de Sarduy es lo que me va a permitir vincular el esquema alegórico que acabo de esbozar con la historia de Cuba y la de *De donde son los cantantes*, inserta ésta en la historia literaria cubana y latinoamericana. Hegel, según Medardo Vitier en su clásico *Las ideas en Cuba* (1938), se leyó poco en la Cuba del siglo XIX. En el XX, su *Lecciones de filosofía de la historia* llegaron a la isla, como a toda América Latina, por vía de la traducción diseminada por Ortega y Gasset y la Revista de Occidente. Pienso que fue la que leyeron e influyó sobre escritores como Carpentier y Lezama Lima, según propuse en *Alejo Carpentier: The Pilgrim at Home* (1977), del cual hay versión en español. Pero Sarduy tuvo un contacto mucho más directo, inmediato e influyente con la filosofía de Hegel en el París de los años sesenta, y en el seno del grupo *Tel Quel* en que se movía: la obra de Alexandre Kojève. Kojève, como es notorio, pronunció una serie de conferencias en París entre 1933 y 1939 que tuvieron un impacto decisivo en el pensamiento francés, y en especial en escritores y pensadores que iban a formar el grupo estructuralista y post-estructuralista de los años sesenta. Algunos de ellos, como Raymond Queneau, Georges Bataille, Maurice Merleau-Ponty, Jacques Lacan y Raymond Aron, asistieron a las conferencias, que de todos modos fueron publicadas en forma de libro, *Introduction à la lecture de Hegel*, en 1947. Lo influyente de Kojève consistió en maridar a Hegel y Marx con Heidegger y el predominante existencialismo de la época, asediado por izquierdistas que lo veían como ahistórico y apolítico —todavía no se hablaba mucho del nazismo de Heidegger. Kojève además instalaba el yo escindido heideggeriano en una estructura histórica hegeliano-marxista en que éste se suponía iba a recuperar su unidad perdida en un destello final que él llamó «fin de la historia» (Kojève pensaba que la Revolución Francesa había sido el final de la historia, pero doy aquí más bien cómo fue interpretado su pensamiento, del que tanto Severo como yo tenemos un conocimiento «narrativo», por así decir). Ese utópico final, con su substrato psicoanalítico, iba a impresionar sobremanera a los intelectuales franceses de los treinta, pero sobre todo a los de los de la posguerra, que buscaban cómo reinsertar la política en sus proyectos tras las debacles del fascismo y el estalinismo. Es muy probable que Kojève estuviese en el trasfondo de los disturbios parisinos de 1968, año en que murió, por cierto, porque muchos de los jóvenes que los protagonizaron eran alumnos de sus alumnos. Un ala de *Tel Quel* coqueteó con el maoísmo, como es notorio. Pero Kojève mismo había derivado hacia el conservadurismo y fue uno de los arquitectos de la Unión Europea. Refugiado político de la Cuba de Castro, de la que había salido en 1960, Sarduy publica *De donde son los cantantes* en 1967.

Esa Cuba de Castro había sido declarada comunista en 1961. El marxismo programático −partidista− del régimen y las ideas de Kojève están en el fundamento alegórico hegeliano de la novela de Sarduy. Estos dos factores contribuyen a su forma y a la variante que Sarduy introduce en el esquema providencialista de Hegel-pasado-por-Kojève y el Máximo Líder en su distante isla, a la que nunca regresará Severo. A mediados de los sesenta la represión de homosexuales en Cuba llegaba a su triste apogeo con la creación de las Unidades Militares de Ayuda a la Producción, las infames UMAP, campos de concentración donde fueron recluidos miles de individuos. Como en los campos de la Alemania nazi los reclusos debían trabajar, producir. Duraron de 1965 a 1968, precisamente los años en que Sarduy escribía *De donde son los cantantes*. Por esos años tuvo lugar también la notoria «Noche de las Cuatro P's», cuando se hizo una redada de poetas, putas, proxenetas y pederastas −Virgilio Piñera fue de los escritores afectados. Y en 1962 la Crisis de los Misiles había llevado no a Cuba sino al mundo entero al borde de un verdadero fin de la historia. Sarduy decidió sabiamente no volver cuando se venció la beca que lo había llevado a París a estudiar historia del arte. Los sucesos mencionados son los que determinan la especificidad del marco alegórico más estrecho de *De donde son los cantantes*, el histórico propiamente dicho.

Voy a llamar historia a los trazos amplios de la historia de Cuba y su cultura que se transparentan en el esbozo antes visto de la fábula o «historia» de *De donde son los cantantes*, a través del tono burlón y de lo estrafalario de los personajes. Empezaré por lo más obvio y reciente: la entrada de Fidel Castro en La Habana en enero de 1959, después de la abdicación del poder por parte de Batista. Castro no se subió a un avión y voló a La Habana en cuanto supo que Batista se había fugado del país la madrugada del primero de enero, lo cual podía haber hecho fácilmente en unas horas. En vez de eso, el nuevo líder organizó una caravana que recorrió la isla de oriente a occidente, de Santiago a La Habana, rodeado de sus tropas y numerosos adeptos, que lo vitorearon a lo largo del trayecto, que duró ocho días. Castro salió de Santiago el primero de enero y llegó a La Habana el día ocho. Su entrada triunfal en un tanque de guerra es una de las muchas imágenes famosas de ese evento trascendental en la historia de Cuba. Sarduy, que estaba en La Habana (como yo) intuyó algunos años más tarde que Castro había repetido un gesto que se remontaba a los orígenes de Cuba como país y hasta como entidad histórica, con su columna invasora – peregrinación, desfile, procesión y comparsa. Este es el modelo de la tercera parte de *De donde son los cantantes*, brillantemente parodiado porque no es una sátira política burda, sino una profunda interpretación del acontecimiento, probablemente inspirada por el cuadro de Ensor «Entrada de Cristo en Bruselas». Castro, gallego de estirpe por cierto, como Mortal, aparece transformado no ya en líder providencial sino en figura de Cristo, el agente principal del cambio y la revolución en Occidente, el cristianismo, y representante de la cultura dominante en Cuba. Ni al Máximo Líder, en uno de sus muchos arrebatos de grandeza, se le hubiera ocurrido semejante comparación (tuvo que llegar Fernando Vallejo para repetir la comparación cuando le fue otorgado el Premio Rómulo Gallegos en Caracas). He aquí la otra gran diferencia entre *De donde son los cantantes* y la novelística latinoamericana de la identidad, tradicional o vanguardista, la reducción del acontecimiento histórico a un plano alegórico que lo conecta con los relatos fundacionales específicos del país y con la historia de Occidente.

Por razones estrictamente geográficas, la historia siempre se ha desplazado de oriente a occidente en Cuba. La isla, la última del arco de las Antillas que empieza en la costa norte de América del Sur y traza un amplio semicírculo hasta el Caribe, es larga y estrecha; 1 200 kilómetros de la Punta de Maisí (este) al Cabo de San Antonio (oeste). Los taínos, probablemente sus primeros moradores, llegaron por la Punta de Maisí y se fueron dispersando hacia el oeste hasta cubrir prácticamente toda la isla, legando una toponimia que sobrevive y un vocabulario que invadiría el español desde los primeros momentos de la conquista. Ésta también comenzó en oriente, cuando Diego Velázquez, procedente de Hispaniola, fundó Baracoa en el extremo oriental y luego seis ciudades más que constituyeron el ingreso de Cuba a la historia: Santiago, Bayamo, Puerto Príncipe, Trinidad, Sancti Spíritus y La Habana. Una vez que ésta se trasladó a la costa norte y se designó capital, razones geográficas volvieron a conspirar para que la historia de Cuba se desplazara de oriente a occidente. La Habana no sólo se convirtió en capital, sino dada su privilegiada situación a la entrada del Golfo de México, en centro donde se reunían las dos flotas anuales que conectaban el imperio español con la metrópoli. La ciudad se transformó en baluarte del poder político y militar. Por lo tanto todo movimiento subversivo tenía que iniciarse en la región oriental, la más alejada del gobierno español y luego republicano (la patriotería cubana llama «indómita región» a oriente pero su rebeldía la determina la geografía, no el carácter de la gente), para intentar desplazarse hacia occidente y apoderarse de la capital. Así fue cuando Carlos Manuel de Céspedes dio inicio a la primera guerra de independencia en La Demajagua, en octubre de 1868; otra vez cuando Martí desembarcó en Playitas para iniciar la guerra del 95; luego, durante esa guerra (entre 1895 y 1896), Antonio Maceo llevó a cabo la bien llamada «invasión», que consistió en mover sus tropas de este a oeste, más allá aun de La Habana. Anticipo de la caravana de Fidel Castro, el primer presidente de la república, don Tomás Estrada Palma, hizo un recorrido triunfal de Santiago a La Habana en 1902, probablemente recordado por la familia de Sarduy en su natal Camagüey, provincia aledaña a la de Oriente por donde tuvo que pasar don Tomás. No fue otra la intención de Fidel Castro cuando atacó el Cuartel Moncada, en Santiago, el 26 de julio de 1953, que dio inicio a su lucha contra Batista, que continuó en 1956 cuando desembarcó con sus tropas, también en la región oriental, donde libró su guerra en las montañas de la Sierra Maestra. Desde ésta partió Ernesto «Che» Guevara con su columna invasora, que culminó con la toma de Santa Clara, en el centro del país, en diciembre de 1958. La próxima caravana sería la entrada de Castro en La Habana.

Historia y alegoría confluyen en el final de «La entrada de Cristo en La Habana.» Si pensamos en el fin de la historia de Kojève, no hay duda de que Sarduy ha invertido la visión utópica del filósofo; aquí la peregrinación culmina con el blanco y la violencia. El blanco de la nieve, que sugiere la nada, es también alegoría del vacío, aunque tiene otros significados como lo sagrado, en la doctrina yoruba, la página en blanco, y por supuesto, recordando a Octavio Paz, la meta, el blanco del tiro al blanco. Es, además, dada la irrealidad de nieve en La Habana, el colmo de lo ficticio. La balacera desde los helicópteros, que va a aniquilar a los peregrinos y a su público, es el apogeo de la historia como violencia y destrucción —los helicópteros son como espirales volantes, como signos en rotación—. El significado alegórico primario es claro: la llegada del Máximo Líder al centro del poder, a la capital, a La Habana, acarrea la ruina de la nación y de la nacionalidad. En el trasfondo hegeliano el reconocerse a sí de la historia al llegar a occidente es como una explosión de vacío; es una redundancia en que ésta se revoca y escapa de la escritura. El blanco —la página en blanco— es el emblema de esa revocación y del final más allá del final.

Pero hay un momento conmovedor un poco antes de ese final apocalíptico, cuando la destartalada imagen de Cristo, que Auxilio y Socorro han arrastrado desde Santiago a La Habana, empieza a hablar y moverse por sí sola, a bailar. Algunas de sus declaraciones provienen de poemas de Lezama, otras de la cultura popular, son dichos cubanos vulgares: «¿A qué tanto gemido? —dijo—. Guardar el carro [morirse] es una fiesta [eco de Lezama]. La vida no comienza sino después de la muerte, la vida» (230). Cristo se ha cubanizado y se expresa con la chusmería de un personaje de Sarduy. Pero lo crucial es que este «metapersonaje», creado por los otros personajes, cobra vida propia al final, como si el impulso, el deseo que lo arrastró hasta la capital hubiese tenido sentido, hubiese resultado en algo positivo. Es una humanización de ingenuidad infantil: el muñeco habla, se contonea. Ya no es una figura alegórica del Máximo Líder o del Occidente cristiano, sino un personaje literario que quiere ser persona; ya no es la representación de Cristo en el esquema hegeliano, sino otra cosa: un monigote de palo que rompe a hablar, que aspira a ser. Después de desmoronarse del todo, se incorpora —una resurrección— y empieza a bailar. Ahora se transforma en imagen del bello Mortal (hay que fijarse en el nombre) que perseguían Auxilio y Socorro, y es a la vez un Cristo que vuelve de la muerte bailando:

> Y los tres zapatazos, el eructo, el primer compás. Dio un salto. Dos pasos más, dos pasos. Llevaba el ritmo con las manos. Daba una vuelta. Con un pañuelo blanco. Bailaba en un solo pie. Le agitaban junto a los oídos sus cascabelitos los de la orquesta. «¿Quién como yo?» —Se dijo. Y daba cintura. Los músicos lo rodeaban, en coro. Dos veces cambiaron de golpe los tamborines batá y dos veces los atrapó, con una cabriola. Era rubio y bello. De blancos pies. Giraba. Del otro lado. Superpuesto a sí mismo. Era rubio. Estaba desnudo. Con un pañuelo blanco. Volvía

a gritar. «Azúcar!» – Le gritaban. Reía. Llevaba pulseras de oro. Menos brillantes que sus ojos. (233)

«Bailar» –dice Lezama en su gran poema «El coche musical», de 1961– «es encontrar la unidad que forman los vivientes y los muertos». El baile de la figura no sobrevive el final de la historia porque viene de todos modos después la balacera, pero es un signo, un indicio viviente y esperanzador de lo cubano. Como el colibrí lezamiano el muñeco renacido pasa del éxtasis a la muerte. Es una escena que a mí me estremece. Estimo que ésta es una de las grandes creaciones de Sarduy, una invención que lo eleva al nivel de los escritores mayores de su siglo.

El rejuego de la alegoría y la historia, paradójicamente dado el carácter experimental de la novela, remite *De donde son los cantantes* no ya a la tradición sino a una especie de pre-modernidad anterior al surgimiento de la novela, anterior a lo que podría considerarse la tradición de que surge; una zona temporal más propia del *Satiricón* que del Quijote, más próxima a *La Celestina* que a *El siglo de las luces*. También recupera la novela el legado de los textos alegóricos religiosos mencionados –la *Divina comedia* y *Pilgrim's Progress*– en un momento de la modernidad en que lo religioso se ve como algo superado. Ir más allá es un regreso, decía Severo. Se me hace que todo esto es como un anacronismo crónico, si se me permite el pleonasmo, un estado fuera de la historia literaria, que las novelas de Sarduy son algo así como el Persiles de Cervantes, que ha paralizado a los críticos por sus sorprendentes afiliaciones genéricas, extravagantes personajes y exóticos ambientes. Lo de Sarduy no es una ruptura, ni siquiera de la tradición de la ruptura para recordar a Paz, sino un salto atrás donde se erige su texto libre del pacto mimético, y se pone a bailar como la figura de Cristo. No sé si relegar a Sarduy a esa zona lo salva o lo condena, pero creo que puede permitirnos empezar a entender su seductora pero también enigmática originalidad y excusarlo de comparaciones y contrastes, positivos y negativos, con sus colegas cubanos y latinoamericanos en general, ya sean precursores o contemporáneos[1].

---

[1] Este capítulo se publicó originalmente en mayo de 2012, en *Nexos* 413: 76-83.

Bibliografía

AA.Vv. (1972): «Conversación con Nicolás Guillén». En *Casa de las Américas* 73.

AA.Vv. (1980): *Diccionario de la literatura cubana*. La Habana: Letras Cubanas.

Anónimo (1976): *Buddhist Scriptures*. Middlesex: Penguin Books.

Álvarez, Imeldo (1980): *La novela cubana en el siglo XX*. La Habana: Letras Cubanas.

Arrom, José J. (1977): *Esquema generacional de las letras hispanoamericanas*. Bogotá: Publicaciones del Instituto Caro y Cuervo.

Auerbach, Erich (1973): «Figura». En Auerbach, Erich: *Scenes from the Drama of European Literature: Six Essays*. Gloucester: Peter Smith, 11-71.

Barth, John (1985): «Literatura postmoderna». En *Quimera* 46-47: 12-21.

Bastide, Roger (1967): *Les Amériques noires. Les civilisations africaines dans le nouveau monde*. Paris: Payot.

Bataille, George (1957): *L'Erotisme*. Paris: Éditions de Minuit.

— (1967): *La part maudite*. Paris: Éditions de Minuit.

Beier, Ulli (1980): *Yoruba Myths*. Cambridge: Cambridge University Press.

Bolaji, E. (1962): *God in Yoruba Myth*. London: Longman.

Boulanger, Nicole (1980): «La France de Severo Sarduy». En *Le Nouvel Observateur*, 26 de julio.

Cabrera Infante, Guillermo (1981): «Bites from the Bearded Crocodile». En *London Times Review of Books* 3 (10): 3-8.

— (1984): «Mordidas del Caimán barbudo». En *Quimera* 39-40: 66-82.

Cabrera, Lydia (1970): *La sociedad secreta Abakuá narrada por viejos adeptos*. Miami: Ediciones C.R.

— (1975): *El monte. Igbo. Finda. Ewe. Orisha. Vititi. Nfinda*. Miami: Ediciones C.R.

— (1980): *Yemayá y Ochún. Kariocha, Iyalorichas y Olorichas*. New York: Ediciones C.R.
CARBALLO, Emmanuel (1964): «La novela cubana». En *Bohemia* 56 (34): 22-23.
CARPENTIER, Alejo (1946): *La música en Cuba*. Ciudad de México: Fondo de Cultura Económica.
— (1985): *Los pasos perdidos* [Edición crítica a cargo de González Echevarría, Roberto]. Madrid: Cátedra.
CASAL, Lourdes (1971a): «Literature and Society». En Mesa-Lago, Carmelo (ed.): *Revolutionary Change in Cuba*. Pittsburgh: University of Pittsburgh Press: 447-469.
— (1971b): *El caso Padilla: literatura y revolución en Cuba. Documentos*. Miami: Universal.
CUERVO HEWITT, Julia (1984): «Yoruba Presence: From Nigerian Oral Literature to Contemporary Cuban Narrative». En Luis, William (ed.): *Voices From Under. Black Narrative in Latin America and the Caribbean*. Westport: Greenwood Press, 65-85.
DALAI LAMA (1962): *My Land and My People*. New York: McGraw-Hill.
DE MAN, Paul (1983): «Dialogue and Dialogism». En *Poetics Today* 4 (1): 99-108.
DELEUZE, Gilles & GUATTARI, Félix (1976): *Rhizome: Introduction*. Paris: Éditions de Minuit.
DERRIDA, Jacques (1969): *De la gramatología*. Buenos Aires: Sudamericana.
— (1972): *La dissemination*. Paris: Éditions du Seuil.
DESNOES, Edmundo (1981): «Epílogo para intelectuales: recuerdos y observaciones: la cultura en Cuba 1959-1980». En Desnoes, Edmundo (ed.): *Los dispositivos en la flor. Cuba: literatura desde la Revolución*. Hannover: Ediciones del Norte, 533-552.
DOMINGUEZ, Jorge I. (1978): *Cuba: Order and Revolution*. Cambridge: Harvard University Press.
DUJOVNE-ORTIZ, Alicia (1980): «Cuba sí, Cuba no». En *Les nouvelles Littéraires*, 13 de noviembre: 38.
EDWARDS, Jorge (1974): *Persona non grata*. Barcelona: Barral.

ELOY MARTÍNEZ, Tomás (1968): «América: los novelistas exilados». En *Primera Plana* 292, 30 de julio.

FERNÁNDEZ RETAMAR, Roberto (1971): «Calibán». En *Casa de las Américas* 68: 124-151.

— (1983): «Alejo: siempre el domingo». En *Casa de las Américas* 23 (137): 114-20.

FORNET, Ambrosio (1967): «*New World* en español». En *Casa de las Américas* 40: 106-115.

FRANQUI, Carlos (1981): *Retrato de familia con Fidel*. Barcelona: Seix Barral.

GARCÍA IGLESIAS, Manuel A. (1980): «Los chinos de Sagua». En *El Undoso. Boletín Informativo del Municipio de Sagua la Grande en el Exilio* 9 (3): 18.

GARCÍA VEGA, Lorenzo (1978): *Los años de Orígenes*. Caracas: Monte Ávila.

GIAULE, Marcel & DIETERLEN, Germaine (1965): *Le renard pâle, Tome 1: Le mythe cosmogonique*. Paris: Institut d'Ethnologie.

GONZÁLEZ ECHEVARRÍA, Roberto (1976): *Relecturas. Estudios de literatura cubana*. Caracas: Monte Ávila.

— (1977a): *Alejo Carpentier: The Pilgrim at Home*. Ithaca / London: Cornell University Press.

— (1977b): «Borges, Carpentier y Ortega: dos textos olvidados». En *Revista Iberoamericana* 100-101: 697-704.

— (1983): *Isla a su vuelo fugitiva. Ensayos críticos sobre literatura hispanoamericana*. Madrid: Porrúa.

GUILLÉN, Nicolás (1978): «Informe central». En *Casa de las Américas* 108: 35-48.

HUTCHEON, Linda (1984): *Narcissistic Narrative. The Metafictional Paradox*. New York / London: Methuen.

JANZEN, John M. & MACGAFFY, Wyatt (1974): *An Anthology of Kongo Religion: Primary Texts From Lower Zaire*. Lawrence: University of Kansas Publications in Anthropology, 5.

LACHATAÑERÉ, Rómulo (1942): *Manual de santería. El sistema de los cultos «lucumís»*. La Habana: Caribe.

León Hazera, Lydia de (1971): *La novela de la selva hispanoamericana. Nacimiento, desarrollo y transformación. Estudio estilístico.* Bogotá: Publicaciones del Instituto Caro y Cuervo.
Lévi-Strauss, Claude (1964): *El pensamiento salvaje.* Ciudad de México: Fondo de Cultura Económica.
Lezama Lima, José (1953): *Analecta del reloj.* La Habana: Orígenes.
— (1957): *La expresión americana.* La Habana: Instituto Nacional de Cultura.
— (1958): *Tratados en La Habana.* La Habana: Instituto Nacional de Cultura.
— (1968): *Paradiso.* Buenos Aires: Ediciones de la Flor.
— (1971): *Las eras imaginarias.* Madrid: Fundamentos.
— (1977): *Oppiano Licario.* La Habana: Arte y Literatura.
Luis, William (1981): «La novela antiesclavista: texto, contexto y escritura». En *Cuadernos Americanos* 236 (3): 103-116.
Lyotard, Jean-François (1979): *La condition post-moderne: rapport sur le savoir.* Paris: Éditions de Minuit.
Martín, Juan Luis (1930): *Ecue, Changó y Yemayá: Ensayos sobre la subreligión de los afrocubanos.* La Habana: Cultural.
Méndez Capote, Renée (1969): *Memorias de una cubanita que nació con el siglo.* La Habana: Huracán / Instituto Cubano del Libro.
Menéndez Pidal, Ramón (1956): *España, eslabón entre la cristiandad y el Islam.* Madrid: Espasa Calpe.
Menocal, María Rosa (1982): «The Etymology of Old Provençal *trobar, trobador*: A Return to the "Third Solution"». En *Romance Philology* 36 (2): 137-153.
Mookerjee, Ajit & Khana, Madhur (1977): *The Tantric Way: Art, Science, Ritual.* London: Thames and Hudson.
Moraes, Frank (1960): *The Revolt in Tibet.* New York: Macmillan.
Morejón, Nancy (1972): «Conversación con Nicolás Guillén». En *Casa de las Américas* 73: 123-136.
Morejón Arnaiz, Idalia (2017): *Política y polémica en América Latina. Las revistas* Casa de las Américas *y* Mundo Nuevo. Leiden: Almenara.

Moreno Fraginals, Manuel (1978): *Manuel. El ingenio. Complejo económico-social cubano del azúcar.* La Habana: Editorial Ciencias Sociales.
Nicholson, H. B. & Quiñones Keher, Eloise (1983): *Art of Aztec Mexico.* Washington, D.C.: National Gallery of Art.
Ortiz, Fernando (1950a): *Wifredo Lam y su obra vista a través de significados críticos.* La Habana: Publicaciones del Ministerio de Educación, Dirección de Cultura.
— (1950b): *La africanía de la música folklórica de Cuba.* La Habana: Cárdenas y Cía.
— (1973): *Los negros brujos (apuntes para un estudio de etnología criminal).* Miami: Universal.
— (1975): *Los negros esclavos.* La Habana: Editorial Ciencias Sociales.
Paz, Octavio (1969): *Conjunciones y disyunciones.* Ciudad de México: Cuadernos de Joaquín Mortiz.
— (1982): *Sor Juana o las trampas de la fe.* Barcelona: Seix Barral.
Said, Edward W. (1982): *Orientalism.* New York: Vintage Books.
Salinas, Pedro (1975): *La poesía de Rubén Darío. Ensayo sobre el tema y los temas del poeta.* Barcelona: Seix Barral.
Santana, Joaquín G. (1977): *Política cultural de la Revolución Cubana.* La Habana: Editorial Ciencias Sociales.
Tannenbaum, Libby (1951): *James Ensor.* Nueva York: The Museum of Modern Art.
Thomas, Hugh (1971): *Cuba. The Pursuit of Freedom.* New York: Harper and Row.
Thomas, Lowell (1959): *The Silent War in Tibet.* Garden City: Doubleday.
Thompson, Robert Farris (1978): «Black Ideographic Writing: Calabar to Cuba». En *Yale Alumni Magazine* 42 (2): 29-33.
— (1983): *Flash of the Spirit. African and Afro-American Art and Philosophy.* New York: Random House.
Van Gennep, Arthur (1960): *The Rites of Passage.* Chicago: University of Chicago Press.
Van Wing, Joseph (1959): *Études bakongo. Sociologie. Religion et Magie.* Leopoldville: Desclee de Brouwer.

VILLAVERDE, Fernando (1981): «Entre dos luces: impacto de intelectuales cubanos en París». En *Miami Mensual* 1 (6): 82-86.

VITIER, Cintio (1970): *Lo cubano en la poesía*. La Habana: Instituto Cubano del Libro.

WAHL, François (1968): *Qu'est-ce que le structuralisme*. Paris: Éditions du Seuil.

SEVERO SARDUY, BIBLIOGRAFÍA

LIBROS

— (1963a): *Gestos* [novela]. Barcelona: Seix Barral.
— (1967a): *De donde son los cantantes* [novela]. Ciudad de México: Joaquín Mortiz.
— (1969a): *Escrito sobre un cuerpo. Ensayos de crítica*. Buenos Aires: Sudamericana.
— (1969b): *Flamenco* [poesía, grabados de Ehrhardt]. Stuttgart: Manus-Presse.
— (1970a): *Mood Indigo* [poesía, grabados de Ehrhardt]. Stuttgart: Manus Presse.
— (1971a): *Merveilles de la nature* [poesía, ilustraciones de Leonor Fini]. Paris: J. J. Pauvet.
— (1972a): *Cobra* [novela]. Buenos Aires: Sudamericana.
— (1972b): *Overdose* [poesía]. Las Palmas: Inventarios Provisionales.
— (1974a): *Barroco* [ensayo]. Buenos Aires: Sudamericana.
— (1975a): *Big Bang. Para situar en órbita cinco máquinas de Ramón Díaz Alejandro* [textos]. Paris: Fata Morgana.
— (1978a): *Para la voz (La playa, La caída, Relato, Los matadores de hormigas)* [teatro]. Madrid: Fundamentos.
— (1978b): *Maitreya* [novela]. Madrid: Seix Barral.
— (1980a): *Daiquirí* [poesía]. Santa Cruz de Tenerife: Poéticas 2.
— (1982a): *La simulación* [ensayo]. Caracas: Monte Ávila.
— (1983): *Colibrí* [novela]. Barcelona: Argos Vergara.

— (1985): *Un testigo fugaz y disfrazado. Sonetos/décimas.* Barcelona: Edicions del Mall.
— (1987): *El Cristo de la Rue Jacob* [ensayo]. Barcelona: Edicions del Mall.
— (1990): *Cocuyo* [novela]. Barcelona: Tusquets.
— (1993): *Pájaros de la playa* [novela]. Barcelona: Tusquets.
— (1999): *Obra completa.* 2 vols [eds. Gustavo Guerrero y Francois Wahl]. Paris: ALLCA XX.
— (2013): *Cartas a mi hermana en La Habana.* [correspondencia de Severo Sarduy, compilación y testimonio Mercedes Sarduy]. Miami: Severo Sarduy Cultural Foundation.

Colaboraciones en periódicos, revistas y libros

En *Ciclón* (La Habana)

— (1955): «Poema». 1 (4): 40.
— (1956a): «Sobre el infierno». 2 (1): 54-56. [Reseña]
— (1956b): «Poemas». 2 (3): 49-50.
— (1956c): «Fábulas». 2 (6): 52-53.
— (1959a): «Dos décimas revolucionarias». 13 de enero: 5.
— (1959b): «Las bombas». 19 de enero: 15.
— (1959c): «El general». 27 de enero: 15.
— (1959d): «En su centro» [Sobre Martí]. 28 de enero: 15.
— (1959e): «Pintura y revolución». 31 de enero: 14.
— (1959f): «El torturador». 6 de febrero: 15.
— (1959g): «Contra los críticos». 16 de febrero: 16.

En el periódico *Revolución*

— (1959h): «De la pintura en Cuba». 14 de septiembre: 18.
— (1959i): «Abajo el latifundio de la cultura». 22 de septiembre: 2.
— (1959j): «¿Vuelven las figuras?». 6 de octubre: 2.
— (1959k): «Ámbito de un pintor». 8 de octubre: 2.

— (1959l): «Humorismo en serio». 14 de octubre: 2.
— (1959m): «ASTA turismo». 15 de octubre: 2.

En *Lunes de Revolución*, suplemento literario de *Revolución*

— (1959n): «De este modo: homenaje a Ballagas» [Dos sonetos]. Número 26, 14 de septiembre: 11.
— (1959o): «La revolución de un pintor: homenaje a Víctor Manuel». Número 29, 5 de octubre: 8-9.
— (1959p): «En casa de Mariano». Número 30, 12 de octubre: 3-5.
— (1959q): «En el Salón Nacional de Pintura y Escultura». Número 31, 19 de octubre: 2-4.
— (1959r): «La taza de café». Número 38, 7 de diciembre: 16.
— (1960a): «La Bienal de Venecia». Número 65, 27 de junio: 23.
— (1960b): «Picasso expone». Número 72, 15 de agosto: 16-17.
— (1960c): ‘Amor es decir ven a mi casa’ y ‘Nacer es entrar en una luz violenta’» [poesía]. Sin número: 11, 19 de septiembre. En *Nueva Generación*, página literaria del periódico *Revolución* [número especial dedicado a Camagüey].

En *Tel Quel* (Paris)

— (1965a): «Pages dans le blanc». 23: 83-88.
— (1966a): «Sur Góngora». 25: 91-93.
— (1968a): «Cubes». 32: 86-87.
— (1970a): «Cobra» [fragmento de la novela]. 43: 37-46.
— (1971b): «Tanger». 47: 86-88.
— (1978c): «Dans la mort du maitre» [fragmento de *Maitreya*]. 77: 78-83.
— (1978d): «Paradis Syllabes-Germes/Entropie/Perspective/Asthme». 77: 21- 24.

En *Mundo Nuevo* (París)

— (1966b): «De la pintura de objetos a los objetos que pintan». 1: 60-62.

— (1966c): «Junto al río de las cenizas de rosa» [fragmento de *De donde*]. 5: 4-9.
— (1966d): «Ernesto Sábato: por una novela metafísica» [entrevista con Sábato en la que participa Sarduy]. 5: 5-21
— (1966e): «Sobre Góngora: la metáfora al cuadrado». Número 6: 84-86.
— (1967b): «Nuestro Rubén Darío» [diálogo en el que participa Sarduy]. Número 7: 33-46.
— (1967c): «Textos libres y textos planos». 8: 38.
— (1967d): «Del Yin al Yang (sobre Sade, Bataille, Marmori, Cortázar, y Elizondo)». 13: 4-13.
— (1967e): «Rosado y perfectamente cilíndrico» [fragmento de *De donde*]. 16: 24-27.
— (1967f): «Un fetiche de Cachemira». 18: 87-91.
— (1968b): «Escritura/travestismo». 20: 72-74.
— (1968c): «Dispersión/falsas notas: homenaje a Lezama». 24: 5-17.
— (1968d): «Por un arte urbano». 25: 81-83.

En *Sur* (Buenos Aires)

— (1964a):«Poemas bizantinos». 291: 55-59.
— (1965b): «Curriculum cubense» [fragmento de *De donde*]. Número 297 : 42-49.
— (1969c): «Teatro lírico de muñecas» [fragmento de *Cobra*]. 316-317: 24-37.
— (1969d):«*Boquitas pintadas*: parodia e injerto». 321: 71-77.

En *La Quinzaine Littéraire* (Paris)

— (1968e): «Les dieux et les choses» [reseña de la traducción francesa de *Biografía de un cimarrón* de Miguel Barnet]. 46: 18-19.
— (1968f): «Góngora le baroque». 49: 12-13.
— (1968g): «Anamorphoses» [reseña de Cortázar]. 50: 5.
— (1968h): «Le grand moment de l'architecture espagnole». 53: 16-17.
— (1968i): «L'Objet fétiche» [reseña de Carlos Fuentes]. Número 55: 4.

— (1968j): «L'Ecriture autonome» [reseña de la traducción francesa de *Cien años de soledad*]. 63: 3-4 [aparece en inglés en *Review* 70: 171-174].
— (1971c): «Un Proust cubain» [reseña de la traducción francesa de *Paradiso* de Lezama Lima]. 115: 3-4.
— (1976a): «Des diverses facons de répresenter l'espace». 234: 20-21.

En publicaciones diversas (orden cronológico)

— (1957a): «El seguro» [relato]. En *Carteles* 33 (107): 66-67.
— (1958): «Fábulas». En *Colección de poetas de la ciudad de Camagüey*. La Habana: Ediciones del Grupo Yarabey: 54-59.
— (1959s): «Cautelas» [poesía]. En *Nueva Revista Cubana* 1 (1): 110-111.
— (1961): «La Quadriennale de Roma». En *Artes Plásticas* [sin numerar], 2 de enero.
— (1963b): «Poesie bizantine». En *Tempo Presente* 8 (3-4): 65-66.
— (1964b): «Peintres et machines». En *France Observateur* 754.
— (1965c): «Azahara» [poesía]. En *Zona Franca* 1 (13-14): 22-23.
— (1965d): «En el bosque de La Habana» [fragmento de *De donde*]. En *Zona Franca* 1: 25-27.
— (1965e): «Con fondo verde y gritando» [fragmento de *De donde*]. En *Diálogos* 1 (6): 15-17.
— (1966f): «Del ying al yang». En *Zona Franca* 2 (30): 14-15.
— (1966g): «Las poco-pelo» [fragmento de *De donde*]. En *Papeles de Son Armadans* 123: 303-320.
— (1966h): «Le Corbusier y otras cuestiones». En *El Mundo*, 26 de septiembre: 46.
— (1967g): «De donde son los cantantes» [fragmento de *De donde*]. En *Primera Plana* 251: 56-57.
— (1967h): «Páginas en blanco». En *Margen* 5: 92-93.
— (1968k): «Cobra». En *Les Lettres Nouvelles* [número especial sobre autores de Cuba] diciembre de 1967- enero de 1968: 187-192.
— (1968l): «L'Aventure (textuelle) d'un collectionneur des peaux (humaines)». En *Confrontations* 1: 2.
— (1968m): «Los métodos de un crítico» [entrevista a E. Rodríguez Monegal]. En *Imagen*, suplemento 30, sin fecha.

— (1968n): «Cobra» [fragmento de novela]. En *Imagen*, suplemento 34, 1-15 de octubre.
— (1968o): «Gestos» [fragmento de novela]. En Caballero-Bonald, J. M. (ed.): *Narrativa cubana de la Revolución*. Madrid: Alianza, 225-232.
— (1969e): «La plage» [fragmento de pieza teatral]. En *L'Action Théâtrale* 1: 15-17.
— (1969f): «Eat Flowers» [fragmento de *Cobra*]. En *Revista de la Universidad Autónoma de México* 23 (9): 5-12.
— (1969g): «Poemas para el cielo». En *El Cielo* 1 (3): 2-7.
— (1970b): «Ruines: scènes en deux» [fragmento de *Ruines*, pieza teatral representada en Paris]. En *L'Action Théâtrale* 5-6: 22-23.
— (1970c): «A Dios dedico este mambo» [fragmento de *Cobra*]. En *El Urogallo* 5-6: 37-43.
— (1971d): «Notas a las notas a las notas... a propósito de Manuel Puig». En *Revista Iberoamericana* 37 (76-77): 555-567.
— (1971e): «Interview avec Juan Goytisolo». En *L'Art Vivant* 17: 20-21.
— (1971f): «Para los pájaros» [fragmento de *Cobra*]. En *Papeles* 14: 8-21.
— (1971g): «Gran mandala de las divinidades irritadas detentoras del poder». En *Plural* 3: 14-16.
— (1972c): «*Big Bang*: para situar en órbita máquinas de Alejandro». En *Plural* 14: 6-7.
— (1972d): «El barroco y el neobarroco». En Fernández Moreno, César (ed.): *América Látina en su literatura*. Ciudad de México: UNESCO Siglo XXI: 167-184.
— (1973a): «Todo por convencer». En *Hispamérica* 1 (3): 38-43.
— (1974b): «Big Bang/Steady State». En *Plural* 28: 11-14.
— (1975b): «La desterritorialización». en Ríos, Julián (ed.): *Juan Goytisolo*. Madrid: Fundamentos: 175-183.
— (1976b): «Los matadores de hormigas» [texto radiofónico]. En *Espiral* 1 (Madrid: Fundamentos): 5-32.
— (1976c): «Le temps de la sieste/El tiempo de la siesta» [prólogo a Botero, Fernando: *Botero. Aquarelles et Dessins*]. Paris: Galerie Claude Bernard, doce páginas sin numerar.
— (1978e): «En la muerte del maestro» [fragmento de *Maitreya*]. En *Vuelta* 16: 14-18.

— (1979): «Hacia la concretud». En *Blanco,* otoño: 12-19.
— (1980b): «Simulacro». En *La Nación,* 3 de febrero, 4ta sección: 1.
— (1980c): «L'Impeccable itinéraire d'un grand seigneur du baroque» [sobre la muerte de Carpentier]. En *Les Nouvelles Littéraires* 2735: 10.
— (1980d): «Benares». En *Le Monde* [suplemento dominical], 13 de julio: 1.
— (1981a): «La botérisation de la mode». En *Vogue* 619 (septiembre): 378-383.
— (1981b): «Tu dulce nombre halagará mi oído». En Zaldívar, Gladys & Martínez Cabrera, Rosa (eds.): *Homenaje a Gertrudis Gómez de Avellaneda. Memorias del Simposio en el Centenario de su muerte.* Miami: Universal, 19-21.
— (1981c): «Focus imaginaires». En *Art Press* 50: 8-9.
— & MILLET, Catherine (1981): «Un arte monstre» [catálogo]. En *Baroque 81* [Musée d'Art Moderne de la Ville de Paris]. octubre-noviembre.
— (1982b): «Barroco furioso». En *Revista de la Universidad Autónoma de México* 38 (12): 39-40.
— (1982c): «Barroco de la substracción». En *Point of Contact* 1 (2): 53-58.
— (1982d): «La doublure». En *Art Press* 55: 10-11.
— (1982e): «Como una oruga que humedece el gris». En *Escandalar* 5 (1-2): 29-33.
— (1982f): «Carta de Lezama». En *Escandalar* 5 (1-2): 191-196.

Prólogos y ensayos breves en catálogos de exposiciones

— (1957b): «Matilla» [panfleto de la exposición del pintor cubano Julio Matilla]. Para *Matilla expone.* Camagüey: Museo Ignacio Agramonte, 21-28 de abril, sn.
— (1957c): *Loló. 1953-1957* [panfleto de la exposición de la pintora cubana Dolores Soldevilla]. Caracas: Sala de Exposiciones del Centro Profesional del Este, 17 de mayo, sn.
— (1957d): *Catálogo invitación. 20 obras para una colección* [exposición de pintura y escultura de artistas de varios países]. La Habana: Galería Habana, diciembre, sn.
— (1970d): «Las topologías eróticas de Zilia Sánchez» [panfleto de la

exposición de la pintora cubana]. Para *Estructuras en secuencia*. San Juan: Museo de la Universidad de Puerto Rico, 8-23 de septiembre, sn.

— (1971h): «matière/machines/phantasme/ciel» [catálogo de la exposición del pintor cubano José Ramón Díaz Alejandro]. Para *Alejandro*. Paris: Galería Jacques Debriere, 16 de febrero-10 de marzo, sn.

— (1973b): «L'epingleuse: sur les poupées de Marta Kuhn Weber» [poesía]. Para *Poupées*. Paris: Galérie 13.

— (1981): «Saura ou le pinceau pourpre». Para *Saura. Portraits raisonnés*. Paris: Galérie Stadler, 8 de octubre-21 de noviembre.

Entrevistas (selección)

RODRÍGUEZ Monegal, Emir (1966): «Las estructuras de la narración». En *Mundo Nuevo* 2: 15-26.

— (1970): «Conversación con Severo Sarduy». En *Revista de Occidente* 93: 315-343.

GONZÁLEZ Echevarría, Roberto (1972a): «Guapachá barroco: conversación con Severo Sarduy». En *Papeles* 16: 25-47.

ALVARDO TENORIO, Harold (1979): «Con Severo Sarduy en el Café de Flore». En *El Mundo* [Medellín], 24 de noviembre: 15.

KUSHIGIAN, Julia (1984): «La serpiente en la sinagoga». En *Vuelta* 89, abril: 14-20.

ORTEGA, Julio (1985): «Severo Sarduy: escribir con colores». En *Diario 16*, 23 de junio: 4-5.

SOBRE SARDUY (SELECCIÓN)

Libros

MÉNDEZ RODENAS, Adriana (1983): *Severo Sarduy: el neobarroco de la transgresión*. Ciudad de México: UNAM.

Ríos, Julián (ed.) (1976): *Severo Sarduy* [selección de ensayos de diversos autores]. Madrid: Fundamentos.

Romero, Cira (2007): *Severo Sarduy en Cuba: 1953-1961*. Santiago de Cuba: Editorial Oriente.

Ensayos

BARRENECHEA, Ana María (1978): «Severo Sarduy o la aventura textual». En Barrenechea, Ana María: *Textos hispanoamericanos de Sarmiento a Sarduy*. Caracas: Monte Ávila, 221-234.

BARTHES, Roland (1967): «Sarduy: la faz barroca». En *Mundo Nuevo* 14: 70-71.

BUSH, Andrew (1980): «Literature, History and Literary History: A Cuban Family Romance». En *Latin American Literary Review* 8 (16 [González Echevarría, Roberto (ed), número especial dedicado a la literatura hispanocaribeña]): 161-172.

— (1984): «Huellas de la danza; gestos primeros del barroco sarduyano». En González Echevarría, Roberto: *Historia y ficción en la narrativa hispanoamericana*. Caracas: Monte Ávila, 333-341.

GOYTISOLO, Juan (1977): «El lenguaje del cuerpo (sobre Octavio Paz y Severo Sarduy)». En Goytisolo, Juan: *Disidencias*. Barcelona: Seix Barral, 171-192.

GONZÁLEZ, Eduardo (1977): «Baroque Endings: Carpentier, Sarduy and some Textual Contingencies». En *Modern Language Notes* 92: 269-295.

GONZÁLEZ ECHEVARRÍA, Roberto (1972b): «Para una bibliografía de y sobre Severo Sarduy». En *Revista Iberoamericana* 79: 333-343.

— (1983): «El primer relato de Severo Sarduy». En González Echevarría, Roberto: *Isla a su vuelo fugitiva. Ensayos críticos sobre literatura hispanoamericana*. Madrid: Porrúa, 123-144.

— (1993): «Severo Sarduy (1937-1993)». En *Revista Iberoamericana* 164-5: 755-60.

— (1997): «La nación en Sarduy: de *De donde son los cantantes* a *Pájaros de la playa*». En *Cuadernos Hispanoamericanos* 563: 55-67.

— (1999): «Plumas, sí: *De donde son los cantantes* y Cuba». En Sarduy, Severo: *Obra completa*. Paris: ALLCA XX, 1582-1604.

— (2008): «La ruta china de Severo Sarduy». En *El Oriente de Severo*

Sarduy [catálogo de Exposición]. Madrid: Instituto Cervantes, 33-47.
MÉNDEZ RODENAS, Adriana (1985): «Colibrí». En *Revista Iberoamericana* 51 (130-131): 399-401.
ORTEGA, Julio (1969): «Nota sobre Sarduy». En Ortega, Julio: *La contemplación y la fiesta*. Caracas: Monte Ávila, 205- 211.
PELLÓN, Gustavo (1983): «Severo Sarduy's Strategy of Irony: Paradigmatic Indecision in *Cobra* and *Maitreya*». En *Latín American Literary Review* 11 (23): 7-14.
PÉREZ FIRMAT, Gustavo (1986): «Riddles of the Sphincter» [Sobre el choteo]. En Pérez Firmat, Gustavo: *Literature and Liminality. Festive Readings in the Hispanic Tradition*. Durham: Duke University Press, 53-74.
PRIETO, René (1985): «La ambivalencia en la obra de Severo Sarduy». En *Cuadernos americanos* 44 (258-1): 241-253.
SANTÍ, Enrico Mario (1980): «Textual Politics: Severo Sarduy». En *Latín American Literary Review* 8 (16): 152-160.
SCHULMAN, lvan A. (1978): «Severo Sarduy». En Roy, Joaquín (ed.): *Narrativa y crítica de Nuestra América*. Madrid: Castalia, 387-404.
SOLLERS, Philippe (1970): «La boca obra». En *Tel Quel* 42: 46-47.
ULLOA, Justo C. & de Ulloa, Leonor A. (1975): «Proyecciones y ramificaciones del deseo en "Junto al río de cenizas de rosa"». En *Revista Iberoamericana* 92-93: 569-578.
— (1975): «Leyendo las huellas de Auxilio y Socorro». En *Hispamérica* 10: 9-24.
— (1985): «Severo Sarduy: pintura y escritura». En *Hispamérica* 41: 85-94.

Índice onomástico

A

Aleijahndino 146
Almendros, Néstor 74
Alonso, Dámaso 64
Alter, Robert 230
Álvarez Baragaño, José 50
Álvarez, Imeldo 69
Antuña, Vicentina 53
Apollinaire, Guillaume 34
Arenas, Reinaldo 14, 31, 56, 67, 71, 228
Aristóteles 125
Arrom, José 197, 259
Ashbery, John 34
Asturias, Miguel Ángel 60, 61, 74
Auerbach, Erich 73, 191, 192, 193, 259

B

Balboa, Silvestre de 38
Ballagas, Emilio 38, 266
Balzac, Honoré de 65
Barnet, Miguel 14, 58, 71, 228, 233, 236, 267
Bartheleme, Donald 229
Barthes, Roland 13, 34, 35, 37, 60, 61, 64, 65, 74, 75, 81, 154, 202, 203, 237, 272

Barth, John 229, 230, 231, 232, 259
Bastide, Roger 61, 259
Bataille, Georges 31, 136, 145, 205, 250, 259, 267
Batista, Fulgencio 42, 46, 49, 50, 81, 86, 91, 92, 104, 131, 252, 254
Beckett, Samuel 229
Beethoven, Ludwig van 96, 97
Bello, Andrés 214
Beltrán, Alberto 41
Benítez Rojo, Antonio 56, 67
Bizet, Georges 87
Borges, Jorge Luis 21, 44, 46, 47, 74, 175, 190, 206, 229, 230, 261
Botero, Fernando 31, 185, 206, 269
Branly, Robert 50, 52
Burroughs, William 34
Butor, Michel 229

C

Cabrera Infante, Guillermo 14, 40, 42, 43, 48, 50-52, 56, 57, 68, 69, 89, 90, 92, 228, 233, 240, 259
Cabrera, Lydia 77, 84, 96, 121, 122, 123
Calderón de la Barca, Pedro 17, 130, 139, 165, 238, 243

Calvino, Italo 229
Camacho, Jorge 74, 201
Campos, Haroldo de 34
Camus, Albert 34
Carballo, Emmanuel 60, 260
Cardenal, Ernesto 67
Carpentier, Alejo 15, 16, 21, 33, 34, 37, 39, 42, 53, 60, 61, 66, 74, 75, 78, 79, 85-89, 90, 96, 97, 110, 120, 122, 129, 136, 137, 170, 199, 201, 207, 211, 214, 222, 238, 246, 247, 250, 260, 261, 270, 272
Casal, Julián del 80
Casal, Lourdes 57, 58, 59, 68, 80, 260
Castro, Fidel 14, 50, 70, 131, 251, 252, 254
Cervantes Saavedra, Miguel de 17, 62, 117, 234, 239, 247, 248, 256
Césaire, Aimé 226
Cofiño, Manuel 71
Colón, Cristóbal 30, 73, 116, 129, 132, 157, 163, 180, 194, 246, 249
Cortázar, Julio 14, 17, 21, 31, 34, 44, 58, 72, 74, 75, 106, 151, 228-230, 232, 241, 242, 244, 267
Cortázar, Mercedes 58
Couffon, Claude 60
Cruz, Celia 75
Cruz, Juan de la 246
Cruz, Sor Juana Inés de la 12, 146, 166, 212, 263
Cuza Malé, Belkis 58

D

Dalai Lama 168, 169, 182, 260
Darío, Rubén 34, 54, 226, 263, 267
Derrida, Jacques 9, 15, 31, 65, 152, 203, 237, 260
Descartes, René 145
Desnoes, Edmundo 48, 58, 89, 260
Díaz Alejandro, Ramón 74, 264, 271
Díaz, Jesús 58, 68
Díaz Martínez, Manuel 52
Diego, Eliseo 44
Dietrich, Marlene 117, 137
Donoso, José 33, 62, 66, 151, 228
Doreste, Arturo 39
Dos Passos, John 62
Duquesne, Tranquilina 173

E

Eliot, T. S. 144, 229, 230
Elkin, Stanley 229
Eloy Martínez, Tomás 27, 261
Ensor, James 130, 242, 246, 252, 263
Escardó, Rolando 38, 41
Estang, Luc 60

F

Fajardo, Leslie 43
Faulkner, William 229, 232, 236, 241
Feijóo, Samuel 41
Fernández Bonilla, Raimundo 52
Fernández de Oviedo, Gonzalo 214

Fernández, Pablo Armando 14, 48, 51, 57
Fernández Retamar, Roberto 48, 53, 68, 69, 86, 261
Fornet, Ambrosio 69, 70, 71, 261
Foucault, Michel 15, 75, 202, 207, 237
Fowles, John 229
Franqui, Carlos 40, 50, 261
Fresquet, Fresquito 41
Frobenius, Leo 79
Fuentes, Carlos 14, 15, 16, 31-33, 62, 63, 66, 106, 150, 200, 206, 228, 241, 267

G

Gallegos, Rómulo 200, 201, 222, 241, 252
García, Adrián 68
García Iglesias, Manuel A. 173, 261
García Lorca, Federico 213
García Márquez, Gabriel 14, 62, 67, 72, 74, 150, 161, 200, 228, 229, 230, 232
García Marruz, Fina 141, 201
García Morente, Manuel 142
García Vega, Lorenzo 80, 81, 106, 261
Gass, William 229
Gaztelu, Ángel 142
Gide, André 229
Gómez de Avellaneda, Gertrudis 38, 71, 270

Góngora y Argote, Luis de 71, 88, 113, 119, 139, 142, 146, 166, 196, 197, 209, 210, 211, 238, 242, 266, 267
González, Reinaldo 71
Goytisolo, Juan 33, 74, 106, 150, 151, 269, 272
Gracián, Baltasar 197
Graff, Gerald 230, 231
Greco, El (Doménikos Theotokópoulos) 119, 209
Guevara, Ernesto 48, 70, 254
Guillén, Nicolás 39, 40, 41, 55, 69, 84, 85, 96, 120, 259, 261, 262

H

Hawkes, John 229
Hegel, Wilhelm Friedrich 79, 83, 88, 131, 214, 249, 250, 251
Heidegger, Martin 19, 31, 127, 128, 133, 135, 145, 205, 250
Hemingway, Ernest 117
Henríquez Ureña, Pedro 145
Heredia, José María de 83
Hidalgo, Dolores 7, 173
Horacio 125, 167, 232, 236
Huidobro, Vicente 60

J

Jímenez, Juan Ramón 141
Joyce, James 229, 230, 232, 236, 241
Jung, Karl 144

K
KAFKA, Franz 43, 229, 230
KONDORI 146
KRISTEVA, Julia 65, 75, 190, 203
KUHN-WEBER, Marta 171, 206

L
LACAN, Jacques 15, 75, 202, 237, 239, 250
LACHATAÑERÉ, Rómulo 134, 261
LAFUENTE, Medardo 39
LAM, Wifredo 31, 53, 142, 173, 174, 180, 242, 263
LAUTRÉAMONT, Conde de (Isidore Ducasse) 34
LEANTE, César 50, 56, 86, 89
LÉVI-STRAUSS, Claude 13, 64, 65, 162, 221, 262
LEZAMA LIMA, José 12, 15, 16, 18, 19, 24, 29, 31, 33, 34, 37, 41, 43-45, 47, 48, 51, 53, 61, 66, 72, 74, 75, 77-81, 83, 84, 85, 87-89, 106, 136, 137, 139-147, 149, 158, 159, 165, 168, 170, 175, 177, 185-189, 196, 197, 201, 206, 207, 211, 215, 226, 250, 255, 256, 262, 267, 268, 270
LOVEIRA, Carlos 80
LYOTARD, Jean-François 229, 233, 235, 262

M
MACEO, Antonio 131, 254
MACHADO, Gerardo 40, 52, 82, 85, 89
MAILER, Norman 62

MALLARMÉ, Stéphane 65, 184
MANET, Eduardo 74
MANN, Thomas 229, 230
MAÑACH, Jorge 19, 133
MARIO, José 4, 16, 33, 57, 58, 128, 150, 200, 228, 237, 241, 273
MARTÍ, José 196, 253, 265
MATAMOROS, Miguel 109, 110, 111, 113, 240
MATILLA, Julio 45, 47, 52, 54, 270
MÉNDEZ CAPOTE, Renée 262
MÉNDEZ RODENAS, Adriana 197, 226, 271, 273
MENÉNDEZ ROQUE, Vicente 39
MENOCAL, María Rosa 111, 262
MICHELET, Jules 65
MILLA CHAPELLÍ, Julio 39
MONTE, Domingo del 51, 120
MONTENEGRO, Carlos 43
MORÉ, Benny 90, 97
MOREJÓN, Nancy 58, 67, 72, 262
MORENO FRAGINALS, Manuel 42, 263
MURENA, Héctor A. 60
MUSIL, Robert 229

N
NABOKOV, Vladimir 229
NERUDA, Pablo 15, 60, 74, 214
NIETZSCHE, Friedrich 31, 32
NIGGEMANN, Clara 40, 41
NOVÁS CALVO, Lino 96

O
ONETTI, Juan Carlos 161

ORBÓN, Julián 141
ORTEGA Y GASSET, José 88, 141, 142, 205, 250, 261, 273
ORTIZ, Fernando 61, 66, 71, 84, 110, 121, 122, 174, 260, 263
OTERO, Lisandro 48, 90

P

PADILLA, Heberto 48, 53, 56, 67-70, 260
PAZ, Octavio 12, 15, 21, 31, 33, 34, 73, 74, 141, 156, 158, 159, 160, 161, 162, 163, 183, 196, 197, 206, 207, 211, 254, 256, 263, 272
PELÁEZ, Amelia 205
PELLÓN, Gustavo 22, 190, 273
PICASSO, Pablo 34, 207, 211, 266
PICÓN SALAS, Mariano 145
PIEDRA, José 122
PIÑERA, Virgilio 44, 46, 47, 57, 251
PITA RODRÍGUEZ, Félix 43
PLATÓN 144, 152, 154
POGOLOTTI, Marcelo 55
PORTUONDO, José Antonio 59, 71
POUND, Ezra 229
PRIETO, René 22, 136, 273
PROUST, Marcel 12, 28, 29, 229, 241, 268
PUIG, Manuel 228, 233, 236, 269
PUPO-WALKER, Enrique 13, 49, 174
PYNCHON, Thomas 229

Q

QUEVEDO Y VILLEGAS, Francisco de 196, 209-213

R

RAMEAU, Jean-Philippe 157
REYES, Alfonso 145, 161, 194
RIGOL, Sergio A. 50
RÍOS, Julián 36, 40, 41, 49, 269, 271
RIVERA, Diego 55
RIVERA, Frank 52
RIVERA, José Eustasio 52, 55, 222, 241
RIVERO, Isel 58
ROA BASTOS, Augusto 228
RODRÍGUEZ FEO, José 15, 16, 41, 42, 44, 47, 52, 57, 75
RODRÍGUEZ MONEGAL, Emir 13, 14, 36, 62, 63, 69, 268, 271
ROTHKO, Mark 31, 242
ROUSSEAU, Jean-Jacques 17, 65

S

SAID, Edward W. 155, 263
SALINAS, Pedro 34, 263
SÁNCHEZ, Luis Rafael 201
SANTÍ, Enrico Mario 4, 22, 128, 133, 273
SARMIENTO, Domingo Faustino 272
SARTRE, Jean-Paul 14, 53
SARUSKY, Jaime 89
SAURA, Antonio 206, 207, 208, 211, 271
SCORZA, Manuel 86
SERPA, Enrique 43
SOLDEVILLA, Dolores (Loló) 46, 270
SOLLERS, Phillippe 34, 63, 65, 75, 185, 273
SPENGLER, Oswald 79, 88, 143, 158

STEIN, Gertrude 229
SUÁREZ, Ramón 74

T
TODOROV 203
TRIANA, José 56

U
UNAMUNO, Miguel de 229

V
VALÉRY, Paul 139
VALESIO, Paolo 192
VALLEJO, César 60
VARGAS LLOSA, Mario 14, 16, 31, 33, 72, 106, 150, 151, 200, 228, 237, 241
VEGA, Garcilaso de la 113, 209, 211
VELÁZQUEZ, Diego 131, 156, 206, 207, 211, 253

VICO, Giambattista 144, 145
VILLA, José Manuel 52
VILLAVERDE, Cirilo 74, 96, 120, 121, 264
VITIER, Cintio 15, 33, 34, 36, 47, 48, 53, 61, 66, 72, 78-84, 88, 91, 131, 136, 140, 141, 201, 250, 264
VONNEGUT, Kurt 229

W
WAHL, François 13, 60, 75, 264
WARHOL, Andy 93
WILSON, Mantónica 173
WOOLF, Virginia 229

Z
ZAMBRANO, María 141

www.ingramcontent.com/pod-product-compliance
Lightning Source LLC
Chambersburg PA
CBHW051213300426
44116CB00006B/548